智能网联汽车·通信技术系列

车载网络通信技术

LIN, CAN, CAN FD, CAN XL, FlexRay, 以太网

[德]马蒂亚斯·劳施(Mathias Rausch) 著
王学远 魏学哲 译

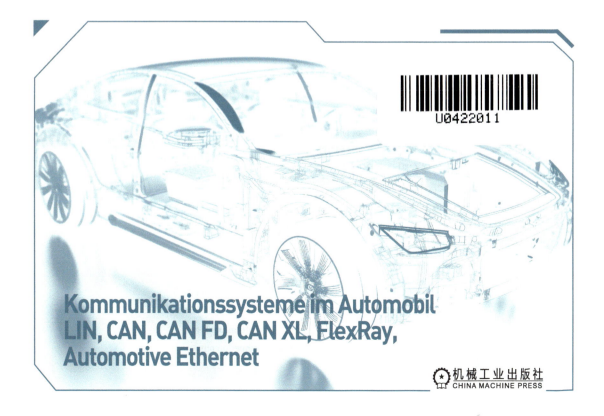

Kommunikationssysteme im Automobil
LIN, CAN, CAN FD, CAN XL, FlexRay,
Automotive Ethernet

机械工业出版社
CHINA MACHINE PRESS

本书围绕汽车通信系统，按照内容涉及的技术深度分为基本知识和高阶知识两部分。第 1 部分介绍了经典通信系统的基本知识，具体来说，第 2 章引入了通信系统相关术语、基本概念和特征参数，第 3~5 章分别介绍了几种常见车载通信网络的基本知识、特性、工作原理和应用案例，包括目前在车载通信系统中广泛使用的 LIN、CAN 和 FlexRay。第 2 部分讲述了通信系统的特殊问题和更复杂的工作机制，其中，第 6 章描述了数据校验、面向信号和服务的通信类型、通信线路的反射问题，第 7~10 则分别介绍了 LIN 的开发过程和案例、CAN 的最新扩展（CAN FD 和 CAN XL）、FlexRay 的可靠运行机制、车载以太网的相关知识。

本书适合对汽车通信系统感兴趣的读者。无论是开发者、设计者、科研工作者还是刚入门的技术人员，都能从本书内容中获益。

Kommunikationssysteme im Automobil LIN, CAN, CAN FD, CAN XL, FlexRay, Automotive Ethernet/By Mathias Rausch/978-3-446-47035-4

© 2022 Carl Hanser Verlag, Munich

All rights reserved

本书中文简体字版由 Carl Hanser Verlag 授权机械工业出版社在世界范围内独家出版发行。未经出版者书面许可，不得以任何方式抄袭、复制或节录本书中的任何部分。

北京市版权局著作权合同登记　图字：01-2023-2654 号。

图书在版编目（CIP）数据

车载网络通信技术：LIN，CAN，CAN FD，CAN XL，FlexRay，以太网/（德）马蒂亚斯·劳施（Mathias Rausch）著；王学远，魏学哲译. —北京：机械工业出版社，2024.7（2025.6重印）

（智能网联汽车. 通信技术系列）

ISBN 978-7-111-75940-9

Ⅰ. ①车…　Ⅱ. ①马…　②王…　③魏…　Ⅲ. ①汽车 – 智能通信网　Ⅳ. ①U463.67

中国国家版本馆 CIP 数据核字（2024）第 107760 号

机械工业出版社（北京市百万庄大街22号　邮政编码100037）
策划编辑：何士娟　　　　　责任编辑：何士娟
责任校对：李可意　李 杉　责任印制：李 昂
涿州市般润文化传播有限公司印刷
2025年6月第1版第2次印刷
184mm×260mm・16.25印张・370千字
标准书号：ISBN 978-7-111-75940-9
定价：158.00元

电话服务　　　　　　　　网络服务
客服电话：010-88361066　机 工 官 网：www.cmpbook.com
　　　　　010-88379833　机 工 官 博：weibo.com/cmp1952
　　　　　010-68326294　金 书 网：www.golden-book.com
封底无防伪标均为盗版　　机工教育服务网：www.cmpedu.com

译者序

汽车电子技术是汽车电动化、智能化发展进程中的重要支撑，而通信系统则是充当汽车的"神经网络"，串联了车辆的车身、底盘、动力、娱乐等不同功能域和控制域。由于汽车内部功能的复杂性，没有一种通信方式能够同时满足成本和性能的需求，零部件和整车厂商倾向于采用不同的通信方式以满足不同场景的需求。作为传统汽车强国的德国孕育出了包括 LIN、CAN、FlexRay 等经典的通信技术，并在如今车载以太网的发展中起到了重要作用。本书通过翻译 Mathias Rausch 所著的《Kommunikationssysteme im Automobil》，将先进、系统、翔实的汽车通信系统技术引入国内，力求所述内容具有较强的先进性、系统性，为国内学生、工程师学习和实践提供参考。

本书围绕汽车通信系统，主要分为基本知识和高阶知识两部分内容。第 1 部分为第 2~5 章，作者用 4 章内容介绍了经典通信系统的基本知识，适合于那些学习车载通信系统但是通信专业基础较薄弱的读者。具体来说，第 2 章引入了通信系统相关术语、基本概念和特征参数，特别是涉及了通信系统的拓扑结构、访问方法、编码规则等。第 3~5 章分别介绍了几种车载通信网络的基础知识、特性、工作原理，并给出了一些应用案例，这部分内容涉及目前在车载通信系统中广泛使用的 LIN、CAN 和 FlexRay。第 2 部分为第 6~10 章，作者用了 5 章内容讲述了通信系统的特殊问题和更复杂的工作机制，适合于那些想进一步学习了解车载通信系统的读者。其中，第 6 章描述了数据校验、面向信号和服务的通信类型、通信线路的反射问题，第 7~10 章则分别介绍了 LIN 的开发过程和案例、CAN 的最新扩展（CAN FD 和 CAN XL）、FlexRay 的可靠运行机制、车载以太网的相关知识。本书在对于通信系统进行介绍时并没有直接将标准中的内容照搬过来，而是进行了更深入浅出的讲述，以方便不同层次的读者学习阅读。

感谢同济大学汽车学院的研究生姚晗欣、王濡翼等为本书翻译工作所做的贡献。

因水平有限，书中难免存在错误及不当之处，还请读者提出批评和修改建议，以便本书修订时参考。

译　者

前　言

在汽车领域，LIN总线和CAN总线系统已经应用了20多年，FlexRay应用了大约15年。为了深入了解这些通信系统的工作原理，需要阅读相应的文献。相关标准虽然描述了系统的（必要）行为，但并未解释背景和相关性。期刊文章和互联网文章篇幅有限，要么只提供概述，要么只阐述某个特定方面的知识。本书旨在填补这一空白。本书将生动地描述LIN、CAN和FlexRay的工作原理，并通过大量的图表帮助理解。随着印刷技术的发展，现在可以以合理的成本印刷彩色专业书籍。本书利用了这种技术，通过彩图让读者更易于理解它们的相关性。对于所描述的一部分功能和效果，使用示波器进行了测试，以便与实际应用建立联系。测试曲线的颜色与绘制图表中的颜色相对应。

通信系统在不断发展，这不仅在移动通信或互联网技术方面是如此，而且在车辆通信系统方面也是如此。CAN总线已经进一步发展成为CAN FD和CAN XL，本书将讲解这两种总线技术。

汽车以太网的发展为汽车制造商在车内通信和开发新应用方面提供了新的机遇。我们每天使用的网络均基于以太网。对于用户来说，通信的工作原理并不重要，但如果一位工程师需要权衡是否可以用以太网替换CAN总线，那么他必须更加深入地了解这两个系统的功能和优劣势。本书旨在为此提供帮助。

本书讨论了协议层和物理层的工作原理，但不包含使用上述协议的软件部分。

■致谢

我要感谢所有为这本书的创作和成功做出贡献的人。这些人中包括兰茨胡特应用技术大学电气工程专业的学生，他们提出的问题表明对技术关系的理解具有挑战性，我要感谢许多通过项目和论文为本书所涵盖的主题做出贡献的学生。

我要感谢我的同事，感谢他们的讨论给了我新的见解并激发了我的思考。特别感谢英飞凌的Magnus Hell，他在技术上帮助我正确地展示了所有内容，尤其是CAN FD和CAN XL技术。

我要感谢Hanser出版社的Herzberg先生和Borck先生，感谢与他们非常愉快的合作。我要特别感谢我的妻子Eva，是她让我有创作本书的可能。

Mathias Rausch

兰茨胡特，2022年7月

目 录

译者序
前言
第1章 引言 1
1.1 本书内容 1
1.2 现有文献 2
   1.2.1 相关著作 2
   1.2.2 其他文献 3
1.3 其他说明 3

第1部分 基本知识

第2章 通信基础知识 6
2.1 概述 6
2.2 术语 7
   2.2.1 通信系统的元素 7
   2.2.2 寻址术语 7
   2.2.3 总线系统 9
   2.2.4 网络连接的必要性 9
   2.2.5 其他术语 10
2.3 结构 11
   2.3.1 节点结构 11
   2.3.2 群组结构 12
   2.3.3 组件 12
   2.3.4 OSI 模型 12
2.4 拓扑结构 13
   2.4.1 总线拓扑结构 13
   2.4.2 星形拓扑结构 14
   2.4.3 环形拓扑结构 15

2.4.4 混合拓扑结构 ·· 15
2.5 访问方法 ·· 16
   2.5.1 引入示例 ·· 16
   2.5.2 主从访问方法 ·· 17
   2.5.3 时间触发的访问控制方法 ···································· 18
   2.5.4 令牌传递 ·· 18
   2.5.5 事件触发的访问控制方法 ···································· 18
   2.5.6 访问方法总结 ·· 19
2.6 编码 ·· 19
   2.6.1 术语 ·· 20
   2.6.2 位顺序 ·· 21
   2.6.3 线数 ·· 22
   2.6.4 信号传输 ·· 23
   2.6.5 位同步 ·· 24
   2.6.6 线路编码 ·· 25
2.7 特征参数 ·· 29
   2.7.1 数据量 ·· 29
   2.7.2 数据传输速率 ·· 30
   2.7.3 波特率 ·· 31
   2.7.4 延迟 ·· 31
   2.7.5 抖动 ·· 32
2.8 汽车通信协议概述 ·· 32

第3章 LIN总线基础 ·· 35
3.1 概述 ·· 35
   3.1.1 要求和特性 ·· 35
   3.1.2 历史 ·· 36
   3.1.3 LIN的应用 ··· 36
3.2 基础知识 ·· 37
   3.2.1 术语 ·· 37
   3.2.2 LIN节点的结构 ··· 37
   3.2.3 LIN群组结构 ··· 37
   3.2.4 OSI模型中的分层 ··· 38
   3.2.5 LIN标准 ··· 38
3.3 LIN帧和LIN调度 ·· 39
   3.3.1 LIN帧的结构 ··· 39
   3.3.2 帧头 ·· 40

3.3.3	帧响应	42
3.3.4	LIN 循环	43
3.3.5	帧类型	43

3.4 唤醒 LIN 群组 47
    3.4.1 从节点的状态 47
    3.4.2 唤醒信号 47
    3.4.3 重复唤醒 48

3.5 物理层 49
    3.5.1 LIN 收发器 49
    3.5.2 总线电平 49
    3.5.3 位率容差 51
    3.5.4 位同步 51
    3.5.5 位采样 51

3.6 帧时序 52
    3.6.1 计算帧长度和时隙长度 52
    3.6.2 不同配置的时隙长度 53

第4章 CAN 总线基础 55

4.1 概述 55
    4.1.1 CAN 特性 55
    4.1.2 发展历史 56
    4.1.3 应用领域 57

4.2 结构 57
    4.2.1 术语 57
    4.2.2 CAN 节点结构 58
    4.2.3 CAN 群组的结构 58
    4.2.4 OSI 模型 59
    4.2.5 CAN 标准 59
    4.2.6 插接器 60

4.3 物理层 61
    4.3.1 分类 61
    4.3.2 总线电平 62
    4.3.3 收发器 63
    4.3.4 终端电阻 64
    4.3.5 拓扑结构 65
    4.3.6 总线逻辑 66

4.4 数据链路层 67

4.4.1	CAN 通信原理	67
4.4.2	帧格式	69
4.4.3	仲裁	72
4.4.4	CAN 优先级	76
4.4.5	位填充	76
4.4.6	帧解码	77

4.5 错误处理 … 78

4.5.1	错误类型	78
4.5.2	错误检测	79
4.5.3	错误帧	79
4.5.4	过载帧	81
4.5.5	错误状态	82
4.5.6	错误计数器（摘录）	83
4.5.7	应答	84
4.5.8	错误检测机制总结	85

4.6 总线利用率计算 … 86

4.6.1	帧长度的计算	86
4.6.2	最大填充位数的计算	86
4.6.3	帧传输时间和总线利用率的计算	87
4.6.4	群组中的最大帧数	89
4.6.5	群组中的最大用户数据传输速率	90

第 5 章 FlexRay 基础知识 … 91

5.1 概述 … 91

5.1.1	什么是 FlexRay	91
5.1.2	FlexRay 的特性	91
5.1.3	历史	92

5.2 术语和结构 … 92

5.2.1	术语	92
5.2.2	结构	92
5.2.3	OSI 模型	94
5.2.4	FlexRay	94

5.3 物理层 … 96

5.3.1	介质	96
5.3.2	总线电平	96
5.3.3	拓扑	97
5.3.4	星形耦合器	100

　　　　5.3.5　端接 ··· 100
5.4　数据链路层 ·· 101
　　　　5.4.1　通信周期的结构 ·· 101
　　　　5.4.2　时间层次结构 ·· 105
　　　　5.4.3　帧格式 ·· 106
　　　　5.4.4　编码 ·· 107
5.5　时钟同步 ·· 109
　　　　5.5.1　时钟偏差 ·· 109
　　　　5.5.2　时钟校正 ·· 110
5.6　配置 ·· 112
　　　　5.6.1　符号 ·· 112
　　　　5.6.2　周期时间的计算 ·· 113
　　　　5.6.3　计算静态时隙长度 ·· 115
5.7　练习 ·· 117

第 2 部分　高 阶 知 识

第 6 章　通信技术特殊问题 ··· 122

6.1　计算校验和的方法 ·· 122
　　　　6.1.1　奇偶校验 ·· 122
　　　　6.1.2　LIN 中校验位的计算 ·· 123
　　　　6.1.3　交叉奇偶校验 ·· 125
　　　　6.1.4　循环冗余校验 ·· 126
6.2　通信类型 ·· 129
　　　　6.2.1　面向信号的通信 ·· 129
　　　　6.2.2　面向服务的通信 ·· 131
　　　　6.2.3　两种通信方式的比较 ·· 132
6.3　反射问题 ·· 133
　　　　6.3.1　反射的产生 ·· 133
　　　　6.3.2　导线参数 ·· 134
　　　　6.3.3　反射测量 ·· 135
　　　　6.3.4　振铃 ·· 137

第 7 章　LIN 总线开发与应用 ··· 140

7.1　开发过程 ·· 140
　　　　7.1.1　概述 ·· 140
　　　　7.1.2　LIN 描述文件（LDF） ·· 141

7.1.3　节点能力文件（NCF） ……………………………………………… 144
7.2　应用示例 …………………………………………………………………… 146
　　7.2.1　节点描述 ……………………………………………………………… 146
　　7.2.2　信号编码 ……………………………………………………………… 148
　　7.2.3　信号定义 ……………………………………………………………… 150
　　7.2.4　帧 ……………………………………………………………………… 153
　　7.2.5　调度表 ………………………………………………………………… 155

第8章　CAN 总线开发与应用 ……………………………………………… 158
8.1　位定时和位同步 …………………………………………………………… 158
　　8.1.1　接收到的电压波形的离散化处理 …………………………………… 158
　　8.1.2　位定时 ………………………………………………………………… 158
　　8.1.3　位同步 ………………………………………………………………… 161
8.2　CAN 的进一步发展 ……………………………………………………… 162
　　8.2.1　CAN 的限制和扩展 ………………………………………………… 162
　　8.2.2　扩展标识符 …………………………………………………………… 163
　　8.2.3　物理层的扩展 ………………………………………………………… 164
8.3　CAN FD ……………………………………………………………………… 170
　　8.3.1　帧格式和工作原理 …………………………………………………… 170
　　8.3.2　CAN FD CRC ……………………………………………………… 172
　　8.3.3　比特填充 ……………………………………………………………… 173
　　8.3.4　CAN 帧类型概述 …………………………………………………… 174
　　8.3.5　应用提示 ……………………………………………………………… 175
　　8.3.6　CAN FD 位速率 …………………………………………………… 175
　　8.3.7　更长有效载荷和更高数据位速率的效果 …………………………… 175
　　8.3.8　CAN FD SIC 方法 ………………………………………………… 176
　　8.3.9　CAN FD 物理层规范 ……………………………………………… 180
8.4　CAN XL ……………………………………………………………………… 180
　　8.4.1　CAN XL 的特性和应用 …………………………………………… 180
　　8.4.2　帧结构和基本工作原理 ……………………………………………… 181
　　8.4.3　仲裁字段 ……………………………………………………………… 181
　　8.4.4　控制字段 ……………………………………………………………… 182
　　8.4.5　数据字段 ……………………………………………………………… 184
　　8.4.6　CRC 字段 …………………………………………………………… 184
　　8.4.7　确认字段和结束帧 …………………………………………………… 185
　　8.4.8　位填充 ………………………………………………………………… 185
　　8.4.9　比特率切换 …………………………………………………………… 186

8.4.10　Classical CAN、CAN FD 和 CAN XL 头部的比较 ············· 189
8.5　实现 ··· 190
　　8.5.1　CAN 控制器 ··· 190
　　8.5.2　CAN-Transceiver ·· 190
　　8.5.3　CAN 示波器 ··· 192
　　8.5.4　典型的 CAN 节点电路 ··· 193
8.6　传统 CAN 总线负载计算 ·· 194
8.7　练习 ··· 195

第 9 章　FlexRay 开发与应用 ·· 196
9.1　协议状态 ··· 196
9.2　唤醒 ··· 198
　　9.2.1　群组唤醒 ·· 198
　　9.2.2　唤醒模式 ·· 198
　　9.2.3　具有重叠低相位的唤醒场景 ··· 200
　　9.2.4　具有部分重叠低相位的唤醒场景 ··· 201
　　9.2.5　不重叠低相位唤醒场景 ·· 201
9.3　启动 ··· 202
　　9.3.1　两个冷启动器的启动 ··· 202
　　9.3.2　非冷启动节点的启动过程 ··· 204
　　9.3.3　只有一个冷启动器的启动过程 ··· 204
9.4　总线监控器 ·· 205
　　9.4.1　特性 ··· 205
　　9.4.2　工作原理 ·· 206
　　9.4.3　实现 ··· 207
9.5　机制和效果 ·· 207
　　9.5.1　空帧 ··· 207
　　9.5.2　传输启动序列的缩短 ··· 208
　　9.5.3　时钟同步 ·· 210
　　9.5.4　位解码 ·· 212
　　9.5.5　不对称性 ·· 213
9.6　应用 ··· 216
　　9.6.1　FlexRay 在宝马 X5 上的应用 ··· 216
　　9.6.2　FlexRay 在宝马 7 系上的应用 ·· 217
9.7　最小时隙长度的计算 ··· 218
9.8　练习 ··· 219

第10章 车载以太网 ··· 222
10.1 概述 ··· 222
10.1.1 车载以太网的版本 ··· 222
10.1.2 （车载）以太网的发展历史 ·································· 222
10.2 架构 ··· 223
10.2.1 以太网节点的构建 ··· 223
10.2.2 拓扑 ··· 224
10.2.3 接口 ··· 224
10.2.4 媒体相关接口 ··· 225
10.2.5 媒体独立接口 ··· 227
10.3 以太网版本 ··· 228
10.3.1 以太网 IEEE 100BASE-TX ······························· 228
10.3.2 以太网 IEEE 1000BASE-T ································ 229
10.3.3 以太网 IEEE 100BASE-T1 ································ 229
10.3.4 车载以太网的版本 ··· 230
10.4 物理层 ·· 230
10.4.1 收发器的结构 ··· 230
10.4.2 编码方式 ·· 234
10.4.3 启动 ··· 237
10.5 数据链路层 ··· 240
10.5.1 以太网控制器 ··· 240
10.5.2 以太网帧格式 ··· 241
10.5.3 寻址 ··· 242
10.6 以太网的其他方面 ··· 244
10.6.1 高级协议 ·· 244
10.6.2 测量的耦合元件 ··· 245
10.6.3 100BASE-T1 的实现 ·· 246
10.6.4 OPEN Alliance ··· 247

参考文献 ··· 248

第 1 章 引言

■ 1.1 本书内容

通信一般可以分为有线通信和无线通信。另外，通信也可以根据其应用领域进行分类，如针对建筑物、办公室、生产线、机器、车辆、公寓、医疗领域等的通信系统。本书专注于有线通信系统，重点关注应用于汽车或专门针对汽车开发的通信系统，但这并不意味着这些通信系统不能在其他领域使用。

本书的目的是解释所讨论的通信系统的功能，将涉及以下通信系统：
- LIN
- CAN 及其扩展，包括 CAN FD 和 CAN XL
- FlexRay
- 车载以太网

本书分为两部分：第一部分涵盖了 LIN、CAN 和 FlexRay 的基本原理，包括它们的主要特点；第二部分则介绍了一些不太重要但对于理解和应用有帮助的功能和细节。这使得本书既适用于希望了解通信系统相关知识的读者，也适用于希望了解更多技术细节的科研技术人员。

本书分为两部分的结构使得第一类读者不会迷失在技术细节中，第二类读者不会因基本原理而感到无聊。本书也同样适用于学生，第一部分适合学习车辆通信技术的学生，第二部分满足学习通信和总线系统的学生的更高期望。

本书第一部分首先介绍了通信基础知识，引入了术语并介绍了基本技术原理。基于这些原理，接下来的三章解释了 LIN、CAN 和 FlexRay 的功能。

本书的第二部分从计算校验和的基础知识开始，介绍了信号导向通信和服务导向通信之间的区别，并在第 6 章中以有关线路反射的说明结束。

第 7 章集中讨论了 LIN 的开发过程，并展示了使用 LIN 进行通信的详细示例。

第 8 章特别介绍了 CAN 协议的进一步发展，详细介绍了 CAN FD 和 CAN XL。

第 9 章详细说明了 FlexRay 的其他机制，如唤醒、启动、总线监控器、空帧原理和时钟同步。

本书的第二部分以关于车载以太网的内容作为结尾，并提出了有关汽车通信发展趋势的见解。

用于解释某些技术概念的示例都来自汽车技术领域，并且进行了简化，以避免大篇幅的解释。这些示例可能不会在现代汽车中使用或者是已经被淘汰的。总体来说，本书是主要讲述了汽车通信系统，而非汽车设计或者构造。

1.2 现有文献

本节概述了有关通信系统 LIN、CAN、FlexRay 和车载以太网的现有文献。

1.2.1 相关著作

1. 涉及多个通信系统的书籍

在第 5 版书籍 [Zimmermann] 中，Zimmermann 和 Schmidgall 介绍了 CAN、LIN、FlexRay、MOST 和汽车以太网的基本原理。该书重点介绍了更高级的软件层。

在英文书 [Paret07] 中，Paret 不仅介绍了 CAN 总线，还介绍了 LIN、FlexRay 和其他总线系统。Navet 和 Simonotlion 所著的英文书籍也讨论了 CAN 和 FlexRay 各个方面的技术 [Navet]。

2. 关于 LIN 的书籍

目前只有一本关于 LIN 的书籍，由 Grzemba 和 Von Der Wense 于 2005 年出版 [Grzemba]。该书只有第 1 版，已经很久没有再版了。虽然 LIN 不再开发，但除了这本书之外，没有其他详述该协议的书籍。

3. 关于 CAN 的书籍

有两部描述 CAN 的作品已经面世多年 [Etschberger, Lawrenz]。Etschberger 的书籍于 2002 年出版了第 3 版，Lawrenz 的书籍于 2011 年出版了第 5 版。CAN 向 CAN FD 的发展发生在 2011 年之后，因此这两部关于 CAN 标准的著作均未包括 CAN FD 在内。

4. 关于 FlexRay 的书籍

第一本关于 FlexRay 的书籍是 Rausch 在 2007 年出版的，它详细描述了 FlexRay 的工作原理 [Rausch]。作者还讨论了 FlexRay 群组的配置，并提供了当时的应用概述。

2011 年，Paret 首次用法语出版了一本关于 FlexRay 的书，随后在 2012 年用英语出版 [Paret12]。该书涵盖了 FlexRay 的所有方面（如物理层、协议、时钟同步、启动等），并像 Rausch 的书一样，提供了对 FlexRay 的详细介绍。

5. 关于车载以太网的书籍

Matheus 和 Köenigseder 撰写了一本介绍车载以太网的书籍 [Matheus]。该书已经出版了第 2 版。每个章节都有自己的参考书目，每章包含最多 100 个参考文献。除了协议的功能外，该书还介绍了协议开发的历史以及宝马汽车的决策过程和背景。由于车载以太网的重要机制基于 100BASE-TX 和 1000BASE-T，因此了解它们是理解车载以太网的必要条件。

1.2.2 其他文献

1. 网络研讨会

Vector 公司针对这四种通信系统提供了德语和英语的网络研讨会,并介绍各自的通信系统。这些网络研讨会通过在线测试来巩固所学内容[VectorLIN,VectorCAN,VectorFlexRay,VectorAE]。

2. 标准

本书中涉及的所有协议均已国际标准化,这些标准可在 ISO 和 IEEE 的标准化组织处获取。在各个章节中,将提及相关标准。

■ 1.3 其他说明

为了更好地说明效果,本书在不同的插图中使用相同的颜色来表示某些组件或类别。一些颜色分配给组件的情况见表 1.1。

表 1.1 本书使用颜色的情况

颜色	用途
橙色	CAN-H (CAN)、BP (FlexRay)
绿色	CAN-L (CAN)、BM (FlexRay)
浅粉色	应用、微控制器、主机
浅黄色	协议控制器、数据链路层
浅绿色	收发器、总线驱动器、物理层
橙色	节点 1
绿色	节点 2
红色	节点 3
深蓝色	总线上的差分电压

第1部分 基本知识

第 2 章 通信基础知识

■ 2.1 概述

根据德语词典，通信是指通过语言和符号进行相互理解的方式，该词源自拉丁文 communicare，意为分享。在现代语言中，通信指的是信息的共享或交流。语言是人类通信最重要的工具之一。

每个婴儿都会与周围环境进行通信交流，哭泣意味着有什么不对劲（如饥饿、疼痛或尿布湿了），不哭泣则意味着一切安好。这种非常简单的通信会随着时间的推移而发展，婴儿逐渐学会理解和使用单词，组成句子，应用语法。随后，他们学会了何时该说话，何时该保持沉默，有些人甚至会忘记自己学过这些技能，所有这些都是在无意识的情况下发生的。

我们如何进行通信？

这里列举了许多通信的不同形式和方面，其中有些如下：

- 通过语言、单词、句子。
- 使用语法。
- 存在一个说话者和一个或多个收听者。
- 直接地通过电话或计算机。
- 通过口头句子和书面句子。
- 通过非语言交流，如手势、肢体语言、眨眼、微笑等。

每个人从小就学会了关于通信的内容，并且可以毫不费力地应用，但在技术系统中，人们必须对其进行描述（规范），然后通过技术手段实现通信。这是通过通信协议来完成的，通信协议规定了以下内容：

- 如何在技术上表示信息。
- 如何在技术上传输信息。
- 如何将小的信息单元组合成大的信息单元。
- 参与者何时被允许发送信息（以及何时不允许）。
- 如何保护传输的信息。
- 如果在传输过程中发生错误应该如何处理。

通信协议是一组规则，用于信息表达、消息传输、同步和错误检测，这些规则是在通信渠道上交换信息所必需的。

本章将解释在通信技术中发挥作用的基本原则、术语和方法。在接下来的章节中，将更详细地描述四个具体的通信系统。

2.2 术语

为了描述系统，本书使用了命名子系统和组件、方法和原则的术语。在不同的专业领域中，常常使用不同的术语来表示同一件事。例如，用于信息实体的术语包括消息、报文、帧、数据、文件和消息实体等，此处不一一列举。

同样，同一术语可能用于不同的组件或方法，这个问题在缩写中更加突出。例如，缩写IP可代表互联网协议（Internet Protocol），也可以是知识产权（Intellectual Property）。

本节介绍了解释通信系统最重要的术语。如果描述一个概念有多个术语，本书会选择一个在不同通信系统描述中一致使用的术语，以便读者理解。这样一来，读者就不必重新适应完全不同的术语，这也易于对不同的系统进行比较。

2.2.1 通信系统的元素

为了进行通信，需要发射器和接收器。通信参与者通常可以发送和接收数据。他们被称为参与者或节点。

节点彼此交换的数据称为消息、报文或帧。

如果多个节点通过通信系统相连，则形成一个群组。

通过网关可以在多个群组间形成网络。在网络中，多个相同或不同的通信系统通过网关相互联结。

这个概念层次结构以及这些术语同样适用于一个地方，例如一个村庄。以下是通信系统和村庄的对应关系：

- 房屋对应节点。
- 一条街上的所有房屋将形成一个群组。
- 个别街道通过交叉口相互连接，一个交叉口对应一个网关。
- 所有房屋、街道和交叉口构成村庄，这对应网络。
- 人们和车辆在街道上行驶，这些对应数据或帧。

2.2.2 寻址术语

本节介绍的前三个术语涉及发射器的信息可以被多少个接收器接收，其余术语涉及两个参与者之间的信息交换方向。

1. 单播通信

单播通信是指一组参与者中的一个参与者与另一个参与者进行通信。它指的是1∶1通信（图 2.1）。因此，只有一个参与者可以向另一个参与者发送一次消息。发送完这条消息后，他可以向这个或其他参与者发送另一条消息，或者其他参与者发送消息。类似的例子包括打电话、一对一聊天和面对面的谈话。

2. 组播通信

组播通信是指一个参与者向一组参与者的一个子集发送一条消息（图 2.2）。发送完这条消息后，他可以向该组参与者的另一个子集发送一条消息，或者其他参与者发送消息。因此，一次只有一个参与者可以向该组参与者的子集发送消息。组播通信的现实例子就是视频会议，其中并非所有成员都收到了访问代码。另一个例子是长桌谈话，只有那些离讲话者不太远的客人才能听清楚。其他客人可能无法听清讲话者的话，并可能听取另一位讲话者的话。

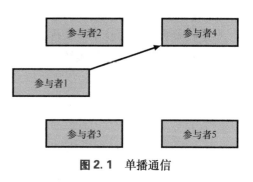

图 2.1　单播通信

3. 广播通信

广播通信是指组中的一个参与者与该组的所有其他参与者进行通信。因此，一个参与者一次向该组的所有其他参与者发送一条消息（图 2.3）。在许多通信系统（例如 LIN、CAN、FlexRay）中，广播是一种常见且唯一的寻址方式。广播的例子包括广播电台、电视和演讲。

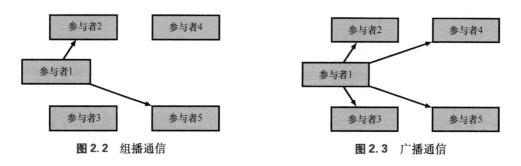

图 2.2　组播通信　　　　　　　图 2.3　广播通信

组播通信和广播通信之间的区别并不总是明确的，这取决于接收组的定义方式。例如，虽然广播节目原则上可以由所有收音机设备接收，但只有打开并调至相应频率的收音机才能接收该节目。

4. 单工通信

在单工通信中，一个参与者仅发送，而另一个参与者仅接收（图 2.4）。因此，通信只能在一个方向进行。因为没有反向通道，技术上不可能实现在另一个方向上进行通信。单工通信的例子包括无线电、电视和寻呼机。

5. 全双工通信

在全双工通信中，参与者可以同时发送和接收信息。因此，可以同时在两个方向上传输数据（图 2.5）。手机就是这种原理的例子。

图 2.4　单工通信　　　　　　　图 2.5　全双工通信

6. 半双工通信

在半双工通信中，每个参与者也可以发送和接收信息，但不能同时进行（图 2.6）。发送和接收只能依次进行。无线电就是其中的一个例子，必须按下发送按钮才能发送，且在发送过程中不能接收信息。

图 2.6　半双工通信

还有双向单工原理，其结果与全双工相同，但具有单独的发送和接收路径。一个例子是通过卫星下行和电话上行的互联网连接。要区分全双工通信和双向单工通信，必须了解技术实现的细节。

2.2.3　总线系统

迄今为止，术语"通信系统"已用于表示两个或多个参与者之间交换信息过程。在车辆、自动化技术和其他领域中，经常使用术语"总线系统"，这通常指具有特定属性的通信系统，其中一个属性表明这种系统是有线连接的。术语"总线"还用于总线系统和总线拓扑。

1. 总线系统

总线是通过共同的传输路径在多个参与者之间进行数据传输的系统，在这个传输过程中，参与者不涉及其他参与者之间的数据传输。总线的缩写"BUS"代表"二进制单元系统（Binary Unit System）"。

2. 总线拓扑

在总线拓扑（线性或串行拓扑）中，所有设备都直接连接到相同的传输介质上，即总线（参见总线拓扑，第 2.4.1 节）。设备和介质之间没有主动组件。传输介质通常直接在具有较小物理延伸的电路板上实现，此外还有电缆或电缆束。

根据这个定义，LIN、CAN 和 FlexRay 是总线系统，而车载以太网不是。然而，车载以太网常被认为是总线系统的一部分［Zimmermann］。

2.2.4　网络连接的必要性

直到 20 世纪 80 年代，汽车中仍然只有少数控制器，也称为电子控制器（Electronic Control Unit，ECU）。为了交换信息，控制器之间有单独的线路（图 2.7a）。如果有多个信号需要交换，则通常需要多条线路。

随着控制器和信号交换数量的增加，通信量迅速增加，对于相同的信号需要使用多条线路也变得非常不便，更改和扩展都需要改变硬件和布线。

通过引入总线系统，每个控制器都连接到总线上，这使通信变得更加灵活。每个参与者都可以从任何其他参与者那接收消息，而不需要新线路。这样的系统可以轻松扩展以接收更多消息，而无须更改布线（图2.7b）。

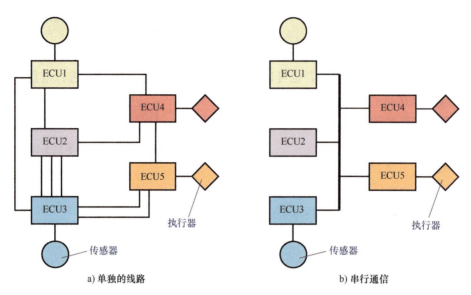

a) 单独的线路　　　　　　　　　　b) 串行通信

图2.7　控制器的网络化

汽车制造商最初使用自己的系统，意味着每个制造商都有自己的总线系统。后来，标准化的总线系统占据了主导地位，被多个汽车制造商使用，因此半导体制造商将它们集成到其产品中，最终实现总线成本的降低和进一步的普及。

2.2.5　其他术语

- 点对点：两个参与者之间的直接、即时连接。
- 多点总线：所有参与者都连接到传输线的总线。
- 对等：平等参与者之间的通信。
- 主：控制通信系统中通信的参与者。
- 从：遵循主指令的通信参与者。
- 多主：存在多个主的通信系统。
- 带宽：信号要传输的主频成分所处的频率谱中的区间宽度，单位为Hz。
- 线路编码：规定信息传输所使用的符号在物理层如何传输。
- 符号：传输信息内容的字符单元。
- 波特率、符号率：每单位时间传输的符号数，以波特为单位，1波特＝1符号/s。
- 数据传输率（也称数据率或比特率）：表示在传输通道内在一段时间内传输的数据量，单位为bit/s。
- 面向字符：逐个传输字符或符号。
- 面向消息：字符或符号被分组（帧）并作为块传输。

2.3 结构

2.3.1 节点结构

一个节点由一个想要与其他计算机交换数据的计算单元、一个协议控制器和一个收发器组成（图 2.8）。计算单元也称为主机或主机计算机。

主机：主机通常采用微控制器实现，但一般情况下也可以是计算机，或者在最简单的情况下由逻辑电路组成。主机向其他主机发送和接收数据，发送或接收数据的软件在主机上运行，该软件称为用户应用程序或简称应用。

协议控制器：协议控制器根据底层协议实现通信功能，每种协议都需要一个特定的协议控制器，它由数字电路实现。对于非常简单的协议，主机也可以承担协议控制器的任务。

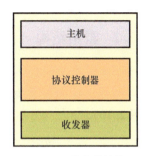

图 2.8 节点的结构

收发器：收发器（即总线驱动器）提供物理传输介质的连接。在传输信号时，收发器将协议控制器的逻辑值转换为电压值或光学信号，并在接收时将电压值或光学信号转换回逻辑值。在较简单的协议中，收发器由模拟电路实现；而在较复杂的协议中（例如以太网），通过数字电路实现其中的重要部分。

由于主机和协议控制器均采用纯数字电路实现，因此节点有两种实现形式：使用独立协议控制器实现（图 2.9a）以及使用集成协议控制器实现（图 2.9b）。

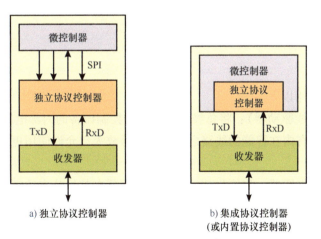

图 2.9 节点的实现形式

在使用独立协议控制器的节点中，该控制器作为单独的组件执行，即该控制器具有自己的外壳和电源，通过标准接口（例如 SPI⊖）与主机连接。

⊖ SPI（串行外设接口）是指同步串行数据总线，在大多数微控制器中作为接口存在。

另一方面，集成的协议控制器作为微控制器的外设组件集成在内部总线上。这样做的好处是，由于电路板上少了一个组件，电缆可以省略，因此可以节省空间。此外，由于可以使用内部数据总线的全带宽（例如 32 位宽数据总线），因此可以更快地在主机和协议控制器之间传输数据。

对于总线端，这两种解决方案具有相同的接口。在实践中，大多数情况下使用集成协议控制器来实现。在新开发的协议中，起初主要使用独立协议控制器，直到有集成协议控制器的微控制器为止。如果要使用特定的微控制器，则在没有集成协议控制器的情况下，使用独立协议控制器。

2.3.2 群组结构

一个群组由多个节点和一个物理传输介质组成。

根据协议和物理传输介质的不同，传输可以通过电气、光学或电磁（无线电）进行（图 2.10）。

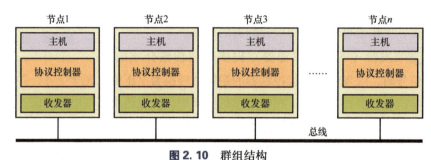

图 2.10 群组结构

建立通信系统需要多个节点，通常最少需要两个节点，最大数量取决于协议类型和物理层（收发器+物理传输介质）。

2.3.3 组件

在网络中可以使用以下组件：
- 收发器（即总线驱动器）：将总线信号转换为控制设备的内部电压水平。
- 中继器：在没有内在智能的线路之间进行信号放大，允许使用更长的线路，但会导致额外的信号延迟。
- 星形耦合器、集线器：将接收到的消息转发到所有其他分支的耦合元件，不能生成或存储消息。
- 交换机：像星形耦合器一样的耦合元件，但它不会将消息发送到所有分支，而只会将其发送到目标设备所在的那个分支，并可以缓存消息。
- 网关：用于连接多个群组的组件，包括使用不同协议的群组。

2.3.4 OSI 模型

OSI（Open Systems Interconnection，开放式系统互联）。模型是一种网络协议的参考模型，它以层次结构组织，并自 1984 年以来作为标准由 ISO 发布，它也被称为 ISO/OSI 参考模型。

OSI 模型描述了在七个相互关联的层（图 2.11）中进行通信，每个层都有特定的功能。每个层只与其下方和上方相邻的两个层交互，层之间的接口已定义且不会更改，即使修改了某个层，也不必重新设计整个系统。例如，将使用电信号实现传输的通信系统升级为使用光学信号，只需更换最底层的物理层即可，所有其他层保持不变。

最著名的通信系统是按照 OSI 模型构建的互联网。在 50 年的发展历程中，整个系统的多个层次曾多次更改，但系统总体不需要从头重新设计。第一层和第二层（物理层和数据链路层）主要是由硬件实现的，而其余五层主要是通过软件实现的。本书重点介绍第一层和第二层。

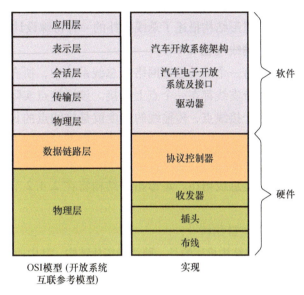

图 2.11　OSI 模型

2.4　拓扑结构

通信参与者的排列和连接被称为拓扑结构，物理拓扑和逻辑拓扑是有区别的。本书将重点关注物理拓扑，它描述了参与者相互之间的几何排列方式。除了参与者之间的距离之外，电线的电气布局也是特别重要的。因此，哪些参与者之间直接通过电线连接以及哪些参与者之间的连接电线中可以改变电信号的电子元件等信息是很重要的。

拓扑结构一般可以分为三种基本结构：总线拓扑结构、星形拓扑结构和环形拓扑结构。

2.4.1　总线拓扑结构

总线拓扑结构也称为线性拓扑结构，每个参与者都通过一个分支线连接到传输线上。传输线在两个端节点（此处为节点 1 和 5）结束（图 2.12）。这类似于街道上的自来水管道，每个房屋都用一条短管与主管道连接。与主线相比，支线的长度较短。适当的瞬态过程后，传输线和所有支线上都具有相同的电压。

图 2.12　总线拓扑结构

总线有不同的可能,下面展示了两个极端情况。这两个极端情况之间的所有中间版本都是可能的。

1. 被动星形结构

被动星形结构描述了总线拓扑的一种特殊设计。被动星形结构的特点是长的支路线和非常短的传输线(图2.13)。

在只有一个被动星形网络的总线系统中,所有参与者的分支线都在一个点上连接。该连接点实际上只是一个接线点,传输线的长度就是接线点的长度。各节点在电气上彼此相连,因此稳态时所有支路线上的电压相同。因此,尽管它看起来像星形拓扑,但它是总线拓扑。星形拓扑结构将在2.4.2节中描述。

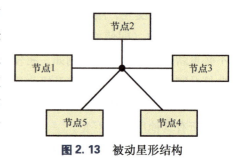

图2.13 被动星形结构

2. 菊花链结构

菊花链结构描述的是一种总线拓扑结构,其中通过构造性措施使分支线非常短(图2.14)。

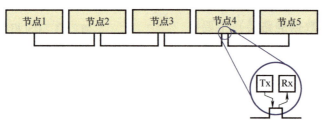

图2.14 菊花链的总线拓扑结构

在菊花链拓扑结构中,支路线尽可能短。为此,主线直接连接到每个节点,并从那里到下一个节点。主线可以直接连接到插头,从插头再引出分支线;也可以将主线连接到控制器的电路板上,再引出分支线,然后主线再通过插头连接到下一个控制器。在第一种情况下,分支线的长度为10或15cm;在第二种情况下为几厘米或仅为毫米。菊花链拓扑结构的总线改善了总线的电特性(参见第6.3节)。

2.4.2 星形拓扑结构

在星形拓扑结构中,每个参与者通过点对点连接连接到一个"分配器"(图2.15)。该分配器被称为星形耦合器,在计算机网络中也称为中继器。星形耦合器(或星形集线器)是一种主动组件,意味着它必须连接到电源。

星形耦合器具有多个连接,这意味着可以连接多个节点。如果星形耦合器只有两个连接,则称为中继器。其功能如下:

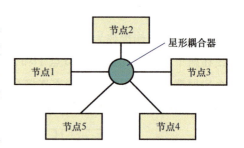

图2.15 带有主动星形耦合器的星形拓扑结构

1)当没有传输时,星形耦合器会在所有分支(所有连接)上侦听,以查看是否有任何节点正在传输内容。

2)一旦在一个分支上传输了某些内容,该分支将被选为输入,并在所有其他分支上激活输出驱动器。只要输入分支正在传输,星形耦合器就会接收此信号,放大它并将其发送到所有其他分支。

3)当发送节点停止在输入分支上发送时,星形耦合器关闭输出驱动器并再次侦听所有分支。

在传输之前,接收到的信号在星形耦合器中放大。还有一些星形耦合器会执行位重塑,如将模糊的边缘转换为锐利的边缘。星形耦合器会立即转发接收到的信号,它没有存储帧或符号的技术能力,星形耦合器在技术上无法生成帧。

2.4.3 环形拓扑结构

在环形拓扑结构中,每个节点与其他两个节点点对点地连接在一起(图2.16)。例如,如果节点1要向节点3发送消息,则它会先将消息发送到节点2,然后由节点2将消息进一步发送到节点3。因此,消息将从一个参与者传递到下一个参与者,直到到达接收者。环形拓扑结构没有总线拓扑结构一样的连续线路,而只存在节点之间的点对点连接。例如,在节点1和2之间与节点3和4之间,线路上可能存在不同的信号(电压、电流、光)。用于车辆中传输多媒体数据的MOST协议就基于环形拓扑结构。

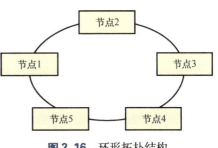

图2.16 环形拓扑结构

2.4.4 混合拓扑结构

在实际应用中,并不仅仅使用三种基本拓扑结构。在某些通信系统中,这些基本拓扑结构可能会被混合使用。然而,并非每个系统都可以这样做。这些混合使用的拓扑结构也称为混合拓扑。

第一个例子(图2.17)实际上并不是真正的混合拓扑结构,因为它是具有多个被动星形的总线拓扑结构。从电气角度来看,一个具有一个或多个被动星形结构的总线拓扑结构仍然是一个总线拓扑结构。

真正的混合拓扑结构如图2.18所示。这里有两个星形耦合器直接相连。每个星形耦合器可以连接多个节点,数量等于耦合器的星形分支数。但是,这种连接方式需要每个星形耦合器使用一条分支来连接另一个星形耦合器。这两个星形耦合器也称为级联星形耦合器。这种拓扑结构可以用于FlexRay。

另一种可能性是将总线连接到星形耦合器的分支上,而不仅仅是将单个节点与星形耦合器的分支进行点对点连接,如图2.19所示。两个具有三个节点的总线和一个具有两个节点的总线被连接到具有三个分支的星形耦合器上。这说明可以将更多的节点连接到星形耦合器上,而不仅仅是分支。

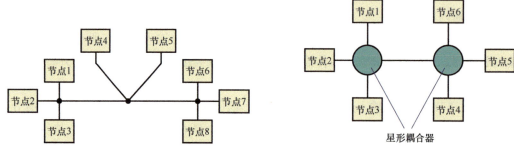

图 2.17 具有多个被动星形的总线拓扑结构　　图 2.18 级联星形耦合器的群组

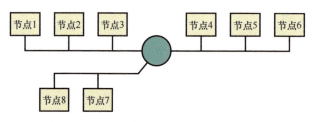

图 2.19 具有多个总线的主动式星形耦合器

正如总线可以连接到星形耦合器的分支上一样，被动式星形结构也可以这样连接（图 2.20）。然而，由于被动式星形结构在电学上的行为类似于总线，因此它不是一种新的拓扑结构，而是具有总线的星形耦合器分支，如图 2.19 所示。

■ 2.5 访问方法

访问方法规定了组件何时允许使用其他组件也需要的资源，这种看起来非常技术的方法在日常生活中比人

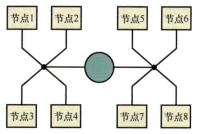

图 2.20 具有被动式星形节点的主动式星形耦合器

们想象的要常见得多。在日常生活中，它不叫做访问方法，而是基本的共处规则。例如，交通规则就可以被称为访问方法，它规定了谁可以先通过十字路口或交叉口；人与人之间互相交谈时也有规则（即使并非所有人都遵守规则），一个基本规则是什么时候允许某人发言。不同的环境有不同的规则，例如，在球场上有比赛规则，而在球赛后团队聚会时又有不同的规则。发言人利用媒介说话，在这段时间内，其他人不能使用媒介。下面通过一个例子来说明访问有哪些基本方法。

2.5.1 引入示例

在学生时代，学生经常住在公寓中，每个人都有自己的房间，浴室和厨房是共用的，浴室一般仅供一人使用（图 2.21）。

在一个合租公寓中,有四个学生住在四个房间里:安娜、伯特、卡尔和多拉(图 2.21)。早上所有人都希望在 8:45 之前准时到达讲堂前睡得尽量久,因此,他们都需要在 8:00—8:30 之间使用浴室。假设每个人需要 15min 在早上使用浴室,由于所有人都偏好的时间段只有 30min,因此只有两个人可以在期望的时间段内使用浴室,而另外两个人则无法使用。

有哪些方法来规定浴室的使用?

学生们必须达成共识,谁可以使用浴室,或者他们必须遵守规则。

当多个参与者想要通过总线进行通信时,会出现同样的问题(图 2.22)。必须规定哪个参与者何时以及多长时间可以使用总线。在通信中,将使用资源的规则称为访问方法。下面将介绍四种基本的访问方法。

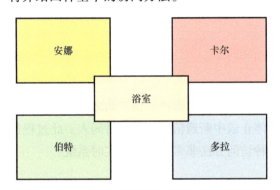

图 2.21 有四个房间和四个学生的合租公寓

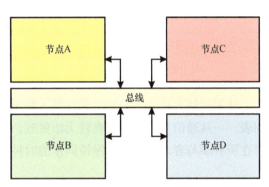

图 2.22 由四个节点和一个传输介质组成的群组

2.5.2 主从访问方法

这种方法在人类相处中并不一定可取,但由于其易于实现,因此在技术中经常使用(图 2.23)。主从访问方法的规则见表 2.1。

表 2.1 主从访问方法的规则

共享公寓的规则	通信中的规则
安娜是老大,每个人都听她的	一个节点是主节点,其他所有节点都是从节点
安娜决定谁可以在什么时候使用浴室	主节点决定谁可以在什么时候使用总线
安娜说什么时候有人可以去浴室	主节点查询从节点

图 2.23 主从访问方法

在主从方法中,主节点(在本例中是安娜)决定谁可以去浴室或发送消息。主节点要么查询从节点,要么要求它们发送。只有当主节点允许发送时,从节点才能发送或使用浴室。如果主节点失败(例如,安娜出门了),那么该方法将不再起作用。幸运的是,在总线系统中，节点不会简单地出走几个小时。主从式访问方法是一种非常容易实现的访问方式。由于时间表的更改只需要在主节点上进行，因此可以轻松地实现更改。

2.5.3　时间触发的访问控制方法

在第二种方法中，时间被用作判断标准（图 2.24），时间触发的访问控制规则见表 2.2。

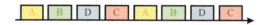

图 2.24　时间触发的访问控制方法

表 2.2　时间触发的访问控制规则

共享公寓的规则	通信中的规则
制定一个时间表，规定谁可以使用浴室	制定一个时间表，规定谁可以使用总线
每个人都需要一个时钟	每个节点都需要一个时钟
每个时钟必须显示相同的时间	时钟必须相互同步

使用时间表可以确定何时允许某人使用浴室或发送信息，因此通信开始之前必须制定时间表。一旦通信开始，时间表就无法更改，必须停止或中断通信才能更改时间表。此过程需要在所有参与者之间同步并保持同步的时钟，这种访问方法非常适合实现实时系统。

2.5.4　令牌传递

在此方法中，令牌（例如浴室钥匙）从一个人传递到另一个人。拥有钥匙的人可以使用浴室或总线。如果没有参与者想使用浴室或通信通道，则令牌在参与者之间循环。如果令牌丢失，则会出现问题。

2.5.5　事件触发的访问控制方法

在此方法中，没有规定谁可以使用浴室或总线，先到浴室的人可以使用它，事件触发的访问控制方法如图 2.25 所示，控制规则见表 2.3。

图 2.25　事件触发的访问控制方法

表 2.3　事件触发的访问控制规则

共享公寓的规则	通信中的规则
任何人都可以随时使用浴室	任何节点都可以随时使用总线
如果浴室已被占用，其他人必须等待	如果正在发送信息，则节点必须等待
需要检测浴室是否被占用	需要检测总线是否被占用
如果有两个或多个人在等待，可以分配优先级	如果有两个或多个节点在等待，可以分配优先级

在此过程中，共享公寓成员必须检查浴室门是否锁住。节点可以通过在总线上侦听一段时间来检查总线是否被占用，如果没有其他节点发送信息，则该节点可以开始发送信息。但是，如果其他节点正在发送信息，则所有节点都必须等待，直到发送节点完成发送。

可能会发生两个节点同时开始发送信息的情况。这些情况必须被识别并通过规则解决。有不同的方法：

使用冲突检测（Conflict Detection，CD）来检测冲突。在这种情况下，发送过程将被中止，并尝试稍后重新发送。

使用冲突解决（Conflict Resolution，CR）来解决冲突。这是通过优先级来完成的，低优先级的节点或消息将停止发送，这要求在检测到冲突之前消息没有被破坏。CAN 使用了此方法。

此访问方法称为载波侦听多路访问（Carrier Sense Multiple Access，CSMA）。CSMA/CD 和 CSMA/CR 说明如何处理冲突。

2.5.6 访问方法总结

访问方法规定了参与者何时可以使用传输媒介。表 2.4 列出了访问方法的示例。

表 2.4 访问方法示例

访问方法	示例	总线系统
主从式	教师-学生	LIN
时间触发	科学会议	FlexRay
事件触发	脱口秀	CAN

访问方法确定了通信系统的主要特征。因此，通信系统的实时性主要取决于访问方法，不同方法的优缺点见表 2.5。

表 2.5 不同访问方法的优缺点

访问方法	优点	缺点
主从式	易于实现	主节点故障时无法通信
	从节点需要的信息较少	—
时间触发	稳定	不灵活
	实时性好	需要提前计划
	—	需要同步时钟
事件触发	不需要提前计划	需要检测和解决冲突
	灵活	可能会阻止节点发送信息

2.6 编码

信息可以以不同的形式存在。为了使计算机能够处理、存储和传输信息，它们必须以计算机能够处理的形式存在，即以位的形式存在。组合成较大群体的位被称为数据，并构成进一步研究的对象。

为了能够在传输通道上传输数据，这些数据首先在发送方进行编码。在传输后，在接收方进行解码（图2.26）。编码在通信技术中具有与调制类似的意义，而解码则具有与解调类似的意义。

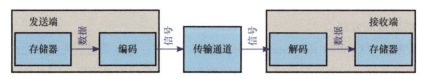

图 2.26 信息传输中的编码

编码的数据通过物理量的时间变化来传输，该物理量被称为信号。在相关的协议中，物理量是电压，因此信号的值也称为电平或电平序列。

下面将介绍一部分在后续中使用的术语，然后将解释数据表示以及编码的重要方面和原则，从而实现传输目标，而不对特定协议做过多介绍。在接下来的章节中，将具体介绍相关协议的编码。

2.6.1 术语

以下术语对于数据的编码和传输特别重要：

数据：计算机可以处理和存储的信息称为数据。本书假定数据以位的形式存在，这些位被组合成字节和更大的组。

位序列：指以恒定速度连续传输的位，"位流"一词可以用作同义词，其通过从存储器读取数据并按顺序传输数据来创建位序列。

线路位序列：指从位序列中通过线路编码产生的位。

符号：虽然位只能取0和1两个值，但符号可以映射多于两个值。因此，可以将两个或多个位编码为一个符号。简单符号只映射两个不同的值。

符号序列：指以恒定速度连续传输的符号。

信号：是一个由物理量承载的时间函数，具有一个参数，它映射了感兴趣的量的值和变化。物理量可以是电压、电流或电磁波等。本书仅考虑电压作为物理量。为描述信号，使用值范围可以是模拟或离散，时间可用性可以是连续或不连续。在接下来的部分中，考虑的信号是离散和不连续的。

电平序列：指在符号序列经过电平生成后形成的传输线上的电压电平。电平序列一词仅涉及电压。除了电平序列，信号还指电流、电磁波和光等用于信息传输的物理量。

图2.27显示了数据从应用程序经过通信系统传输之前发生的转换。首先，从微控制器的存储器中获取数据。数据中的位将按照特定的顺序排列并进行发送。相关讨论将在第2.6.2节中进行。

下一步是将数据打包成帧。为此，向数据添加位以标记开始和结束、标识数据（标识符）或提供地址（寻址）。此外，帧还附加了控制信息。在后序章节将详细讨论每个通信系统的帧结构。

然后进行线路编码。这是通过一个或多个步骤完成的。在第 2.6.5 节和第 2.6.6 节介绍了一些典型的线路编码。

在线路编码之后，将位转换为符号，然后将符号转换为电平。一个符号可以映射一个或多个位（参见第 2.7.3 节）。

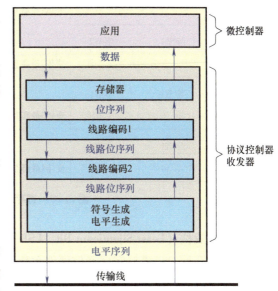

图 2.27 位编码

2.6.2 位顺序

数据以位和字节的形式存储在节点的微控制器存储器中。为了将这些数据传输到另一个节点，它们要么传输到协议控制器，要么协议控制器可以读取微控制器的存储器。在协议控制器中，数据被存储在一个寄存器中，该寄存器作为移位寄存器，并且稍后将从其中发送数据。假设这个移位寄存器足够大，可以容纳完整的消息。现在问题是，在这个移位寄存器中存储的字节的顺序是什么。以数字 4321 为例，它以 BCD（Binary Coded Decimal）代码表示并传输。因此，该数字由四个 4 位的十六进制数字表示，这些数字组合成两个字节：0x0100 0011 和 0x0010 0001。图 2.28 显示了此示例中位和字节的排列方式。

现在需要将存储器中的位依次移入移位寄存器。这有四种可能：

1) 在第一种可能中，首先将字节 1 的位从存储器向右移并从左侧移入移位寄存器；然后是字节 2。

图 2.28 位和字节在存储器中的排列方式

2) 在第二种可能中，首先将字节 2 的位从存储器向右移并从左侧移入移位寄存器；然后是字节 1。对于这种可能，与第一种可能相比，字节 1 和字节 2 是颠倒的。

3) 在第三种可能中，首先将字节 1 的位从存储器中移出。与第一种可能不同的是，位不是向右移出存储器，而是向左移出。在移位寄存器中，位从左侧移入。因此，位的顺序发生了颠倒。

4) 在第四种可能中，首先将字节 2 从存储器向左移并从左侧移入移位寄存器；然后是字节 1。

图 2.29 显示了这四种变体。

字节的顺序分为大端（最高字节优先）和小端（最低字节优先）。字节的顺序很重要，还必须考虑位的顺序。因此，存在按最高有效位（Most Significant Bit，MSB）首先传输的顺

图 2.29　寄存器中位的排列

序和按最低有效位（Least Significant Bit，LSB）首先传输的顺序。

对于所有开发 OSI 模型底层通信硬件和软件或对传输线进行测量的用户，了解字节和位的顺序非常重要；对于在 OSI 模型第七层工作的用户来说，这并不重要。

2.6.3　线数

节点通信需要供电线路和信号线路。通信在信号线路上进行，节点则通过供电线路获得电能。

通常情况下，能源供应需要两根电线或连接器：一根接地线或接地连接器以及一根工作电压线。在车辆中，使用一根或两根信号线的通信系统很常见。这是因为更多的线路意味着更高的成本，系统设计时会尽可能少地使用线路。虽然如此，也存在一些使用超过两个信号线的通信系统，例如具有 4 个甚至 8 个线路的以太网版本；也有通过相同的线路进行供电和通信的系统，总共只需要两根线路就可以建立节点，此类系统不在此考虑。总而言之，在比较通信系统时，还必须考虑供电线路数量的成本。

1. 单线路

只需要一条信号线的总线系统称为单线路总线。测量的基准电位是车辆或机器的地线电位或接地电位，地线可以作为多个总线系统的基准电位（图 2.30）。

只需要一条线路的总线系统的优点是布线成本更低。由于其他电流也会流经地线，地线在每个点上的电位不同，这会影响传输，因此，必须使用更大的电压差，以正确识别传输的信号，这限制了最大可达速度。

2. 双线路

使用两条信号线的总线系统测量两条信号线之间的电压（差分电压）（图 2.31）。两条线路上的任何偏移电压都不重要，因为只有两条线之间的差分电压才是信息的载体。与单线路相比，可以使用较小的差分电压（例如 1~2V），从而实现更高的传输速率。双线路的成本相应地比单线路更高。

第 2 章　通信基础知识

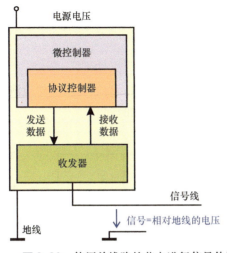

图 2.30　使用单线路的节点进行信号传输

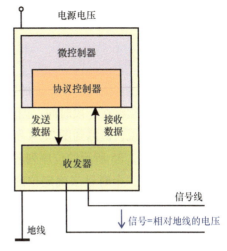

图 2.31　用于信号传输的双线路

特别地，在较高的传输速率下，会使用双绞线电缆。双绞线电缆通过两根电线相互缠绕，减少对电缆中信号的干扰。

2.6.4　信号传输

1. 非对称信号传输

在非对称信号传输中，信息通过数据线上的电压与参考电位之间的差值传递。通常，参考电位是地线电压，例如单线总线 LIN。

非对称信号传输中传递的信号被称为单极信号。其中，位通过电平不为零和电平为零两种情况表示，电平是参考电位和数据线之间的差分电压（图 2.32）。

2. 对称信号传输

对称信号传输需要两根传输线。信息由这两根线之间的电压变化（差分电压）传输，由正负差分电压进行传输的信号也被称为双极信号（图 2.33）。

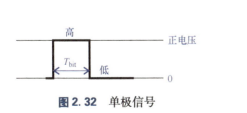

图 2.32　单极信号　　　　　图 2.33　双极信号

在单极信号中，除了数据线的电平不为零之外，还可以使用电平等于零（数据线与基准电位之间没有差分电压）的值。类似地，在双极性信号中，除了正差分电压和负差分电压之外，还可以使用差分电压为零的信息。在这种情况下，有三种不同的电压值可用，也称为三元信号。通过第三个电平，可以额外标识传输中的特定状态或使用更有效的编码。

此外，还可以使用多于两个或三个电平。例如，在千兆以太网 1000BASE-T 中，使用五个电压值（1V、0.5V、0V、-0.5V、-1V）。

2.6.5 位同步

如 2.6.4 节所述，位在传输线上的物理表示是通过电平实现的。为了使接收器检测到电压电平，该电平必须存在一段时间。因此，表示位的参数是电平和时间。

对于接收器来说，检测到图 2.34 所示的位序列很容易，但检测到图 2.35 所示的位序列较难。原因是发送器和接收器都有一个时钟来确定位的长度，但是两个时钟都存在一定的误差，导致它们之间存在偏差。假设接收器恰好在位的中间位置检测到位的电平，即50%，并且发送器和接收器之间的时钟偏差1%，则在第 51 位之后，发送器和接收器之间的计数将相互偏离。如果在 50 个位之前的位序列中有电平变化，则接收器可以校正其时钟，这称为重新同步。因此，长位序列且没有电平变化将导致问题。

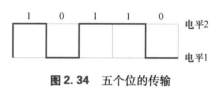

图 2.34　五个位的传输

图 2.35　具有相同电平的 n 个位

就目前这个例子来看，连续 50 个相同的位数量并不少。但是这个例子所假设的是在理想传输条件下，并且只考虑了时钟的偏差。一方面，长度为 1ms 的位不会在 1ms 内出现，因为电平转换需要时间。此外，在信号传输期间的干扰（例如电磁干扰）、元器件公差和温度差异都会对位的长度产生影响，因此并不是整个位时间可用于检测电平，真实情况下时间会更短。另一方面，即使时钟偏差小于 1%，如果没有额外的措施，就不可能安全地检测到没有电平变化的任意长的位序列。为了解决这个问题，存在多种方法可用于在位接收时使接收器与发送器重新同步。这些方法是：

- 单独的时钟信号
- 帧调整
- 位填充
- 扰码器

采用单独时钟线通信系统的例子是 I2C，由飞利浦半导体于 1982 年开发。除了数据线外，还需要第二条时钟线。这消除了单线系统的优势，但仍提供了在双线系统中更强大的传输能力。I2C 多用于设备内部，不适用于较长距离。这种重新同步的可能性在这里不会进一步介绍。但是，将详细介绍帧调整和位填充以实现重新同步的方法。这两种方法将额外的位插入到数据流中，以确保接收器重新同步。使用扰码器的过程将在第 10 章中介绍。

1. 用于重新同步的帧调整

帧形成始于起始位，接着是几个数据位，最后是停止位（图 2.36）。起始位和停止位具有相反的值，例如起始位是 0 位，停止位是 1 位。通常，在起始位和停止位之间有 8 个数据位，但可以有更多或更少的数据位。在停止位之后，下一个起始位可以立即跟随，接着是更多的数据位和最终的停止位。

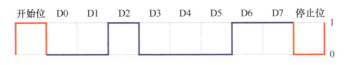

图 2.36　带起始位和停止位和 8 个数据位的 NRZ 编码

当使用一个起始位和一个停止位以及 8 个数据位时，只有 8 个数据位对信息的传输起作用。起始位和停止位是开销，在本例中占传输总位数的 20%。

数据位的顺序没有固定规定。它可以从最低有效位（LSB）开始（例如在 RS232 和 LIN 中），也可以从最高有效位（MSB）开始（例如在 FlexRay 中）。通过在数据流中插入附加位，可以确保在一定数量的位之后发生电平变化，即传输（附加）额外的边沿。接收器利用这个边沿在位级别上与发送器同步。该方法是静态的情况，因为无论数据流中的位如何，都会插入起始位和停止位。在动态情况下，只有在需要时才插入额外的位。下一节将说明这种情况。

2. 用于重新同步的位填充

在位填充中，就像在帧调整中一样，在数据流中插入附加位。但是，位填充仅在数据流中发现多个相同的位时才插入位。

在 CAN 中，始终在 5 个连续的 0 位之后插入 1 位（图 2.37），并在 5 个连续的 1 位之后插入 0 位。这样，接收器在最多 5 个位之后就有了电平变化，并且可以重新同步其时钟。发送器插入到位流中的位称为填充位，它们将由接收器删除。如果在位序列中有五个相同的位后跟一个补码位，则还会插入一个填充位。

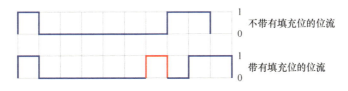

图 2.37　5 个相同位后的位填充

2.6.6　线路编码

位被编码以进行传输，即为它们分配一个物理信号。编码的意义是数据能够被清楚地识别。

线路编码确定了位或符号在物理层上的传输方式。也就是说，线路编码确定了位序列和电平序列之间的关系。线路编码可以分为以下几类：

- 二进制线路编码

- 曼彻斯特编码
- 块编码

LIN、CAN 和 FlexRay 使用二进制线路编码，而车载以太网使用块编码。电压电平可以简化用"+"表示正电压，用"-"表示负电压差，"0"表示零电压差。数据位用 0 和 1 表示。如果线路位只有两个不同的值，则可以用 0 和 1 表示线路位。当使用三态编码时，则使用"+"、"-"和"0"。图 2.38 展示了使用线路编码和电压电平对数据进行编码的示例。

```
数据位：    1 0 1 1 1 0 0 1
线路位：    1 0 1 1 1 0 0 1
电平：      + - + + + - - +
```

图 2.38　使用线路编码和电压电平对数据进行编码的示例

1. NRZ 编码

NRZ 代表非归零码，是一种二进制线路编码的名称。NRZ 编码可以分为单极性 NRZ 编码和双极性 NRZ 编码。

在单极 NRZ 编码中，一个电平被分配给 0 位，另一个电平被分配给 1 位。0 位不一定要被分配给低电平，它也可以被分配为高电平。这只是一个定义问题。两个电平中的一个表示"无电压差"，另一个表示两条线路之间的电压差。图 2.39 显示了正逻辑（图 2.39a）和负逻辑（图 2.39b）的单极性 NRZ 编码。

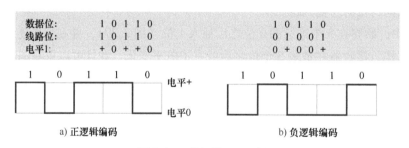

图 2.39　单极性 NRZ 编码

在双极性 NRZ 编码中，一个电平被分配为 0 位，另一个电平被分配为 1 位。0 位不必强制分配给-电平。它也可以分配给+电平。这只是一个定义问题。+电平表示两个线路之间的正差分电压，-电平表示负差分电压。图 2.40 展示了正逻辑编码和负逻辑编码。

2. RZ 编码

RZ 意思是归零。在 RZ 编码中，电平总是返回到零。这意味着，在位时间的前半部分，电平指示是 1 位还是 0 位；位时间的后半部分电平为零。

RZ 编码可以使用单极性信号和双极性信号进行。

通过在每半个位之后将电平更改为零，传输的频率加倍，因此需要更多的带宽，这是这种编码的缺点。但其优点是，在双极性 RZ 编码中，接收器可以从数据流中恢复发送器的位时钟。在单极性 RZ 编码中，如果没有其他措施，时钟恢复并不安全。

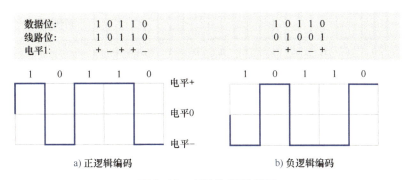

图 2.40 双极性 NRZ 编码

无论是高电平还是低电平都可以与 1 位关联，这是一个纯粹的定义问题。图 2.41 显示了单极性 RZ 编码的示例，图 2.42 显示了双极性 RZ 编码的示例。

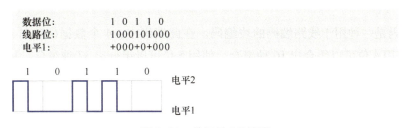

图 2.41 单极性 RZ 编码

图 2.42 双极性 RZ 编码

3. 曼彻斯特编码

曼彻斯特编码是另一种线路编码。除了数据，它还包含可以被接收器恢复的时钟信号。与 RZ 码类似，这将导致频率加倍。在曼彻斯特编码中，决定数据位值的不是电平，而是数据流中在时钟信号下降沿处的边缘。对此有两个等价的定义：

- G. E. Thomas 定义将下降沿分配给逻辑 1，将上升沿分配给逻辑 0
- IEEE 802.3 定义将上升沿分配给逻辑 1，将下降沿分配给逻辑 0。此编码在 10Mbit/s 以太网中使用。

图 2.43 展示了曼彻斯特编码的示例。时钟信号用蓝色表示，要编码的数据用红色表示，IEEE 802.3 标准下的编码用绿色表示。

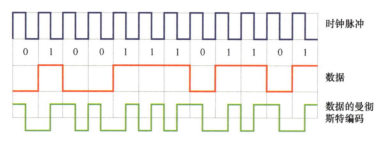

图 2.43　IEEE 802.3 标准下的曼彻斯特编码

曼彻斯特编码的优点是可以恢复时钟信号且没有直流偏置。由于无直流偏置，因此可以通过脉冲变压器传输编码数据。

曼彻斯特编码的缺点在于，相比于二进制 NRZ 编码，需要双倍的带宽，且比特率仅为波特率的一半。

4. 4B5B 编码

4B5B 编码是一种用于线路编码的块编码。在此编码中，4 个数据位映射到 5 个线路位（表 2.6）。使用 4 位可以组合出 16 种组合，使用 5 位可以组合出 32 种组合。从 32 种可能的组合中，选择 16 种至少包含一个 0 和两个 1 的组合用于映射数据位，这样可以避免任意长的 1 或 0 序列。从剩下的 16 种组合中，另外选择 8 个用于控制信号。因此，有用于传输开始和结束的控制信号。

4B5B 编码与 MLT-3 编码一起在快速以太网 100BASE-TX 中使用。

表 2.6　4B5B 编码

4B	0000	0001	0010	0011	0100	0101	0110	0111
5B	11110	01001	10100	10101	01010	01011	01110	01111
4B	1000	1001	1010	1011	1100	1101	1110	1111
5B	10010	10011	10110	10111	11010	11011	11100	11101

5. MLT-3 编码

MLT-3 代表三级多电平传输编码（图 2.44）。它是一种使用三个电平的线路编码。这三个电平分别用（+、0、-）表示，并形成三进制信号。

当数据流中有 1 时，MLT-3 会更改线路上的电平。当为 0 时，电平保持恒定，直到再次出现 1。电平按（0、+、0、-）的顺序更改。MLT-3 每位传输一个符号，但与 NRZ 相比，只需要一半的带宽。

使用 MLT-3 编码时，时钟恢复是不可能的，这就是这种编码需要与第二种编码方法结合使用的原因。

6. 4B3T 编码

4B3T 编码将 4 个数据位映射到 3 个电平（三进制信号）上，分别为 -、0 和 +。该编码没有直流偏置。表 2.7 中的映射是没有直流偏置的，表 2.8 中的映射则存在直流偏置。为了

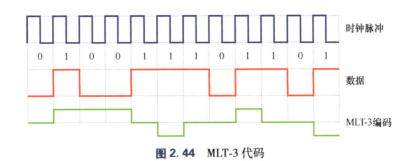

图 2.44　MLT-3 代码

在第二种映射中实现直流偏置的无偏性,对于 10 个位组合(4B),三进制信号(3T)有两种映射。其中,一种映射具有正直流偏置,而另一种映射具有负直流偏置。发送器记住累积的直流偏置,然后选择具有相反直流偏置的映射,因此累积的直流偏置保持有限。

表 2.7　4B3T 编码的无直流偏置输出字

4B	未使用	1011	0010	1110	0001	0111	0100
3T	000	+0−	+−0	0+−	0−+	−0+	−+0

表 2.8　4B3T 编码的有直流偏置初始字

4B	0000	0011	0101	0110	1000	1001	1010	1100	1101	1111
3T 正	+0+	00+	0++	−++	+00	+−+	++−	+++	0+0	++0
3T 负	0−0	−−0	−00	−−+	0−−	−−−	+−−	−+−	−0−	00−

2.7　特征参数

为了描述通信系统的特性,有一些特征参数。本节简要介绍这些参数。

2.7.1　数据量

数据量描述要传输或存储的数据量。数据量的基本单位是 1 位。1 字节等于 8 位。

字节可以用 SI 前缀(十进制前缀)或 IEC 前缀(二进制前缀)来表示(请参见表 2.9 和表 2.10)。

表 2.9　带有 SI 前缀的数据量单位

名称	缩写	字节数
千字节	kB	$1000 = 10^3$
兆字节	MB	$1000000 = 10^6$
千兆字节	GB	$1000000000 = 10^9$

表 2.10 带有 IEC 前缀的数据量单位

名称	缩写	字节数
千字节	KiB	$1024 = 2^{10}$
兆字节	MiB	$1048576 = 2^{20}$
千兆字节	GiB	$1073741824 = 2^{30}$

如果使用字节的 SI 单位前缀，则可能存在指定值与实际值之间的差异。存储器是使用数字技术构建的，并按 2 的幂计数。因此，具有 8 位数据接口和 10 根地址线的存储器有着 $2^{10} = 1024$ 个字节的存储容量。但是，1kB 仅相当于 1000 字节。因此，有 24 个字节被省略了。对于这种小偏差，可能可以忽略不计。但随着数值的增大，这种偏差变得越来越大。例如，兆字节的误差约为 5%，而千兆字节的误差已达到 7%。因此，存在 IEC 前缀，例如"Ki""Mi""Gi"等。这些基于 2 的幂可提供正确的字节数（请参见表 2.10）。在 Windows 中，文件大小的指定经常有错误或不一致，这会导致很大的困扰。

2.7.2 数据传输速率

数据传输速率 C（也称数据传输速率或数据速率）表示在时间段 t 内在传输通道上传输的数据 D 的量。

$$C = \frac{D}{t} \tag{5-1}$$

在通过通道进行串行传输时，位被依次传输，因此可以使用公式计算数据传输速率。如果通过多个通道进行传输，则必须将结果除以通道数，以获得单个通道的数据传输速率。

数据传输速率提供有关每秒传输的传输通道位数的信息，使用 SI 前缀（即十进制幂）进行表示（表 2.11）。

如果需要查找传输一个千字节（KB）的传输时间，请检查是否确实是指千字节（KB）而不是千位二进制字节（KiB）。

表 2.11 数据传输速率的单位

名称	缩写	每秒位数
位/秒	bit/s	1
千位/秒	kbit/s	1000
兆位/秒	Mbit/s	1000000
千兆位/秒	Gbit/s	1000000000

在简单的总线系统中，位通过持续一定时间的高电平和低电平（对应于位时间 T_{Bit}）进行传输。借助位时间，也可以计算数据传输速率 C，这时通常称为比特率：

$$C = \frac{1 \text{bit}}{T_{\text{bit}}} \tag{5-2}$$

表 2.12 给出了一些位时间和相应的数据传输速率示例。位时间的值仅为示例，因为这些协议的位时间可以进行配置。

表 2.12　位时间和相应的数据传输速率的示例

协议	位时间	数据传输速率
LIN	50μs	20kbit/s
CAN	2μs	500kbit/s
FlexRay	100ns	10Mbit/s

2.7.3　波特率

波特率表示每单位时间传输的符号数，单位为 B/s。如果 1 个位对应 1 个符号，则比特率和波特率相等；如果每个符号传输多个位，则比特率和波特率不同。如图 2.45 所示，传输使用 4 个不同的电压电平，每个电平对应 2 个位。因此，每个符号可以传输两个位的信息。电平的编码见表 2.13。

表 2.13　电平的编码

电平	位 1	位 2
0V	0	0
1V	0	1
2V	1	0
3V	1	1

图 2.45 展示了传输位序列 10011100 时的电平变化。总共传输了 4 个不同的电平，对应 4 个符号，但传输了 8 个位的信息。因此，波特率为 4B/s，相当于比特率为 8bit/s。在许多总线系统（例如 LIN、CAN、FlexRay、RS232），一个符号对应一个位。

2.7.4　延迟

延迟描述了元素（例如边沿或帧）从发送器到

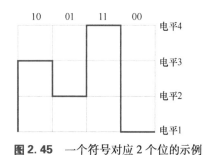

图 2.45　一个符号对应 2 个位的示例

接收器所需的时间。从发送器到接收器的信号路径中的每个元件都会产生延迟。它们描述了通信系统的重要特性，并在其设计和配置时必须考虑延迟。

图 2.46 展示了在一条 50m 长的双绞线电缆上发送的脉冲的延迟。在电缆的起点和终点之间测量的延迟时间为 287ns。因此，线路的延迟为 5.74ns/m。

延迟与数据传输速率（比特率）无关。除了线路延迟之外，发送器和接收器的协议控制器以及发送器和接收器的收发器也会产生延迟。这些在元件的数据表中有规定。了解通信系统中可能的最大延迟对于正确的系统配置非常重要。

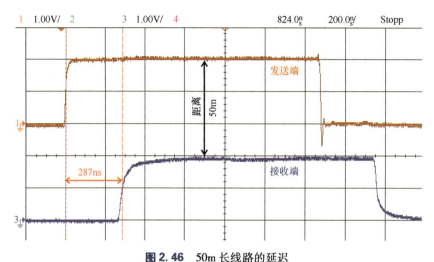

图 2.46　50m 长线路的延迟

2.7.5　抖动

延迟不是恒定的，而是受到随机波动的影响，这些波动称为抖动。因此，抖动是数据包或信号边沿在传输过程中运行时间的方差。

在这一点上，应考虑信号边沿在传输过程中的抖动（参见图 2.47）。深蓝色线条显示理想的信号波形，淡蓝色标明了边沿可能出现的范围，宽度表示最大抖动量。

图 2.47　信号边沿的抖动

引起抖动的原因包括时钟波动、电磁干扰、量化误差等。抖动导致信号边沿比理想情况下提前或延迟出现。必须设计、实现和配置通信系统，以确保抖动不超过一定的阈值，并且保证系统能够在这些阈值以下的抖动下可靠地运行。

■ 2.8　汽车通信协议概述

自 20 世纪 90 年代以来，汽车中广泛使用通信协议。在不同的通信协议中，汽车制造商会根据技术特点和价格选择最适合特定区域的协议。目前在汽车中使用最广泛的通信协议如图 2.48 所示。这些通信协议不仅限于汽车，也被应用于自动化技术、设备和机械建筑等领域。

LIN、CAN 和 FlexRay 是成熟的系统，已经在汽车中使用多年。CAN FD 是 CAN 的升级版，目前正在推广使用。车载以太网已在少数应用中使用，但在接下来的几年中将会显著增加。一般来说，比特率越高，协议越复杂，实现成本越高（协议控制器、收发器、布线）。

图 2.49 举例说明了不同应用中使用不同通信协议的情况。

第 2 章 通信基础知识

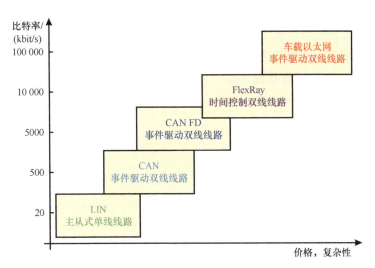

图 2.48 汽车通信协议分类

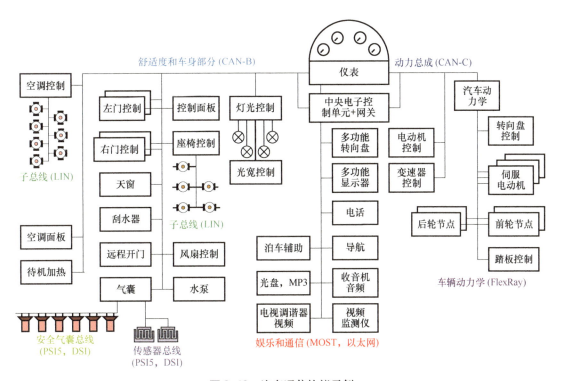

图 2.49 汽车通信协议示例

- LIN 用于低速数据传输的子总线，成本较低。
- CAN-B 用于比 LIN 更高速的应用。
- CAN-C 用于驱动系统，因为需要在短时间内传输更大的数据量，比 CAN-B 更快。
- FlexRay 被用于安全领域（制动、转向、悬架）。数据传输速率比 CAN-C 高得多。此外，FlexRay 保证了实时通信，不需要任何额外措施。

33

- MOST 或车载以太网用于信息娱乐领域。由于数据量非常大,所有其他通信系统都太慢了。目前,MOST 正在逐步被车载以太网取代。
- 对于安全气囊和传感器有专门的总线,例如 PSI5 和 DSI,但此处不予考虑。

这个列表并非完整,还有其他协议,例如某些汽车制造商在特定领域使用的 SENT 协议。此外,某些协议的标准在欧洲、美国/北美和亚洲地区有所不同。协议的详细描述将在以下章节中提供。

第 3 章 LIN 总线基础

■ 3.1 概述

本地互联网络（Local Interconnect Network，LIN）是一种成本低廉的通信系统概念，可作为其他通信系统的补充。

LIN 的开发理念可以追溯到 1998 年。当时，CAN 在汽车中的应用越来越广泛。然而，CAN 对于某些区域来说过于昂贵或复杂。需要为这些区域开发新的低成本总线系统。

3.1.1 要求和特性

LIN 的开发目标是大幅降低成本，与 CAN 相比应减少一半。通信系统成本受以下因素影响：
- 线数
- 物理层
- 时钟生成
- 芯片面积
- 协议复杂度
- 硬件平台的独立性
- 使用现有部件
- 速度要求

这些问题在开发过程中得到了解决，并反映在 LIN 的特点中。LIN 具有以下特性：

1. 低总线速率

最大总线速率为 20kbit/s，对布线和 CPU 计算能力的要求较低。因此，可以使用具有较小时钟频率的 8 位微控制器，甚至可以实现不带微控制器的节点。

2. 布线简单

使用单线路和总线拓扑结构，布线简单且成本低廉。

3. 协议简单

LIN 根据主从原则工作。主控端控制通信，从控端响应主控端的请求。因此，从控端不需要知道整个时间表，只需要知道自己相关的部分即可。这节省了从控端的存储空间，简化了配置。

由于主控端控制通信,从控端的时钟源的稳定性要求也不高,因此可以使用谐振器代替昂贵的石英晶体。

4. 易于实现

LIN 基于 SCI(UART)协议,该协议已经几乎在所有 CPU 中实现。因此,无须使用新的协议控制器即可使用 LIN。

5. 行为可预测

LIN 群组中的通信由通信矩阵描述,其中包括每个帧的时间。这些时间在通信开始之前计算。因此,LIN 群组的行为具有确定性和可预测性。

6. 设计接口快速简便

对于 LIN,其应用程序接口(Application Programming Interface,API)定义了一个网络软件层,并从 LIN 配置中抽象出来。

在 LIN 描述文件(LIN Description File,LDF)中描述了整个群组中的通信,包括时间行为。可以借助 LDF 通过工具生成底层软件。

在节点能力文件(Node Capability File,NCF)中描述了 LIN 组件的属性。如果所有的 LIN 节点都有 NCF,则可以使用工具和其他用户输入来生成 LDF。

3.1.2 历史

最初,一小群公司(Volcano(VCT)、VOLVO、BMW、Volkswagen、Audi、Daimler Benz 和 Motorola(现在是 NXP))致力于开发 LIN,旨在标准化具有有限要求但价格有吸引力的通信系统,以取代专有的解决方案。

- 1998 年:第一次构思。
- 1999 年:第一个 LIN 规范 1.0 发布(7 月)。
- 2000 年:发布 1.1 版本(3 月)。
  成立 LIN 联盟。
  发布 LIN 规范 1.2(11 月)。
- 2002 年:首批配备 LIN 的车辆(奔驰 SL 和 E 级)。
  发布 LIN 1.3。
- 2003 年:发布 LIN 2.0。
- 2004 年:LIN 2.0 的一致性测试。
- 2006 年:发布 LIN 2.1。
- 2010 年:发布 LIN 2.2 和 LIN 2.2A。

3.1.3 LIN 的应用

LIN 在车辆中作为子总线使用。它扩展了 CAN 或其他通信系统,并连接到单个传感器和执行器。应用领域包括:

- 座椅控制
- 空调
- 光控制
- 刮水器
- 门控制
- 防盗系统

有关 LIN 分类的信息，请参见第 2.8 节。

3.2 基础知识

3.2.1 术语

通信的基本术语在第 2 章中介绍，也适用于 LIN。在 LIN 中，通信参与者称为 LIN 节点，也简称为节点。多个 LIN 节点组成一个 LIN 群组，节点之间交换的数据称为帧。

3.2.2 LIN 节点的结构

每个 LIN 节点由逻辑电路、LIN 控制器和 LIN 收发器组成（图 3.1）。

应用程序（简称应用）运行在微控制器上，但也可以通过简单的逻辑电路实现。应用程序提供要发送的数据，并评估接收到的数据。LIN 控制器根据 LIN 协议实现通信功能。它由硬件模块或软件实现。LIN 收发器连接到物理传输介质。在简单的 LIN 节点中，逻辑电路、LIN 控制器和 LIN 收发器位于一个芯片上（单芯片），从而节省成本。

图 3.1　LIN 节点结构

3.2.3 LIN 群组结构

LIN 群组由多个 LIN 节点组成。其中一个节点是主节点，其他所有节点都是从节点。主节点具有主节点和从节点功能，而从节点仅具有从节点功能（图 3.2）。

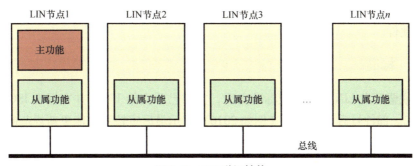

图 3.2　LIN 群组结构

LIN 始终以总线拓扑实现。LIN 总线的比特率必须介于 1~20kbit/s 之间（LIN 规范 1.3、LIN 规范 2.0、2.2）。表 3.1 列出了 LIN 规范 1.3 建议的比特率，这个推荐在 LIN 规范 2.2 中不可用。

表 3.1　LIN 的标准速度

名称	速度
慢速	2400bit/s
中速	9600bit/s
快速	19200bit/s

3.2.4　OSI 模型中的分层

LIN 根据 OSI 模型构建了层次结构，尽管并未实现所有 7 层（图 3.3）。第 1 层~第 3 层（物理层、数据链路层和网络层）是完整的，而第 4 层（传输层）在规范中部分呈现。物理层通过独立的 LIN 收发器实现。数据链路层可以在硬件上实现，但由于协议的简单性，也可以在软件中实现。特别是在从节点中，这种实现方式应用广泛。

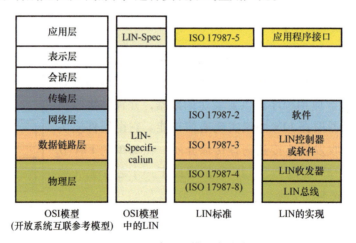

图 3.3　LIN 在 OSI 模型中的分层

与 CAN 和 FlexRay 相比，LIN 的一个特殊之处在于已经指定了与应用程序的接口（API）。通过这种标准化的应用程序接口，可以独立于硬件开发应用程序软件，并可以将其用于不同的硬件。

3.2.5　LIN 标准

在 LIN 联盟开发 LIN 作为工业标准之后，文件已移交给 ISO，并在标准 ISO 17987 中发布，见表 3.2。部件号后面的数字（例如 2016）表示最后审核和可能更新规范的年份。

LIN 标准在"道路车辆工程"类别中的"道路车辆系统"组中，在"车辆信息学-车载计算机系统"的子组中。LIN 标准由技术委员会 22（TC22）"道路车辆"的子委员会 31（SC 31）处理，该子委员会负责"数据通信"[ISO]。

表 3.2 "道路车辆—本地互联网络（LIN）"ISO 标准的组成部分

ISO 编号	标题
ISO17987-1：2016	第 1 部分：一般信息和使用案例定义
ISO17987-2：2016	第 2 部分：传输协议和网络层服务
ISO17987-3：2016	第 3 部分：协议规范
ISO17987-4：2016	第 4 部分：电气物理层（EPL）规范 12V/24V
ISO17987-5：2016	第 5 部分：应用程序接口（API）
ISO17987-6：2016	第 6 部分：协议符合性测试规范
ISO17987-7：2016	第 7 部分：电气物理层（EPL）符合性测试规范
ISO17987-8：2019	第 8 部分：电气物理层（EPL）规范：DC-LIN

美国有自己的标准，这些标准通常与国际标准相同，但也可能有所差异。在美国，负责交通技术标准化的是国际汽车工程师协会（Society of Automotive Engineers，SAE）[SAE]。两个 LIN 标准被指定为 SAE J2602，其详细信息见表 3.3。

表 3.3 LIN 的 SAE 标准

SAE 编号	标题
SAE J2602-1_202110	用于车辆应用的 LIN 网络
SAE J2602-2_202110	用于车辆应用的 LIN 网络符合性测试

随着 LIN 的发展和规范的发布，出现了各种版本的规范。第一个相关版本是 2002 年的版本 1.3，它被广泛使用并得到了工具（程序、测量技术）的支持。

2003 年发布的版本 2.0 引入了相对于 LIN 1.3 的新功能。最大的变化是扩展校验和、重新配置、诊断功能以及自动波特率检测。

接下来是版本 LIN 2.1 和 LIN 2.2，它们与之前的版本相比主要包含了错误更正和澄清内容。LIN 2.2 与 LIN 2.1 完全兼容。LIN 2.0 和 LIN 2.2 之间存在一些限制 [LINspec]。LIN 2.2 和 LIN 2.2A 几乎是相同的。由图 3.4 可以看出哪些版本在相应的配置下是兼容的。

图 3.4 LIN 版本的兼容性

3.3 LIN 帧和 LIN 调度

3.3.1 LIN 帧的结构

一个 LIN 帧由两个部分组成：

- 帧头，由主控发送
- 帧响应，由从控发送

这两个部分都包含几个字段。除了帧头中的第一个字段外，其他字段都是所谓的字节字段，其结构如下：
- 一个起始位（0 位）
- 8 个数据位
- 一个停止位（1 位）

因此，一个字节字段由 10 位组成。对于数据，最低有效位先发送。

字段的顺序是固定的，不能更改。在帧头和帧响应之间可能会有一个小间隔，称为帧响应空间（图 3.5）。

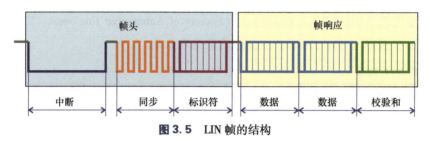

图 3.5　LIN 帧的结构

3.3.2　帧头

帧头由以下部分组成：
- 中断场
- 同步场
- 标识符场

1. 中断场

中断场的长度≥13 个位时间。在此期间，总线上的电平被拉低（图 3.6）。这样，中断场可以明显区分于 UART 字符，因为在 UART 字符中，最晚在 9 个相同位（9 个 0 位或 9 个 1 位）之后会跟着相反的位。中断场宣告了一个新的帧。

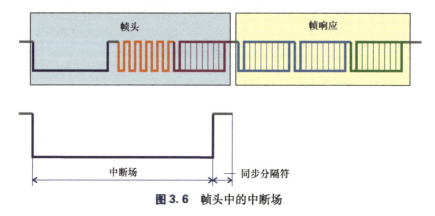

图 3.6　帧头中的中断场

2. 同步场

同步场由起始位（0 位）、8 个数据位和停止位（1 位）组成。因此以下包含起始和停止位的位序列表示为：0101010101（图 3.7）。

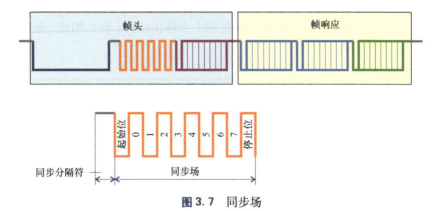

图 3.7 同步场

主节点发送的同步场使从节点能够将它们的时钟与主节点同步，以便接收随后的位序列。每个帧的开始同步使得从节点可以使用非常便宜的时钟，只需在主节点中安装昂贵但更精确的时钟。主节点中的时钟通常具有石英晶体作为其时钟来源。在从节点中，可以使用更便宜的谐振器。

3. 标识符场

标识符场由一个起始位（0 位）和包含标识符（ID0~ID5）的 6 位组成。这 6 位可以表示 64 个不同的标识符。接下来是两个奇偶校验位（P0 和 P1）。标识符场以停止位（1 位）结束（图 3.8）。

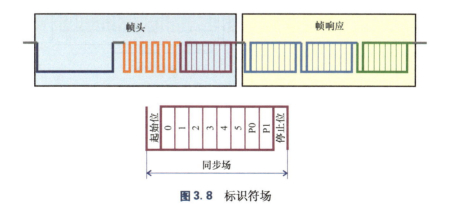

图 3.8 标识符场

64 个标识符中，有 60 个可以自由使用，4 个标识符被保留。
- 标识符从 0~59（0x00 到 0x3B）可以自由使用
- 标识符 60（0x3C）和 61（0x3D）用于诊断和配置数据
- 标识符 62（0x3E）和 63（0x3F）用于未来的扩展，不得使用

奇偶校验位 P0 和 P1 的计算将在 6.1.2 节中进行详细说明。

3.3.3 帧响应

帧响应由至少1个、最多8个数据场组成，后跟一个校验和场。

1. 数据场

数据场由1个起始位（0位）、8个数据位和1个停止位（1位）组成。最先发送 LSB 作为第一个数据位（图3.9）。

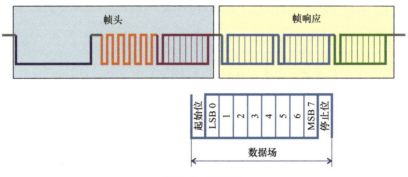

图 3.9 数据场

2. 校验和场

校验和场由1个起始位（0位）、包含校验和的8位以及1个停止位（1位）组成（图3.10）。

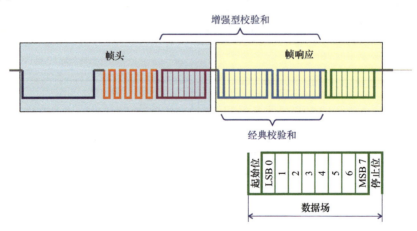

图 3.10 校验和场

有两种不同的校验和：
- 经典校验和（LIN 1.3）
- 增强型校验和（LIN 2.x）

如果 LIN 的工作按 LIN 1.3 进行配置，则计算经典校验和。如果按 LIN 2.x 进行配置，则使用增强校验和（图3.10）。在经典校验和中，仅通过数据场计算校验和。而在增强校验和中，标识符场也被纳入计算范围。

3.3.4 LIN 循环

LIN 通信以周期进行组织。每个周期被分成不同大小的时隙。在每个时隙中,可以发送 1 帧(图 3.11)。

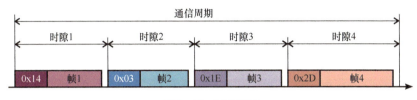

图 3.11 LIN 循环

时隙的长度和其中的发送器在调度中描述。一个 LIN 群组可以由多个调度来描述,这意味着可以在不同的调度之间进行切换。

使用主从原则作为访问方法,这意味着主节点确定从节点何时可以发送。在通信开始之前,周期是预先确定的,因此时序行为基本上是已知的。在某些条件下,事件触发帧可能会有变化(请参见 3.3.5 节)。

图 3.12 显示了带有示波器的 LIN 群组的测量设置。示波器的三个通道连接到主节点和两个从节点的 Tx 线路上,第四个通道连接到 LIN 总线上,所有通道都接地(示波器地线未显示)。

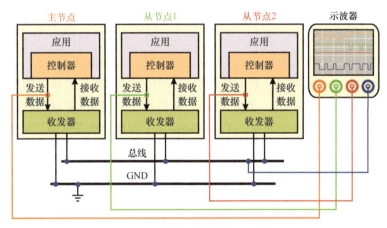

图 3.12 带有示波器的 LIN 群组

图 3.13 显示了示波器图像,其中主节点(黄色)发送帧头,从节点 1(绿色)响应。从节点 2(红色)不发送,因为其 Tx 线路始终保持高电平,所以其收发器不发送。蓝色曲线显示了群组中所有节点接收的总线电压波形。它在所有三个节点的 Rx 线路上与电压变化"质量"相同。

3.3.5 帧类型

帧有多种帧类型,它们的差异在于帧的发送时间或数据内容不同。所有帧类型的帧结构

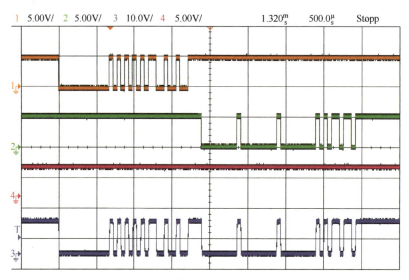

图3.13 Tx 线路和总线上的电平变化情况

都相同，如第 3.3.2 和 3.3.3 节所述。以下是存在的帧类型：
- 无条件帧
- 事件触发帧
- 零星帧
- 诊断帧
- 保留帧

1. 无条件帧

无条件帧是 LIN 中的标准帧，它们按调度表安排并在没有其他条件的情况下发送。此时，主机发送带有帧 ID 的头信息。从机识别"从机自己"的 ID 并做出响应。由于只有一个从机做出响应，因此不会发生冲突。无条件帧适用于周期性数据传输，如图 3.14 所示。

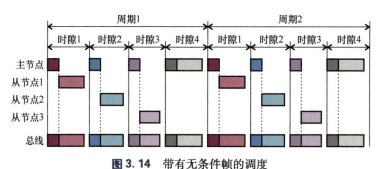

图3.14 带有无条件帧的调度

2. 事件触发帧

事件触发帧用于传输面向事件的消息，只在需要时发送。帧发送触发事件的时间间隔应远大于周期时间。

如果使用事件触发帧，则在 LIN 调度中为这些帧保留一个时隙。主机在此时隙中发送带有 ID 的帧头，例如 ID20。

现在，一个以上的从机可以在此帧头上响应。但是，仅当从机有新数据或导致数据更新的事件发生时，从机才会响应。

现在有三种情况可能发生，这些情况如图 3.15 和 3.16 所示。发送事件触发帧的时隙是时隙 2。有以下情况：

- 主机发送帧头，但没有从机回复，因为它们没有新数据（见周期 1 和 4）。
- 主机发送帧头，只有一个从机回复（见周期 2）。
- 主机发送帧头，多个从机回复（见周期 3）。

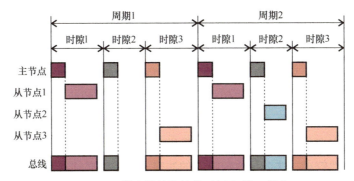

图 3.15　带事件触发帧的时间表 第 1 部分

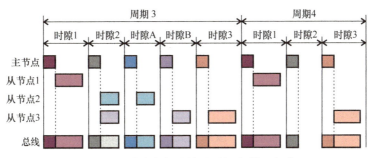

图 3.16　带事件触发帧的时间表 第 2 部分

为了使事件触发帧的过程正常工作，所有从机在这个时隙（例如时隙 2 的例子）的帧响应必须具有相同的长度。帧响应的第一个数据字节包含一个受保护的标识符（PID），每个从机都有一个与其他从机不同的 PID。

如果发生情况 1（周期 1 和 4），虽然主机发送了帧头，但缺少帧响应。因此，接收器知道没有任何节点有新数据。

在情况 2 下，由于一个从机响应，总线上会出现完整的帧。接收器可以通过 PID 确定哪个节点发送了响应（见周期 2）。

在情况 3 下，多个从机同时发送其响应，从而导致总线上发生冲突。发送节点的帧响应是不同的，因为至少 PID 是不同的。这也将导致不同的校验和，两个或多个帧的重叠不会得出有效的校验和。主机会检测到冲突，中断常规调度，并切换到解决冲突的调度。在此冲突解决调度中，主机单独询问从机。在图3.16中，单个查询在时隙A和B中进行，并在这些查询之后继续常规调度（时隙3）。通过这种方法，确保不会丢失任何数据。

在此例中，主节点在时隙2中发送一个带有ID20的帧头。从节点1的PID为ID21，从节点2的PID为ID22。如果主节点在时隙2中检测到冲突，则切换到冲突解决调度，该调度由A和B两个时隙组成。在时隙A中，主节点发送ID21以查询从节点1。在时隙B中，将查询带有ID22的从节点2。

LIN调度中可以指定多个时隙用于发送事件触发帧。对于每个时隙，都必须有自己的冲突解决调度，在该调度中，可以单独查询在该时隙中发送事件触发帧的从节点。

事件触发帧的使用示例是通过LIN查询汽车四个车门上的按钮以操作电动车窗。主节点将位于驾驶人侧车门中，其他车门中各有一个从节点。可以通过车门上的按钮操作车窗，但在即将发生碰撞时，车窗也可以由驾驶人侧车门和安全气囊控制器控制。

当窗户升降控制由主节点控制时，主节点需要查询按钮的状态。为此，可以使用调度中的一个时隙。主节点将依序查询按钮的状态。由于两个按钮的状态同时改变的概率非常小，因此可以使用事件触发帧进行查询。如果按钮的状态不改变，那么就没有从节点会响应查询按钮的帧头。如果有变化，则相应的从节点发送其帧响应。两个按钮在LIN周期时间内同时被按下发生的可能性较小，这会导致帧响应的冲突，主节点必须在冲突解决调度中依次查询三个从节点。这将导致被中断的周期延长一次，因为需要另外的时间来查询从节点。

3. 零星帧

零星帧的是实现动态分配带宽的一部分。在正常的调度中通信是严格受时间控制的，因此无法对事件做出反应。在正常的调度中，可以为零星帧提供一个时隙——零星帧时隙（图3.17）。在此时隙中，可以根据需要发送不同的帧，即带有不同标识符的帧。如果其中一帧的数据发生了更改，则该帧在下一个周期中在零星帧时隙中发送。如果任何帧的数据都没有发生更改，则零星帧时隙保持空闲。当超过一个帧的数据发生更改时，将发送具有最高优先级的帧。然后，在下一个周期中，按照优先级从高到低的顺序发送帧，以此类推，直到所有具有更改数据的帧都被发送。

发送到零星帧时隙中的帧被定义为无条件帧，然后分配给零星帧时隙。主节点是唯一一个在零星帧时隙中发送帧的节点。

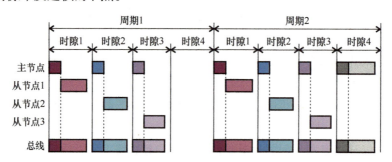

图3.17　具有零星帧的调度

4. 诊断帧

为诊断帧保留了两个标识符：
- 标识符 ID60（0x3C）表示主请求帧，其中主机发送帧头和响应
- 标识符 ID61（0x3D）表示从响应帧，其中主机发送帧头，从机发送响应

诊断帧始终包含 8 个数据字节。

主请求帧用于诊断请求和从机配置，而从响应帧用于诊断响应。诊断帧不在正常调度中发送，而是为这些帧设置单独的调度。在诊断主请求调度中，只有一个主请求帧，在诊断从响应调度中只有一个从响应帧［LINspec］。

对于主节点，诊断帧有两种调度模式：
- 交错诊断模式，每个主节点都必须支持
- 仅诊断模式，这是可选的

诊断帧的使用示例是主机发送睡眠命令。主机使用主请求帧（ID61）发送睡眠命令。发送此命令后，总线上的通信将被暂停。从节点可以进入睡眠模式，但并非强制。收到睡眠命令后的行为取决于应用程序，而不是预定义的。表 3.4 显示了睡眠命令中数据字节的分配方式。从节点仅解析第一个数据字节并忽略所有其他数据字节。睡眠命令在 LIN 规范中定义。

表 3.4 睡眠命令

数据 1	数据 2	数据 3	数据 4	数据 5	数据 6	数据 7	数据 8
0x00	0xFF	0xFF	0xFF	0xFF	0xFF	0xFF	0xFF

5. 保留帧

ID62（0x3E）和 ID63（0x3F）的帧被保留，不得使用。

3.4 唤醒 LIN 群组

3.4.1 从节点的状态

从节点可能处于三种不同状态。初始化状态是节点在通电、复位或唤醒后所处的状态。在操作状态下，节点可以发送和接收帧。在总线睡眠模式下，总线被设置为隐性电平，只能发送唤醒信号。图 3.18 显示了从节点状态及其可能的转换和最重要的条件。

3.4.2 唤醒信号

任何节点都可以通过发送唤醒信号来唤醒群组。唤醒信号由总线上至少持续 250μs 且最长为 5ms 的显性电平（低电平，逻辑 0）组成。当总线再次变为隐性电平时，唤醒信号变为有效信号。

$$250\mu s < t_{Wakeup\_Signal} < 5ms \tag{3.1}$$

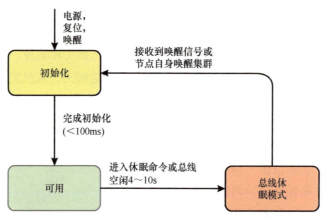

图 3.18 从节点状态及其可能的转换和最重要的条件

接收到唤醒信号的从节点必须在 100ms 内准备好接收帧并对主节点的帧头做出响应。对于被唤醒的节点,任何持续时间超过 150μs 且通过边沿转变为隐性电平的显性电平都是有效的唤醒信号(见图 3.19)。

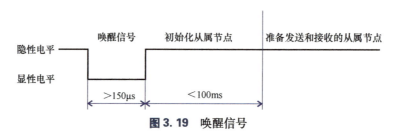

图 3.19 唤醒信号

3.4.3 重复唤醒

如果主节点在接收到唤醒信号后没有响应,即不发送中断信号,那么就没有节点在 150~250ms 内发送其他唤醒信号,则从节点将再次发送两个唤醒信号。如果主节点仍然没有响应,则从节点将在至少 1.5s 的等待时间后发送另外三个唤醒信号(图 3.20)。

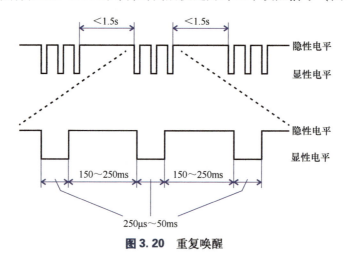

图 3.20 重复唤醒

3.5 物理层

在 LIN 群组中，从节点的最大数量不是由协议规定的，而是由物理层规定的。除了主节点外，该层允许将最多 15 个从节点连接到一个群组中。

信息传输只需要一根单线，该线路 V_{BUS}○ 和地 V_{GND} 之间的电压是信息载体。

在 LIN 群组中，只能使用总线拓扑结构，包括被动星形和菊花链。不支持星形和环形拓扑结构。

3.5.1 LIN 收发器

LIN 收发器的基本结构如图 3.21 所示。接收部分（接收器）由一个施密特触发器组成，它将总线上的模拟电压转换为高低电压值或逻辑值 1 和 0。密特触发器切换的电压值详见 3.5.2 节。

发送器包括一个可以被阻断或开通的晶体管。当晶体管开通时，它将总线拉低至地，使得总线电压接近于零；当晶体管被阻断时，总线电压通过集成在收发器中的二极管 D_{int} 和 30kΩ 电阻以及并联的二极管 D_{Master} 和 1kΩ 电阻被带到供电电压。二极管 D_{int} 和 30kΩ 电阻被集成在收发器中，因此它们在主节点和每个从节点中都存在。二极管 D_{Master} 和 1kΩ 电阻（用绿色表示）仅在主节点中存在。这两个组件必须在主节点的电路中实现。

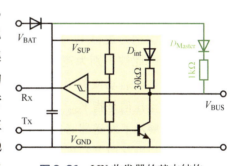

图 3.21 LIN 收发器的基本结构

二极管 D_{int} 和 D_{Master} 是必需的，以防止当群组中的任何一个节点电压故障时，其通过总线线路供电。这将影响总线线路的电平，并且不能保证低电平和高电平的安全检测。

通过由晶体管和电阻组成的发射器电路和所有发射器在群组中的并联，总线线路上会出现两个电平。高电平仅在未驱动所有收发器的晶体管上出现。其中一个晶体管被驱动，都将使总线线路拉低至地（低电平）。因此，高电平是隐性的，因为它随时可能被低电平覆盖。低电平是显性的。

显性电平覆盖隐性电平。仅当所有节点都以隐性（即 1）发送时，才会出现隐性电平。这对应于 AND 逻辑（参见表 3.5）。

3.5.2 总线电平

在总线线路上出现的电压值取决于收发器的电路。一个节点由车辆电池电压或发电机电压 V_{BAT} 提供电源，具体取决于发动机是否运转。在保护二极管上会产生压降，这样供电电压

○ 对于电压，LIN 规范中使用 V 作为电压的符号，而不是通常的符号 U。

V_{SUP} 比电压 V_{BAT} 低约 0.7V。总线电平的定义是基于电压 V_{SUP}。

表 3.5 三个节点上总线上的电压结果

节点 1	节点 2	节点 3	总线	逻辑
高	高	高	高	1
高	高	低	低	0
高	低	高	低	0
高	低	低	低	0
低	高	高	低	0
低	高	低	低	0
低	低	高	低	0
低	低	低	低	0

在 D_{Master} 或 D_{int} 二极管上方,还存在另一个电压降,因此总线线路上的最大可能电压 V_{BUSrec} 低于电压 V_{SUP}（见图 3.22）。

图 3.23b 展示了接收器识别为低电平和高电平的电压值。超过 V_{SUP} 电压的 60% 的电平被识别为高电平,因此被识别为逻辑 1,低于 40% 的电平被识别为低电平,因此被识别为逻辑 0。在电源电压发生变化时,例如在启动或关闭内燃机时,切换阈值会发生变化。电压值是指 V_{SUP}。

图 3.23a 展示了发送器必须提供的电平。这些电平更严格,以便接收器在电源线路电压下降和可能的地线位移的情况下正确检测这些电平。

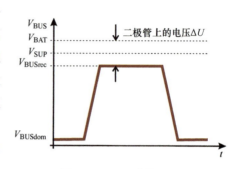

图 3.22 LIN 总线电压

表 3.6 给出了总线长度的最大可能值以及 V_{BAT} 和 V_{SUP} 的限制值。

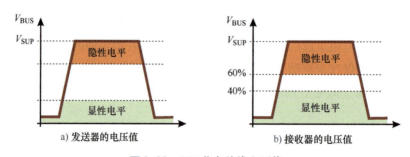

图 3.23 LIN 节点总线电压值

表 3.6 限制值

参数	最小值	最大值	说明
V_{BAT}	8V	18V	ECU 操作电压范围
V_{SUP}	7V	18V	供应电压范围
LEN_{BUS}		40m	总线长度

3.5.3 位率容差

标称位率容差不超过 14% 的情况下,可以使用片上时钟发生器驱动从节点,即无须石英晶体。表 3.7 给出了时钟发生器的容差。这里区分主节点和从节点,在从节点中再次区分同步前和同步后的偏差。

表 3.7 时钟发生器容差

节点	描述	参数	$\Delta F/F_{Nom}$
主节点	与标称位率偏差	$F_{TOL\_RES\_Master}$	<±0.5%
从节点	在同步时与标称位率偏差	$F_{TOL\_RES\_Slave}$	<±1.5%
从节点	在未同步时与标称位率偏差	F_{TOL_UNSYNC}	<±14%

3.5.4 位同步

从节点在发送同步场时与主节点的位率同步。主节点的位时间是从节点的参考。在中断场之后,主节点发送同步场。这使得从节点可以调整其位时间以与主节点相同。在同步场中,发送数据 0x55,导致交替的位模式 0101010101。这将使从节点可以确定主节点的位时间的倍数 T_{bit} 为 2、4、6 和 8(图 3.24)。同步基于下降沿。

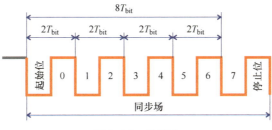

图 3.24 位同步

3.5.5 位采样

接收器接收的电压信号进行 16 次采样。为此,接收器必须具有一个频率为比特率 16 倍的时钟。

首先,接收器在每个字节场的起始位的下降沿上同步。从这个沿开始,位的采样区域就出现了。

下降沿的检测精度为 $t_{BFS} = \frac{1}{16}T_{bit}$,最大值为 $t_{BFS} = \frac{2}{16}T_{bit}$。

最早采样位的时间由 t_{EBS} 描述,最晚采样位的时间由 t_{LBS} 描述。t_{EBS} 和 t_{LBS} 相差的区域称为采样区域(图 3.25)。在这个区域中,可以实现对一个或多个样本的采样。如果采取多个样本,则大多数样本决定位值。

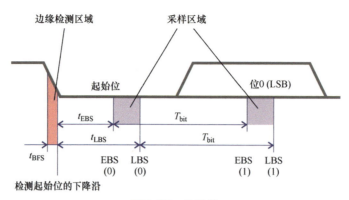

图 3.25 位采样

$t_{EBS}(0)$ 从起始位（EBS 0）到第一个数据位的 $t_{EBS}(1)$ 的距离为 T_{bit}，从 $t_{EBS}(1)$ 到第二个数据位的 $t_{EBS}(2)$ 的距离再次为 T_{bit}，依此类推。同样，从起始位（LBS 0）的 $t_{LBS}(0)$ 到第一个数据位的 $t_{LBS}(1)$ 的距离为 T_{bit}，从 $t_{LBS}(1)$ 到第二个数据位的 $t_{LBS}(2)$ 的距离为 T_{bit}，依此类推。

最早的采样时间在 LIN 规范表示为

$$t_{EBS} \geq \frac{7}{16} T_{bit} \tag{3.2}$$

最晚的时间表示为

$$t_{LBS} \geq \frac{10}{16} T_{bit} - t_{EBS} \tag{3.3}$$

3.6 帧时序

为了配置和启动 LIN 群组，必须确定调度，以指定何时发送哪个帧。为了确定调度的持续时间，必须知道每个时隙的长度。这些可以从帧中的位计算出来（图 3.26）。下面给出并解释了所需的公式。

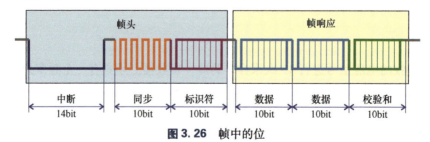

图 3.26 帧中的位

3.6.1 计算帧长度和时隙长度

1. 名义帧的长度

一个帧由帧头和帧响应组成，见式（3.4）。帧头由中断场、同步场和标识符场组成，见式（3.5）。帧响应由 n 个数据场和校验和场组成，见式（3.6）。n 是一个帧中的数据字节数。除了中断场外，所有字段都由 10 位组成。中断场必须至少 13 位长，因此将该字段的长度计算为 14 位。

$$t_{\text{Frame\_nom}} = t_{\text{Header\_nom}} + t_{\text{Response\_nom}} \tag{3.4}$$

$$t_{\text{Header\_nom}} = (14\text{bit} + 10\text{bit} + 10\text{bit}) t_{\text{bit}} \tag{3.5}$$

$$t_{\text{Response\_nom}} = (n \times 10\text{bit} + 10\text{bit}) t_{\text{bit}} \tag{3.6}$$

综合式（3.4）~式（3.6），计算帧的名义长度：

$$t_{\text{Frame\_nom}} = (n \times 10\text{bit} + 44\text{bit}) t_{\text{bit}} \tag{3.7}$$

2. 帧的最大长度

从节点中安装了简单的微控制器或仅使用廉价谐振器的逻辑电路，因此必须添加时间保留以覆盖名义帧的长度。在 LIN 规范中，将覆盖从节点的所有容差的时间保留设置为 40%，见式（3.8）。

$$\begin{aligned} t_{\text{Frame\_Max}} &= 1.4 \times t_{\text{Frame\_nom}} \\ &= 1.4 \times (n \times 10\text{bit} + 44\text{bit}) \times t_{\text{bit}} \end{aligned} \tag{3.8}$$

3. 时隙长度

使用帧的最大长度 $t_{\text{Frame\_Max}}$，可以确定所需的每个帧的时隙长度。主节点指定发送时间。为此，主节点使用指定网格的时间基础进行工作，使其可以决定通信的启动。该时间基础具有抖动，也必须考虑这个因素，见式（3.9）。为计算时隙长度，必须将主节点时间基础的抖动 t_{Jitter} 添加到 $t_{\text{Frame\_Max}}$ 中，然后向上舍入为时间基础 T_{base} 的整数倍。式（3.10）给出了计算时隙长度的公式。

$$t_{\text{Frame\_Slot}} \geq t_{\text{Frame\_Max}} + t_{\text{Jitter}} \tag{3.9}$$

$$t_{\text{Frame\_Slot}} = \lceil t_{\text{Frame\_Max}} + t_{\text{Jitter}} \rceil^{T_{\text{base}}} \tag{3.10}$$

3.6.2 不同配置的时隙长度

表 3.8 给出了群组在以下参数条件下所得到的时隙长度：

时间基础	$T_{\text{base}} = 1\text{ms}$
抖动	$t_{\text{Jitter}} = 0.1\text{ms}$
数据速率	$C = 19.2\text{kbit/s}$
比特时间	$T_{\text{bit}} = 0.052\text{ms}$

表 3.8 19.2kbit/s 下的时隙长度

数据字节	1	2	3	4	5	6	7	8
$t_{\text{Frame\_nom}}$/ms	2.81	3.33	3.85	4.38	4.90	5.42	5.94	6.46
$t_{\text{Frame\_Max}}$/ms	3.94	4.67	5.40	6.13	6.85	7.58	8.31	9.04

（续）

数据字节	1	2	3	4	5	6	7	8
$t_{\text{Frame\_Slot\_min}}$/ms	4.04	4.77	5.50	6.23	6.95	7.68	8.41	9.14
$t_{\text{Frame\_Slot}}$/ms	5	5	6	7	7	8	9	10

表 3.9 展示了群组在以下参数条件下所得到的时隙长度。不同的时间基础和抖动将导致不同的时隙长度。

时间基础	$T_{\text{base}} = 1\text{ms}$
抖动	$t_{\text{Jitter}} = 0.1\text{ms}$
数据速率	$C = 9.6\text{kbit/s}$
比特时间	$T_{\text{bit}} = 0.104\text{ms}$

表 3.9　9.6kbit/s 下的时隙长度

数据字节	1	2	3	4	5	6	7	8
$t_{\text{Frame\_nom}}$/ms	5.63	6.67	7.71	8.75	9.79	10.83	11.88	12.92
$t_{\text{Frame\_Max}}$/ms	7.88	9.33	10.79	12.25	13.71	15.17	16.63	18.08
$t_{\text{Frame\_Slot\_min}}$/ms	7.98	9.43	10.89	12.35	13.81	15.27	16.73	18.18
$t_{\text{Frame\_Slot}}$/ms	8	10	11	13	14	16	17	19

第 4 章 CAN 总线基础

■ 4.1 概述

CAN 是控制器局域网（Controller Area Network）的缩写，是汽车领域中最常用的通信系统。它是由博世（Bosch）公司在 20 世纪 80 年代开发，具有价格便宜、坚固耐用、易于使用等特点。CAN 通过总线系统实现串行通信，是一种现场总线系统，意味着它可以在电气不良的情况下以更远的距离连接设备。

4.1.1 CAN 特性

本节仅介绍 CAN 的最重要特性。

CAN 群组仅通过总线拓扑实现，如第 2 章所述。CAN 群组中的节点数不受协议限制，而受物理层的限制。根据使用的收发器、线缆和线缆长度，CAN 可以连接不同数量的节点，其最大数据传输速率为 1Mbit/s。此数据传输速率取决于线缆长度，并随着线缆长度增加而降低。在大多数 CAN 群组中，消息是通过电气传输的，但也有使用光纤传输消息的实例。

CAN 是一种面向消息的协议，这意味着发送消息时不用确定消息的接收器。但是，每个消息都有一个标识符，使接收器能够从众多作为广播发送的消息中确定它们需要接收的消息。因此，除了广播外，CAN 总线还可以实现单播和多播。

每个消息中的标识符也为其赋予了优先级，该优先级用于解决访问传输介质时的冲突。其解决方式是具有更高优先级的消息优先发送，而优先级较低的消息暂缓发送。通过这种方式，即使在总线负载很高的情况下，也可以以较低延迟传输高优先级消息，并且每个消息都不会被损坏。

CAN 是事件驱动的，并根据 CSMA/CR（带冲突避免的载波侦听多路访问）方法工作。这样可以简单地构建 CAN 群组，无须进行复杂的规划。由于仅在需要传输新数据时才发送消息，因此平均总线占用低于其他方式的总线。

CAN 是为实现控制和调节任务而开发的，因此发送数据的帧数较短。有效数据的最大长度为八个字节，这使得 CAN 总线可以在短时间内传输许多帧数据。但是，对于一些应用程序来说，有效数据长度较短是不利的。

CAN 协议中内置了故障检测和信号中断机制,接收器在接收到每帧数据时都会对其进行直接检查,若发现错误会立即将目标记为故障帧。在传输期间,存在故障帧的消息将中断发送,消息将被重新发送,发送的权限由每个节点中的错误计数器控制。CAN 总线不允许有故障的节点再发送信息,因此它们不会持续干扰 CAN 群组。

CAN 中的故障信号机制有助于保证群组中各节点的数据一致性。如果其中一个节点识别出了错误帧,则将其标记为故障帧,并重新发送。这确保所有 CAN 上的节点均使用相同且无误的数据。

CAN 已经标准化,并得到全球许多制造商的支持。通过 CAN 用户协会(CAN in Automation,CiA)组织维护 CAN,并为制造商和用户提供平台,推动 CAN 技术进一步发展。

在过去的几年中,CAN 被扩展以支持更高的传输速率和更大的有效数据长度。有关这些扩展的更多详细信息,请参阅本书第 8 章。

4.1.2 发展历史

CAN 并不是车辆中应用的第一个通信网络,但它的使用最广泛。通过多次扩展,CAN 已经适应了不断变化的用户需求。

1981:开始开发用于制造技术的 CAN 协议。

1983:博世公司开始开发用于汽车的 CAN。

1987:英特尔公司首个 CAN 控制器发布并可供使用。

1991:发布具有扩展标识符的 CAN 规范 2.0 版本。

1991:在梅赛德斯-奔驰 S 级(第 140 系列)中首次量产使用。

1992:CiA 组织成立,成为 CAN 的用户和制造商的组织。

1993:CAN 通过 ISO 11898 被标准化,并被全球多家制造商支持。

2001:CAN 在小型汽车的动力总成和车身领域中也得到应用。

2001:引入通过时间触发的 CAN 通信(Time-Triggered CAN,TTCAN)。

2004:TTCAN 被发布为 ISO 标准。

2007:发布了用于收发器低功耗模式的 CAN 规范。

2011:博世公司开发了一种具有高达 8Mbit/s 传输速率和 64 字节有效数据长度的 CAN 版本。

2012:博世公司发布了带有灵活数据速率的 CAN(CAN with Flexible Data-Rate,CAN FD)规范 1.0 版本。

2013:发布了选择性唤醒的 CAN 规范。

2015:CAN FD 作为 ISO 标准发布。

2019:将 CAN FD 发展为 CAN XL,使其具有高达 2048 字节有效数据长度和 10Mbit/s 数据传输速率。

4.1.3 应用领域

在汽车和自动化技术中首次应用 CAN 之后，CAN 在许多其他应用领域中也得到了应用。20 世纪 80 年代末到 90 年代初，罗克韦尔自动化公司（Rockwell Automation）的 Allen-Bradley 为自动化技术开发了基于 CAN 的 DeviceNet 框架，该框架提供了更高的协议层，在美国和亚洲得到了广泛应用。在欧洲，CANopen 占主导地位，该协议用于自动化技术和复杂设备的网络化。它由 CiA 用户组织维护和发展。

除了轿车之外，CAN 还用于货车、拖拉机、收割机和建筑机械。对于农业和林业车辆，有一个单独的国际标准，即 ISO 11783，也被称为 ISO BUS。现在，CAN 也应用在摩托车、电动自行车、电动助力自行车和移动代步车中。基于 CAN 开放标准的动力总线为电动自行车、电动助力自行车和其他轻型电动车辆提供了标准接口。在建筑机械中，CAN 还可以应用于起重机和工作平台。像垃圾车、城市清洁车和冬季服务车一样，拖拉机通过 CAN 连接并控制附加设备。

FireCAN（DIN14700 标准）定义了基于 CAN 的其他层，以便在消防车辆中控制相关功能单元，例如警灯和警报器（DIN14630）、充电器、灯杆、发电机、绞盘和泵。

由空客（Airbus）和波音（Boeing）开发的基于 CAN 的标准 ARINC 825 加强了 CAN 技术在航空领域的使用。CANaerospace 是航空中基于 CAN 的电子设备控制协议，它不仅在飞机上使用，还在飞行模拟器和航天器中使用。

许多测量仪器和传感器使用 CAN 传输测量值并建立控制。CAN 在称重器，压力、力和温度测量仪器，线性和旋转传感器以及倾斜传感器中均有应用。在 CiA 中，有专门的兴趣小组（Special Interest Group, SIG）制定规范，以促进 CAN 在特殊领域的应用。

通过 CANopen-Lift 使 CAN 技术在电梯领域应用，控制面板、电梯舱和电梯门通过 CAN 相互连接。在能源和驱动领域，使用 CAN 技术的能源管理系统，可驱动电气传动系统、变频器、伺服电机和步进电机。

由国际海洋电子协会开发和维护的 NMEA-2000 标准，针对基于 CAN 的海上电子设备建立了串行数据通信规范。

IEC 61375-3-3 标准描述了 CAN 技术在铁路车辆中的应用。根据此标准，火车车门、空调、柴油发电机、制动杆和乘客信息显示屏等设备都是受控的。

在流体技术领域，使用 CAN 技术可控制泵、缸和阀门。CAN 的应用领域还包括医疗、实验室自动化设备、纺织机械等。

4.2 结构

4.2.1 术语

通信的基本术语已在第 2 章中介绍，这些术语同样适用于 CAN。在 CAN 中，通信的参与者被称为 CAN 节点或简称节点。多个 CAN 节点组成一个群组，节点之间交换的数据称为帧。

4.2.2 CAN 节点结构

每个 CAN 节点由运行应用程序的微控制器（主机）、CAN 控制器和 CAN 收发器组成（图 4.1）。

应用程序，或简称应用，在微控制器上运行。应用程序提供要发送的数据并评估接收到的数据。CAN 控制器根据 CAN 协议实现通信功能。它是由硬件模块实现的，而无法通过软件实现。CAN 收发器提供与物理传输介质的耦合。

CAN 节点有两种执行形式，分别为 CAN 控制器独立形式或 CAN 控制器集成形式。在 CAN 控制器独立形式中，CAN 控制器是单独的模块（图 4.2a），通过标准接口（通常是 SPI）与微控制器连接。在 CAN 控制器集成形式中，CAN 控制器作为微控制器中的外围模块集成，并直接连接到微控制器的内部总线（图 4.2b），这种实现方式可以节省电路板上的空间和成本，也是主要的执行形式。

图 4.1 CAN 节点的结构

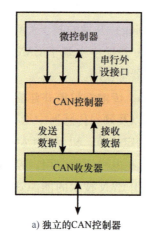

a) 独立的CAN控制器

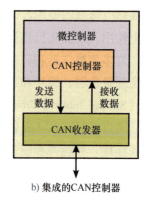

b) 集成的CAN控制器

图 4.2 CAN 节点的执行形式

两种类型中，CAN 控制器和 CAN 收发器之间的耦合是相同的。仅需要两条线进行基本的发送和接收功能，TxD 线用于发送，RxD 线用于接收。通常还有其他线以便能够设置 TxD 和 RxD 线的操作状态或电压水平。

4.2.3 CAN 群组的结构

CAN 群组由多个 CAN 节点和一个物理传输介质组成（图 4.3）。与 LIN 不同，CAN 群组中所有节点都是平等的。

CAN 总线拓扑结构始终是总线拓扑，但包括被动星形结构（参见 2.4.1 节）。传输速率取决于物理层，并且标准 CAN 的传输速率可以高达 1Mbit/s。随着 CAN FD 的扩展（将在第 8 章中介绍），CAN 总线可以实现更高的传输速率。

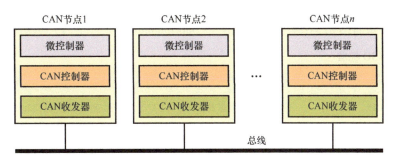

图 4.3 CAN 群组结构

4.2.4 OSI 模型

CAN 规范仅涵盖 OSI 模型的前两层（物理层和数据链路层）（见图 4.4）。这两层始终是硬件实现的，并且是本书的重点。

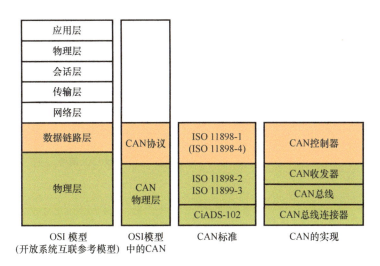

图 4.4 将 CAN 归入 OSI 模型

第 3 至 7 层更多地使用软件在微控制器上实现。例如，有传输协议（ISO 15765-2 或 CAN 的 ISO TP）或诊断协议（KWP 2000，ISO 14229 的统一诊断服务（Unified Diagnostic Service，UDS）、ISO 15031 的车载诊断（On-Board-Diagnose，OBD）），这些在参考文献 [CiA] 中进行了更详细的讨论。

4.2.5 CAN 标准

博世公司（BOSCH）的 CAN 规范早期就已经发布，并且很快作为国际标准在 ISO 标准 11898 中发布。表 4.1 概述了该标准不同部分的名称。标准编号后面的数字，例如 2015，表示规范上次审查和更新的年份。

CAN 标准属于"道路车辆工程"类别中的"道路车辆系统"组，并在"汽车信息技术-车载计算机系统"子组中列出。CAN 标准由第 22 技术委员会（Technical Committee 22，TC22）"道路车辆"下属的第 31 小组"数据通信"（Subcommittee 31，SC 31）编辑。

表 4.1 CAN 的 ISO 标准

ISO 标准编号	标题
ISO 11898-1：2015	道路车辆-控制器局域网络（CAN）-第 1 部分：数据链路层和物理信号
ISO 11898-2：2016	道路车辆-控制器局域网络（CAN）-第 2 部分：高速中介访问单元
ISO 11898-3：2006	道路车辆-控制器局域网络（CAN）-第 3 部分：低速、容错、介质相关接口
ISO 11898-4：2004	道路车辆-控制器局域网络（CAN）-第 4 部分：基于时间触发的通信

美国标准通常与国际标准一致，但也可能不同。在美国，负责这些标准的机构是 SAE International（原名汽车工程师协会，Society of Automotive Engineers），它是美国交通技术领域的标准化机构。CAN 标准的美国标准编号为 SAE J2284 和 SAE J2411；这些标准的名称见表 4.2。

表 4.2 CAN 的 SAE 标准

SAE 标准编号	标题
SAE J2284/1	125kbit/s 车辆应用的高速 CAN（HSC）
SAE J2284/2	250kbit/s 车辆应用的高速 CAN（HSC）
SAE J2284/3	500kbit/s 车辆应用的高速 CAN（HSC）
SAE J2411	用于车载应用的单线 CAN 网络

4.2.6 插接器

CAN 虽然是为在车辆中使用而开发的，但也适用于其他领域。CAN 早在自动化技术中就已经被使用。1992 年，CiA 为自动化工业的利益代表团体成立，但今天它已不再局限于自动化技术，而是关于 CAN 的用户和制造商协会。CiA 致力于推动 CAN 技术的发展和标准化，组培训和相关会议，并发布出版物。

1992 年，CiA 在 CiA-DS102（CiA 草案标准 102）中推荐使用特定插接器（SUB-D9 或 DE-9）及其引脚分配，这被大多数公司所采用。因此，配备 CAN 控制器的测量和分析设备以及设备均配备具有此引脚分配的 9 针 D-sub 插接器（见图 4.5 和表 4.3）。插接器本身在 DIN 41652-1 中标准化。

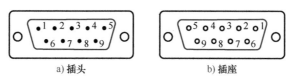

图 4.5 9 针 D-sub 插接器引脚分配图

表 4.3 9 针 D-sub 插接器的 CAN 引脚分配

引脚号	引脚分配
2	CAN_Low
3	GND
5	屏蔽
7	CAN_High

4.3 物理层

4.3.1 分类

对于 CAN 的物理层，可以通过以下介质进行传输：

- 通过双绞线（Twisted-Pair-Leitung）进行电传输，其中线缆可以是屏蔽或非屏蔽的。这是最常用的实现方式，非屏蔽的双绞线占主导地位。

对于双绞线的物理层，区分如下：

- 高速 CAN，数据传输速率为 125kbit/s 至 1Mbit/s，用于动力总成、车身和舒适域。
- 低速 CAN，数据传输速率最高可达 125kbit/s，用于车身和舒适域。如果两根线缆中的一根不可用，低速 CAN 也可以工作，但是数据传输速率会降低，因此有时被称为容错 CAN。

本书将介绍其他 CAN 的物理层，详见第 8 章。

- 通过单线进行电传输，数据传输速率和鲁棒性受到限制。这种实现方式并不常见。数据传输速率最高为 33kbit/s。适用于车身和舒适系统域。此类型已在 SAE J2411 中标准化，在本书中不再详细介绍。
- 通过光纤光传输。
- 通过供电电缆进行电传输，其中 CAN 信号通过变压器耦合进入。

CAN 工作的最大线缆长度取决于数据传输速率。两个节点之间的最远距离越大，则最大可能的数据传输速率越小。这种依赖关系的原因在于仲裁（参见本书第 4.4.3 节和第 8.1 节）。表 4.4 列举了数据传输速率与最大线缆长度之间的关系。

表 4.4 数据传输速率与最大线缆长度之间的依赖关系

数据传输速率/(kbit/s)	最大线缆长度/m
1000	46
500	112
300	200
200	310
100	640
50	1300

4.3.2 总线电平

低速 CAN 和高速 CAN 总线的电平不同,因此必须加以区分。图 4.6 所示为高速 CAN 的总线电平。其中一根线路被称为 CAN-H(CAN 高),另一根线路被称为 CAN-L(CAN 低)。在逻辑 1 时,两个总线电路的电压约为 2.5V,因此两线之间的差分电压为 0V,此信号为隐性。在逻辑 0 时,CAN-H 线的电压为 3.5V,CAN-L 线的电压为 1.5V。因此,两个线路之间的差分电压为 2V,此信号为显性,并且可以随时覆盖隐性信号。

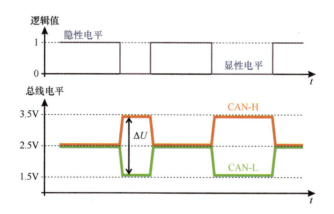

图 4.6 高速 CAN 的总线电平

图 4.7 所示为使用示波器记录高速 CAN 传输 CAN 帧时 CAN-L 和 CAN-H 线路的电压曲线。垂直方向上的一个方格对应于 1V,水平方向上对应于 1s。

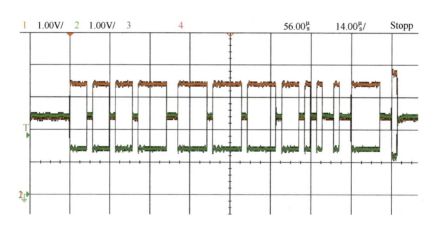

图 4.7 通过示波器记录的总线电平

图 4.8 所示为低速 CAN 的总线电平。在逻辑 1 时,CAN-L 线的电压为 5V,CAN-H 线的电压为 0V。因此,两个线路之间的差分电压为 -5V。在逻辑 0 时,CAN-L 线的电压为 1.4V,CAN-H 线的电压为 3.6V,因此两个线路之间的差分电压约为 2V。

表 4.5 总结了高速 CAN 和低速 CAN 的主要参数。

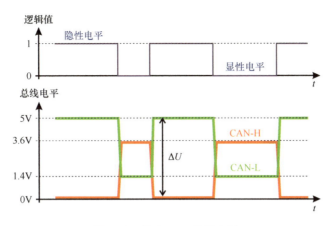

图 4.8 低速 CAN 总线电平

表 4.5 高速 CAN 和低速 CAN 的主要参数

	高速 CAN	低速 CAN
规范	ISO 11898-2	ISO 11898-3
最大数据传输速率	1Mbit/s	125kbit/s
逻辑 1	$\Delta U=0V$	$\Delta U=-5V$
逻辑 0	$\Delta U=2V$	$\Delta U=+2V$

4.3.3 收发器

收发器（Transceiver）一词由发送器（Transmitter）的前半部分和接收器（Receiver）的后半部分组成。按照其名字的来源，收发器由发送器和接收器组成。

从 CAN 控制器发送的 TxD 信号在放大和反转后控制收发器中的两个晶体管 T1 和 T2（图 4.9）。如果 TxD 信号为 1，则晶体管未被驱动，处在被阻塞的状态；如果 TxD 信号为 0，则晶体管被驱动并导通。晶体管 T1 将 CAN-H 线拉到 V_{cc}，T2 将 CAN-L 线接地。因此，在这两条线上产生了差分电压。如果晶体管被阻塞，CAN-H 和 CAN-L 两线的电势通过两个 25kΩ 电阻或终端电阻进行均衡。

接收器由带有施密特触发器的放大器组成。这将两个 CAN 线之间的模拟差分电压转换为二进制信号，即 0 或 1。在 TxD 和 RxD 线上，通常将 0V 用于逻辑 0，3.3V 或 5V 用于逻辑 1。

电路中的组件 CMC 是共模扼流圈（Common Mode Choke），它用于减少共模干扰。共模干扰是同时发生在两条线上并且具有近似相同电平的电压变化。共模扼流圈由两个磁耦合线圈组成，通过它们的相反耦合减少共模干扰。

图 4.10 所示为 CAN 线电位在晶体管控制下的变化。如果两个晶体管都被阻塞，则 CAN-H 和 CAN-L 之间的电位差非常小或为零。当两个晶体管都被驱动并导通时，两条线之

间的电位差 ΔU 约为2V。

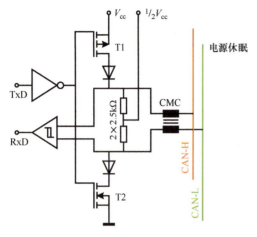

图4.9 CAN 收发器的基本结构

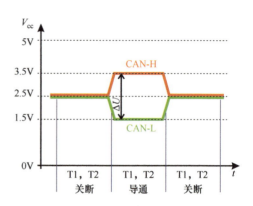

图4.10 CAN 线电位的变化与晶体管控制的关系

4.3.4 终端电阻

CAN 群组必须在"末端"处用电阻器终止（见图4.11），这被称为终端电阻。这么做有两个理由：一方面，只有设置终端电阻，两个线路才会被主动驱动。如果线路为隐性信号，则收发器中的晶体管将被阻塞，信号被自我保留。通过收发器中的两个 $25k\Omega$ 电阻，两条线之间的电位差被平衡。由于电阻很大，这个过程需要一定的时间。而两个终端电阻则小得多，它们形成一个并联电阻，总电阻约为 60Ω。终端电阻能够更快地平衡 CAN-H 和 CAN-L 之间的电位差。

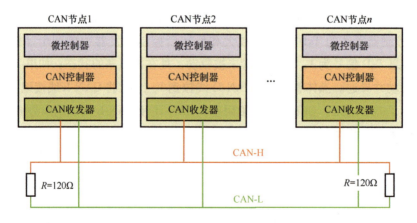

图4.11 CAN 群组的简单终端电阻

另一方面，也是更重要的理由，设立终端电阻可以避免线路末端的反射。1位和0位之间的切换会在线路上产生电压跳变。这些电压跳变会像波一样通过线路传播。在线路的末端，波会反射并返回。为了抑制反射，必须用终端电阻吸收。如果终端电阻与线路的特征阻抗相同，则反射波会完全吸收，从而不会发生反射。如果特征阻抗和终端电阻不同，则只有部分反射波被吸收，反射会减少。在开放线路中，则会发生完全反射，即反射波的振幅等于原始波的振幅。有关线路末端反射的更多细节，请参见本书第 6.3 节。

线路的特征阻抗取决于所使用的电缆。CAN 线的特征阻抗为 $100\sim120\Omega$，因此需要用 $100\sim120\Omega$ 的终端电阻。

在实际应用中，高速 CAN 的终端电阻通常分为两个电阻（分裂式）。这样，就可以使用额外的电容器来实现抗高频干扰的低通滤波（见图 4.12）。

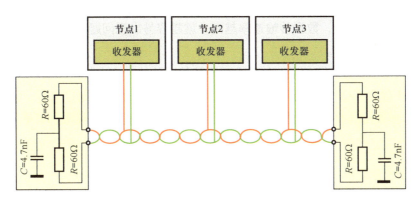

图 4.12 用于 CAN 群组的分裂式终端电阻

4.3.5 拓扑结构

总线拓扑结构，也叫线性拓扑结构，是唯一可以用于 CAN 的拓扑结构。在一些出版物中，也会提到（被动）星形拓扑结构作为一种可能的拓扑结构。根据本书第 2.4 节中关于总线和星形拓扑结构的定义，图 4.13b 中的拓扑结构也是一种总线拓扑结构。

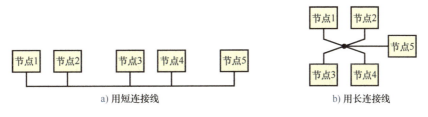

图 4.13 总线拓扑结构

布线方式和拓扑结构的选择取决于能否经济有效地制造和组装线束。接线可以如图 4.14 所示。

无论何种接线方式，对布线而言重要的是要终止两个节点。理想情况下，相距最远的两个节点应当分别在 CAN-H 和 CAN-L 两条导线间接入一个终端电阻，如图 4.15 所示。但是，这种情况并非绝对的。例如，有些汽车制造商使用一个 60Ω 电阻替代两个 120Ω 电阻，该电阻将 CAN-H 和 CAN-L 两线连接在线路交汇处。

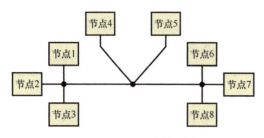
图 4.14 CAN 总线示例

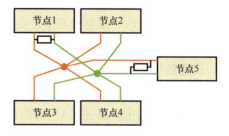
图 4.15 长连接线中终端电阻的放置

一般来说，支线越长，数据传输速率越高，就越容易出现问题。并非所有可能的拓扑结构都能正常或可靠地工作。

通常 CAN 采用非屏蔽双绞线，但在电磁干扰较强的地区应当使用屏蔽电缆。

ISO 11898 规定 CAN 节点的最大数目为 32 个。从 CAN 协议的角度来看，最大节点数并没有被限制。所使用的收发器的特性、所使用的线缆和线缆长度最终限制了可能的最大节点数量。

4.3.6 总线逻辑

在本书 4.3.3 节中，介绍了收发器的构造，从中可以推导出 CAN 线路的行为。本节将说明当不存在、存在一个或多个节点同时发送时，CAN 线路的行为。

图 4.16 所示为连接了三个 CAN 节点的 CAN-L 线路。对于这三个节点的收发器，只显示了将线路接地的晶体管。对于 CAN-H 线路，情况类似，只是晶体管会将线路拉向 5V。

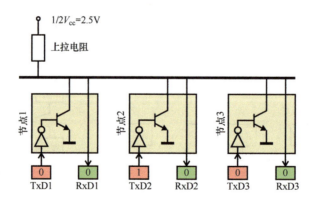
图 4.16 CAN 总线逻辑图

通过晶体管的驱动电路中的反相器，只有在 TxD 处存在 0，才能使晶体管导通，从而发送 0；只有在 TxD 处存在 1，才能使其阻塞，从而发送 1。由于每个节点都可以发送 1（晶体管阻塞）或 0（晶体管导通），因此有 3 个节点的 8 种组合，3 个节点 CAN-L 线的结果状态见表 4.6。当节点的 TxD 值为 0 时，其晶体管导通并将 CAN-L 线接地。只有当 TxD 上的所有节点都有 1 时，总线上才会出现 1，这将由所有节点的 RxD 观测到。由于 0 是显性电平，无论是一个节点还是多个节点发送 0，均会覆盖 1 电平。1 是隐性电平，可以随时被 0（显性电平）覆盖。这种逻辑类似于"与逻辑"，如图 4.16 所示。图 4.16 中的组合用表 4.6 中的颜色标出。

表 4.6　3 个节点 CAN-L 线的结果状态

节点 1（TxD1）	0	1	0	1	0	1	0	1
节点 2（TxD2）	0	0	1	1	0	0	1	1
节点 3（TxD3）	0	0	0	0	1	1	1	1
总线（RxD1、RxD2、RxD3）	0	0	0	0	0	0	0	1

4.4　数据链路层

本节介绍了数据链路层（即 OSI 参考模型的第二层）中实现的基本功能。

4.4.1　CAN 通信原理

与 LIN（参见第 3 章）不同，CAN 中的任何节点都可以随时发送。这里首先介绍 CAN 的基本通信方式。由三个节点组成的群组的通信矩阵见表 4.7。发送是事件驱动的，即没有预定时间顺序。当帧有新数据时，节点可以发送。原则上，群组中的每个节点都可以接收每个帧。帧以广播形式发送。

表 4.7　三个节点的 CAN 群组通信矩阵

标识符	节点 1	节点 2	节点 3
0x47	接收器	接收器	发送器
0x56	发送器		接收器
0xA3	接收器	发送器	

图 4.17 所示为群组中的初始状态。所有三个节点的帧都有新数据可用。数据由 CAN 控制器中各自的主机更新，因此每个传输缓冲区中都有一个帧准备好发送。现在每个节点都会尝试发送它的帧。这将导致冲突，但会得到解决。如何解决将在第 4.4.3 节中解释。在此只需知道当节点发送的帧具有最小标识符时，其将被允许首先发送。此例中首先发送的是节点 3，它发送标识符为 0x47 的帧。该发送过程和其他两个节点的传输和接收如图 4.18 中所示。

因此，节点 3 从具有发射器的传输缓冲区中向 CAN 总线发送该帧。节点 1 和 2 的接收器接收该帧并将其传递到接收过滤器。由于节点 1 和 2 应该按照通信矩阵的规定接收该帧，因此该帧通过接收过滤器并在接收缓冲区中存储。在那里，主机可以随时检索接收到的数据。

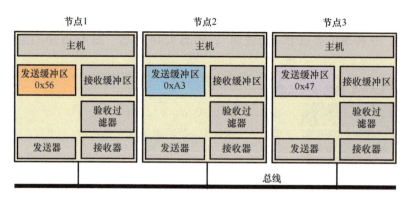

图 4.17 CAN 群组中的初始状态

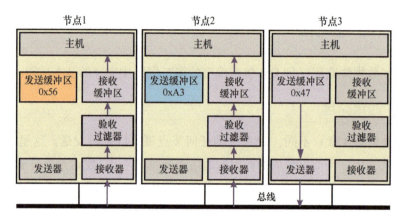

图 4.18 CAN 通信原理：节点 3 发送帧 0x47

一旦节点 3 传输完成，下一个节点将尝试发送。此例中为节点 1，因为帧 0x56 现在是最小的标识符，传输过程如图 4.19 所示。节点 1 使用发送器从传输缓冲区将帧发送到总线，节点 2 和 3 的接收器接收到帧。因为节点 3 应该接收此帧，节点 3 的接收过滤器允许该帧通过。对于节点 2 则情况不同——在节点 2，接收过滤器拒绝了该帧。接受过滤器不决定是否接收帧，而是决定接收到的帧是否在接收缓冲区中存储。

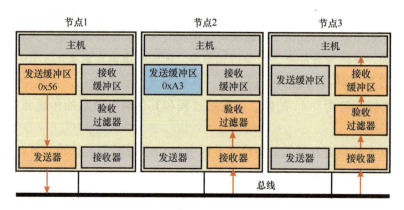

图 4.19 CAN 通信原理：节点 1 发送帧 0x56

从总线的角度来看，所有节点都可以接收所有帧（这对应于广播通信）。但是从主机的角度来看，可以为每个帧设置接收过滤器，以确定帧是否作为广播（来自所有节点）、组播（来自一组节点）或单播（来自单个节点）接收。

图 4.20 所示为当节点 2 使用标识符 0xA3 发送该帧时的传输过程。这里，节点 1 的接收过滤器允许帧通过，而节点 3 的接收过滤器拒绝了帧。

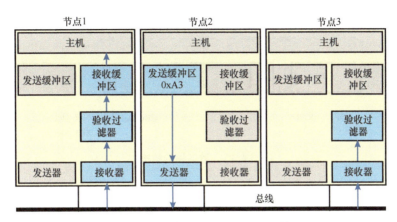

图 4.20　CAN 通信原理：节点 2 发送帧 0xA3

如果在某个时间只有一个节点具有要发送的帧，则该节点可以立即发送帧。仅当两个或多个节点同时要发送时，才会使用由帧 ID 确定的顺序。

4.4.2　帧格式

在 CAN 规范中，区分了四种不同的帧类型：

1) 数据帧：用于传输数据，是最常用的帧类型。
2) 远程帧：用于从另一个节点请求数据。
3) 错误帧：此帧类型由检测到帧传输中的错误的节点发送，错误帧将破坏当前正在传输的帧。
4) 过载帧：此帧类型与错误帧的结构相同，但是在帧传输后发送。如果节点尚未准备好接收帧，则可以通过使用此帧类型，延迟发送下一帧。

数据帧和远程帧是完整的帧，由帧头、有效负载和帧尾组成。这两种帧类型用于 CAN 群组中的正常通信。

错误帧和过载帧仅由显性相位和隐性相位组成，没有标识符、控制位、数据等。虽然它们更像是发送的符号或信号，但在 CAN 规范中它们被称为 CAN 帧，本书将保留此称呼，因为这些术语在专业文献中被普遍使用。这两种帧类型仅在需要时（错误或过载）发送，并在 4.5.2 节中进行了更详细的说明。

1. 数据帧格式

数据帧的结构如图 4.21 所示，每个字段的符号和含义见表 4.8。数据帧始终以帧起始位（SOF）开头，这是一个显性位（0 位），这将使总线状态从隐性转换为显性。其后是仲裁场，由 11bit 长度的标识符和 RTR 位组成。标识符在群组中是唯一的，这意味着一个节点可以发送具有此标识符的帧，但群组中的任何其他节点都不能发送具有此标识符的帧。RTR（Remote Transmission Request）位是远程发送请求位，指示该帧是数据帧还是远程帧。如果 RTR 位是 0（显性位），则为数据帧，如果是 1（隐性位），则为远程帧。

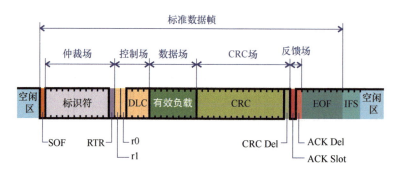

图 4.21 数据帧的结构

表 4.8 CAN 帧中各位的符号和含义

符号	长度/bit	含义
SOF	1	帧起始位
ID	11	标识符
RTR	1	远程发送请求
r1	1	预留
r0	1	预留
DLC	4	数据长度代码
CRC	15	循环冗余校验
CRC Del	1	CRC 分隔符
ACK Slot	1	应答间隙
ACK Del	1	应答界定符
EOF	7	帧结束位
IFS	3	帧间隔

在仲裁场之后，有 6 个控制位（控制场）。前两个控制位标记为 r1 和 r0，并保留用于以后的扩展。另外四位标记为 DLC，表示数据长度代码（Data Length Code）。它们指示有效负载中的字节数。

控制场后面是数据场。此字段包含主机彼此交换的数据（有效负载）。该字段可以包含 1~8B，也可以为空（0Byte）。数据字段中有多少字节由控制字段（DLC）指定。

数据场之后是 CRC 场。它包含一个 15bit 长的循环冗余校验（Cyclic Redundancy Check，CRC）和 CRC 分隔符。用于 CAN 的 CRC 具有 6bit 的汉明距离。这意味着在传输过程中被篡改的最多 5 个任意位，节点可以通过 CRC 检查来验证并检测到所有错误。CRC 分隔符是一个隐性位（1bit）。

在 CRC 场之后是应答场，它由两个位组成。第一个位是应答间隙，如果帧已经无误地被接收器接收，则为显性位（0 位）。第二个位是应答界定符，是一个隐性位（1 位）。应答的功能在第 4.5.7 节中进行了说明。

在确认场之后是帧结束位（EOF），它由七个隐性位组成。这些位不会被主动传输，因为收发器的晶体管被阻塞，并且通过终端电阻来使两个总线上的电压均衡。在 EOF 之后，还有三个用于帧间隔（IFS）的隐性位。在第三个 IFS 位之后，总线要么处于空闲状态，即没有节点发送，要么跟随一个帧起始位，节点立即开始发送。

2. 远程帧格式

远程帧的结构与数据帧相同，但有两个不同之处：
- RTR 位是逻辑 1，即隐性。
- 数据字段不存在，即长度为 0。

使用远程帧可以从一个节点请求数据。请求节点发送带有所需数据的帧 ID 的远程帧。具有此标识符数据帧的节点接收远程帧，然后发送请求的数据帧。远程帧如图 4.22 所示，缩写见表 4.8。

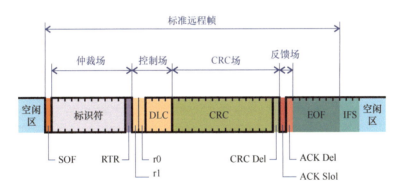

图 4.22　远程帧

3. 控制场

如前所述，控制场由 6bit 组成。第一位和第二位称为 r0 和 r1，是保留用于将来扩展的位。CAN 已经多次扩展，这两位表示将使用其中一个扩展。如果 r1 = 0 且 r0 = 0，则为不带扩展的帧（图 4.23）。

r1 位用于扩展标识符。如果 r1 = 1（隐性），则帧标识符不是 11bit 长，而是 29bit 长。r1 位称为 IDE（IDentifier Extension，标识符扩展）。有关此扩展的详细信息请参见第 8 章。

r0 位用于标识 CAN FD 帧。CAN FD 是 CAN 的扩展，其中有效负载可以长达 64B，并且可以使用两种传输速度。对于帧的起始部分（用于仲裁的部分）和结束部分（应答），使用低速度，最高可达 1Mbit/s。对于中间部分（包括有效负载）可以使用更高的传输速度。自扩展以来，r0 位被称为灵活数据速率格式（Flexible Data Rate Format，FDF）。如果 r0 = 1（隐性），则表示正在使用此扩展。该扩展也在第 8 章中进行了详细描述。

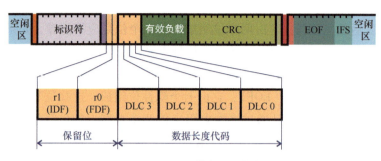

图 4.23 CAN 帧中的控制场

控制场的其余四位用于指定有效负载中的字节数。这四位以二进制编码,其中 DLC $3 \triangleq 2^3$、DLC $2 \triangleq 2^2$、DLC $1 \triangleq 2^1$、DLC $0 \triangleq 2^0$。这适用于 0~8 的值,见表 4.9。在 CAN 中,大于 8 的值被解释为 8;而在 CAN FD 中,值 9~15 表示有效负载字节数介于 12~64 之间。相关的更多信息,请参见第 8 章。

表 4.9 指示有效负载中字节数

DLC 3 (2^3)	DLC 2 (2^2)	DLC 1 (2^1)	DLC 0 (2^0)	数量/B
0	0	0	0	0
0	0	0	1	1
0	0	1	0	2
0	0	1	1	3
0	1	0	0	4
0	1	0	1	5
0	1	1	0	6
0	1	1	1	7
1	—	—	—	8

4.4.3 仲裁

到目前为止,均假设节点是依次发送的。当两个或多个节点希望同时发送时,假设具有较小标识符的节点首先发送。本节将介绍节点如何确定哪个节点具有较小的标识符。该过程称为仲裁。

在节点开始传输之前,它会检查总线是否空闲。如果空闲,则开始传输;如果传输已经在进行中,则节点等待直到传输完成。现在可能会发生两个节点同时开始传输的情况,这个"同时"意味着一个节点开始发送 SOF 位,并且也想要传输的第二个节点在 SOF 位的下降沿到达之前开始传输。这段时间并不短,详细传输过程如下:CAN 控制器确定节点何时开始传输。然后,收发器将逻辑信号转换为总线上的电压信号,并将总线上的电压信号转换回接收节点的 CAN 控制器的逻辑信号。因此,从 TxD 引脚到总线的传输器的典型延迟为约 140ns,从总线到 RxD 引脚的延迟再次为 140ns。此外,还必须添加线路上的延迟时间。对于 20m 线路,将添加另外 150ns[⊖]。这意味着节点 1 开始传输,430ns 后,20m 以外的节点 2 才知道另一个节点已经在传输。在这段时间内,节点 2 假定总线上没有传输正在进行,它也可以开始传输。这也表明,在 430ns 的时间内,两个节点同时开始传输的概率并不是很小。

接下来,将考虑当 3 个节点同时开始传输时会发生什么,该过程如图 4.24 所示。节点 1、2 和 3 同时开始传输。节点 1 发送标识符 301(001,0010,1101),节点 2 发送标识符 303(001,0010,1111),节点 3 发送标识符 300(001,0010,1100)。括号中的值是标识符的二进制表示。

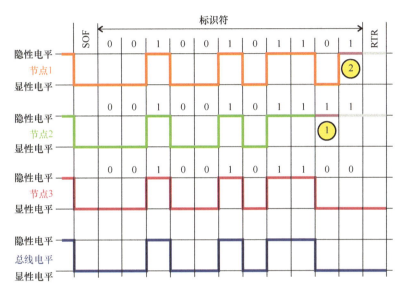

图 4.24 CAN 的仲裁

所有三个节点首先发送 SOF 位,是显性位。如果一个或多个节点发送一个显性位,则总线上也会出现一个显性位。接下来,每个节点发送其标识符的第一个位。在所讨论的示例中,所有三个标识符的第一位都是 0 位,因此所有三个节点在总线上发送显性位。标识符的第二位也是 0 位。在第三位时,所有三个节点都发送一个 1 位,该位是隐性的。如第 4.3.6 节所示,总线上将会出现一个隐性电平。节点不仅逐位发送到总线上,而且还读取所发送的内容。只要返回的内容与发送的内容匹配,它们就会继续发送其标识符。

在第 10 位传输期间,节点 1 和 3 发送了一个 0 位,节点 2 发送了一个 1 位。总线上出现了一个 0 位。因此,所有三个节点都读到了一个 0 位。他们将其与他们所发送的位值进行比较。对于节点 1 和 3,它们读回的值与它们自己发送的值相同,所以它们的位值匹配。发

⊖ 根据线缆的不同,线路上的延迟时间在 5ns/m 到 10ns/m 之间。在此例中,假设为 7.5ns/m。

送 1 位的节点 2 读回了 0 位。这告诉节点 2 另一个节点也在传输，并且另一个节点正在发送的帧具有较小标识符。因此，节点 2 将停止发送帧并成为接收器。在接收当前正在发送的帧后，节点 2 将尝试再次发送其帧。这种情况在图 4.24 中标记为①。

现在只剩下节点 1 和 3 在竞争。每个节点都发送标识符的第 11 位并读取总线上的值。节点 1 发送了 1 位，节点 3 发送了 0 位。总线上的控制位是显性位。这种情况在图 4.24 中标记为②。在这之后，节点 1 停止发送。节点 3 获得仲裁并被允许发送其帧。

上述过程在图 4.25 中的程序流程图中表示。这里有三个结果。要么像节点 3 一样获得仲裁并被允许发送帧，要么像节点 1 和 2 一样成为接收器。第三种可能性是错误状态，该状态出现在当一个节点发送一个显性位但读回一个隐性位时。

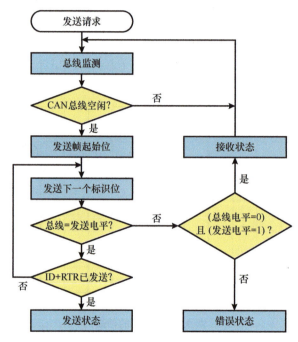

图 4.25 CAN 仲裁的程序流程图

仲裁可以总结如下：

- 当多个节点同时发送时，通过在标识符发送期间逐位进行仲裁来解决冲突，而不会破坏消息。为此，每个帧标识符必须是唯一的。它在设计阶段确定并分配给一个节点。
  - 标识符定义了消息的优先级和目标地址，因为标识符用于接受过滤（请参阅 4.4.1 节）。
  - 最低标识符值具有最高优先级。
  - 发送隐性电平但读回显性电平的节点会立即停止传输并成为接收器。
  - 远程帧的优先级低于数据帧。
  - 在仲裁场之后任一仲裁失败都被解释为错误，并发送错误帧（请参阅 4.5 节）。

在图 4.27 中使用示波器记录了这样的仲裁过程，使用的测量电路如图 4.26 所示，群组由 3 个节点组成，使用了四通道示波器。前 3 个通道（橙色、绿色、红色）连接到 3 个节点的 TxD 线路。第四路（蓝色）通过差分探头⊖测量两个总线线路之间的差分电压。差分电压由 $\Delta U = U_{CANH} - U_{CANL}$ 计算得出。显性电平的 ΔU 约为 2V，而隐性电平约为 0V。在此测量中以及所有其他测量中，占优电平为 -2V。极性被反向，以便波形与 TxD 和 RxD 引脚以及常见的帧格式图像相同。

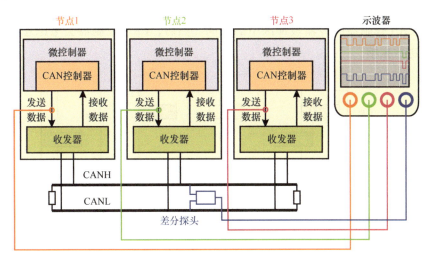

图 4.26　CAN-Cluster 的测量电路

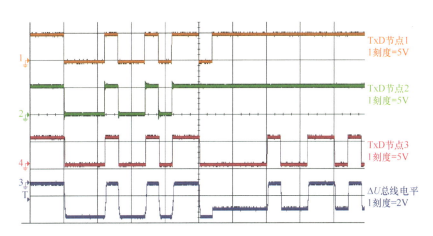

图 4.27　3 个节点仲裁的示波器图像

图 4.27 中 TxD 线路的前 3 个电压波形显示，所有 3 个节点同时开始传输，节点 1（橙色）和 2（绿色）在发送了一些位之后停止传输。他们输给了节点 3（红色）的仲裁，成为接收器，并在节点 3 完成传输后尝试再次传输。第 4 个电压波形（蓝色）显示了总线上出现的电压，所有节点都可以在 RxD 线路上监测到它。

⊖　差分探头具有两个接口，它独立于地势测量两条线路之间的电压，普通探头只有一个接口和一个地接口，这种探头总是相对于地测量。

4.4.4 CAN 优先级

如前节所述，如果多个节点想要发送数据帧，这些帧将逐个发送，这里将更详细地讨论这个过程。假设有 4 个节点要发送数据帧。应用程序确定这些节点发送帧的时间点。这可以通过定时器周期性地完成或者取决于外部事件。图 4.28 所示为 CAN 的优先级。红色箭头表示帧存在于 CAN 控制器的传输缓冲区中的时间。然后，CAN 控制器会考虑总线上的通信，尽快尝试发送数据帧。

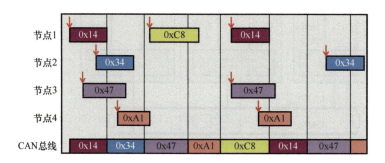

图 4.28　CAN 优先级

节点 1 可以立即发送其 ID 为 0x14 的数据帧，因为此时总线上没有通信。在节点 1 传输数据帧时，节点 2 和节点 3 的传输缓冲区将会更新。这两个节点都想要发送它们的数据帧，但必须等到节点 1 完成传输。然后，这两个节点将尝试发送它们的数据帧。由于节点 2 的数据帧具有较小的标识符（0x34），因此节点 2 将有机会发送。节点 3 必须等待，直到节点 2 发送完标识符为 0x34 的数据帧。当节点 2 传输数据帧时，节点 4 的发送缓冲区将会更新。一旦节点 2 完成传输，节点 3 和 4 将尝试发送它们的数据帧。由于节点 3 具有较小的标识符（0x47），它将先于节点 4 发送，而节点 4 必须等待。这个过程会一直持续下去，直到所有节点都发送了它们的数据帧。

4.4.5 位填充

在基础知识中，第 2.6.5 节中提到了接收器必须按位与发送器同步的方法。当必要时，CAN 使用位填充方法来实现这一点，发送器会在位流中插入附加位，接收器在接收到数据后会将其删除。

如果帧中的五个连续位具有相同的值，则在 CAN 中插入填充位。插入的位是这些位的补码。这意味着，在连续 5 个高电平位之后，会插入一个低电平位，在连续 5 个低电平位之后，会插入一个高电平位。在 SOF 位和 CRC 场的最后一位之间执行帧中的位填充（图 4.29）。

如果连续 5 个相同位之后是 1 个相反的位，也会插入填充位，从而为位同步提供所需的边沿（图 4.29 中的第 2 个填充位）。

第 4 章　CAN 总线基础

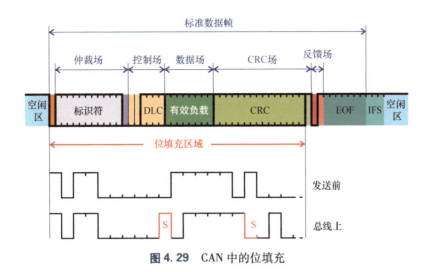

图 4.29　CAN 中的位填充

图 4.30 展示了 CAN 数据帧的第一部分的示波器图。在上部，一个方格代表 5 个位。下部展示了该数据帧的放大图，其中一个方框对应 2 个位。填充位已被相应地标记。

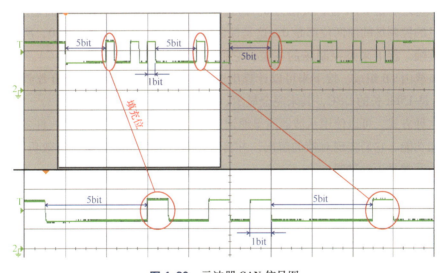

图 4.30　示波器 CAN 信号图

4.4.6　帧解码

介绍了数据帧格式和位填充之后，就可以对使用示波器记录的 CAN 数据帧进行解码，如图 4.31 所示。为此，再次使用来自图 4.30 的信号配置文件。首先，必须标记填充位，CAN 标识符的确定位如图 4.31 所示，这在图 4.31 中以粉色表示。在计算位和将每个位分配给帧的一部分时，这些位不被计算在内。

第一个位始终是 SOF 位，然后是属于标识符的 11bit，这些位组成标识符 000 0001 0100。每个位对应于从最后（右）位开始的 2^0，到第一（左）位的 2^{10}。因此，标识符为

$$ID = 2^4 + 2^2 = 16 + 4 = 20$$

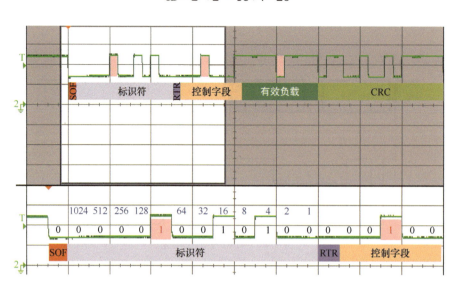

图 4.31 CAN 标识符的确定位

在标识符之后是 RTR 位,其值为 0。这意味着它是数据帧。RTR 位后面是控制域场的 6 个位。这里的控制场的前两位都是 0,这是保留位 r1 和 r0。因为两者均为 0,所以它是没有扩展的标准帧。接下来是控制场的 4 位,它们指示有效负载的长度(DLC)。DLC = 0001,因此有效负载由 1B 组成。接下来可以计算出这个字节或 8bit。所有八个有效载荷位都具有值 1。然后是 15bit 长的 CRC,其未完全显示。

通过这种方式,可以使用示波器简单地记录每个帧并手动评估。但是,许多示波器制造商提供附加功能,它们实现对帧的解码,并将标识符、有效负载长度、有效负载和 CRC 显示为数字,通常是十六进制。

4.5 错误处理

在 CAN 中,定义了一系列用于错误检测的方法。此外,还有在协议层(OSI 参考模型的第 2 层)上进行错误处理的措施。

这是 CAN 的一个特点,因为在大多数其他通信系统中,只能在更高层次上定义进行错误处理的方法。CAN 的优越性在于,其可以快速响应错误(而不涉及主机)。这节省了时间和计算资源,并且与软件无关。

4.5.1 错误类型

CAN 中定义了以下错误,并由协议控制器检测:

1)位错误:发送器检测到读回位值与发送位值差异,其中的例外情况是在仲裁场、应答场和被动错误标志期间发送显性位和接收显性位。

2）应答错误：发送器检查是否在应答场中获得了肯定的或否定的应答。

3）CRC 错误：接收器检测到接收器计算的 CRC 与接收到的 CRC 字段不同。

4）格式错误：接收器检测到 CRC 分隔符、应答界定符或帧结束位不是占位符。

5）填充错误：接收器检测到 6 个连续的位具有相同的值。

4.5.2 错误检测

在前一节中描述的 5 个错误可以由发送节点、一个或多个接收节点检测到。一旦检测到错误，就会通过错误帧进行信号传输。如何构建错误帧将在第 4.5.3 节中描述。

并非每种错误类型都可以随时发生。例如，填充位错误只能在插入填充位的帧区域中发生，CAN 的错误检测如图 4.32 所示。图 4.32 展示了每种错误类型可以发生并被检测到的帧区域。在蓝色标记的区域，接收器可以检测到错误，在红色标记的区域，发送器可以检测到错误。

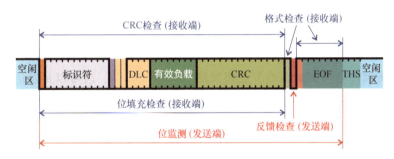

图 4.32 CAN 错误检测

CRC 错误可能出现在计算 CRC 的位所在的范围内。此区域从 SOF 开始，以 CRC 的最后一位结束。这里可以检测到高达 5 个任意位的位差错⊖。

填充位被插入在计算 CRC 同一区域上。与只能通过接收 CRC 来检测 CRC 错误不同，当一个填充位在帧的位置上丢失时，就会在帧中检测到一个位填充错误。首先注意到此错误的节点立即发出信号，然后中止帧传输。

当一个节点在 CRC 分隔符或应答界定符处收到显性位（0 位），而不是隐性位（1 位）时，就会检测到一个格式错误。如果在 7bit 的 EOF 期间接收到显性位，则也存在格式错误。

在位监视中，发送器检查它发送的位是否在总线上具有相应的值。如果发送和读回的位值不相同，则发送器会中止传输，发送错误帧，然后重新开始发送帧。

在应答检查中，发送器检查的是接收器发送的应答间隙，而不是发送器本身。应答的功能在第 4.5.7 节中说明。

4.5.3 错误帧

到目前为止，已经解释了帧中可能发生的错误及其检测方法。但是如果接收器已检测到

⊖ 位差错意味着传输错误将 0 位变成 1 位或将 1 位变成 0 位。

帧中的错误，它如何通知发送器？为了发出错误信号，检测到错误的节点将发送一个错误标志（主动错误标志）。

错误标志由六个连续的显性位组成，并违反了填充位规则，即发送器在五个相同的连续位后插入具有相反值的填充位。通过违反填充位规则，所有其他节点都将检测到错误并发送错误标志（被动错误标志）。主动错误标志和被动错误标志可以在总线上部分或完全重叠。因此，在总线上会出现一个显性信号，其长度为 6~12bit，并且紧随其后的是 8bit 的错误定界符，错误定界符是隐性的。

主动和被动错误标志的叠加以及错误定界符被称为错误帧，其构成如图 4.33 所示。

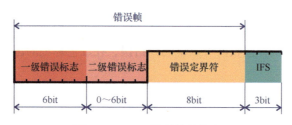

图 4.33　CAN 错误帧的构成

第一个检测到传输帧中错误的节点将发送主动错误标志。这可以是发送节点或接收节点。所有接收错误标志的节点均会响应错误标志，因为填充位规则被违反。

错误信号的传输过程如图 4.34 所示，步骤如下：

1）节点 A 发送帧。

2）群组中的一个节点检测到错误，由红色闪电表示，并通过发送主动错误标志（6 个显性位）来发出信号。在图中，错误发生在有效负载的传输期间。它可能是由一个接收节点检测到的位填充错误。该节点将发送主动错误标志。在这种情况下，如果节点 A 发送了隐性位并读取了一个显性位，则会在此位置发生位差错。在这种情况下，节点 A 将发送主动错误标志。

3）所有其他节点在发送主动错误标志时都会检测到位填充错误。它们反过来发送错误标志（6 个显性位）。在总线上会出现一个 12bit 的错误标志。

4）在错误定界符和帧间隔之后，节点 A 重新开始传输。

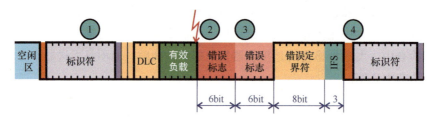

图 4.34　错误信号的传输过程

图 4.35 展示了错误帧的示波器图像。绿色电压曲线显示两个 CAN 线之间的差分电压。解码的 CAN 信号展示在图的底部。

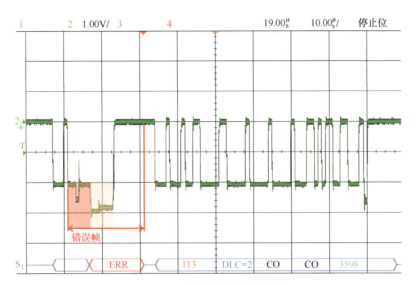

图 4.35 错误帧的示波器图像

群组中的一个节点发送一个标识符为 0x113 的帧。在仲裁期间发生错误,导致发送节点发送错误标志(6 个显性位)。通过第六位,其他节点检测到位填充规则被违反,因此它们也会发送一个错误标志。接下来是由 8 个隐性位组成的错误定界符。这两个错误标志和错误定界符形成错误帧。在三个隐性位组成的帧间隔之后,节点尝试重新发送标识符为 0x113 的帧。

4.5.4 过载帧

过载帧由一级过载标志、二级过载标志和过载定界符组成。过载标志由 6 个连续的显性位组成。主要和次要过载标志可以部分或完全重叠(图 4.36)。

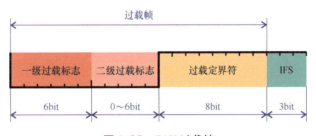

图 4.36 CAN 过载帧

当一个节点发送一个过载标志时,有两种情况:

■ 一个节点已经接收到帧,但无法快速处理它。为了获得更多时间,此节点发送过载标志。该节点发送的过载标志必须在预期的帧间隔(IFS)的第一个位上开始。

■ 一个节点在错误或过载定界符的第 8 位或帧间隔的第一或第二位检测到一个显性位。该节点在检测到显性位后发送过载标志。

所有接收到主要过载标志的节点将发送一个次要过载标志。另一个过载帧可以直接连接到过载帧上。一个节点最多可以通过两个过载帧来延迟传输数据或远程帧。

在总线上,错误帧和过载帧在结构和外观上是相同的,它们仅在开始时间上有所不同。另一个区别是,在错误帧中,错误计数器会增加,在过载帧中则不会。

图4.37展示了使用过载帧延迟数据帧的可能过程。各个步骤如下:

1)节点A发送数据或远程帧。

2)节点B仍在忙碌中,需要更多时间。因此,节点B在EOF之后发送一个过载标志(6个显性位)。

3)其他节点等待由3个隐性位组成的帧间隔。但是,他们接收到了显性位。在第一个显性位之后,他们检测到了过载条件,并反过来发送过载标志(6个显性位)。这个次要过载标志与节点B的过载标志重叠。在总线上会出现7~8bit的过载标志。

4)在过载定界符和帧间隔之后,下一个节点发送它的帧。

通过过载帧,节点A获得了至少15bit的额外时间来处理帧。如果这段时间不够,节点A可以发送一个额外的过载标志。实际上,过载帧在现在已经不再关键,因为微控制器和CAN控制器现在已经快到足以相应地处理这些帧。

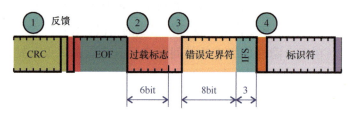

图4.37 使用过载帧延迟数据帧

4.5.5 错误状态

每个CAN控制器都处于三种错误状态之一。这些错误状态为:

- 主动错误
- 被动错误
- 总线关闭

节点根据节点检测或引起的错误在这些错误状态之间切换。这些转换由两个错误计数器控制。接收错误计数器(Receive Error Count,REC)计算与帧接收相关的错误,而发送错误计数器(Transmit Error Count,TEC)计算与发送相关的错误。

当一个节点启动时,它处于主动错误状态。在此状态下,两个错误计数器都为0。如果节点检测到错误,则根据情况增加其中一个错误计数器。如果其中一个错误计数器的值大于127,则该节点进入被动错误状态。如果两个错误计数器都小于128,则该节点重新进入主动错误状态。如果发送错误计数器的值大于255,则该节点进入总线关闭状态(图4.38)。

第 4 章 CAN 总线基础

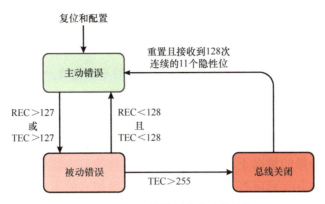

图 4.38 CAN 的错误状态及其转换

错误模式的结果是某个节点被剥夺了特定的权利。在正常状态（主动错误状态）下，节点拥有所有权利。在被动错误状态中，节点的发送权被限制，这在人类社会中相当于警告或缓刑。在总线关闭状态下，节点从流量中被移除，不能再发送数据。

在不同错误状态下，一个节点具有哪些传输权限？

1）主动错误状态：一个节点在发送错误帧时发送一个主动错误标志。主动错误标志包含 6 个显性位，如 4.5.3 节所述。在错误帧之后，节点只需等待 IFS（帧间隔）的 3 个位时间即可再次发送。

2）被动错误状态：一个节点在此错误状态下在发送错误帧时发送一个被动错误标志。在一个被动错误标志中，节点不发送 6 个显性位，而是发送 6 个隐性位。这意味着只有一个发送器可以发出这样的错误信号。接收器要么被发送器覆盖，要么被一个有错误的节点覆盖。在错误帧之后，节点必须等待额外的 8 个位时间（暂停传输），加上 3 个位时间的 IFS，然后才能开始再次发送。

3）总线关闭状态：在此错误状态下，节点的输出驱动器被关闭。节点不再被允许发送，而只能监视总线。为了能够再次参与，CAN 控制器必须在主机重置后接收到 128 次连续的 11 个隐性位。这 11 个隐性位始终出现在两个帧（EOF 和 IFS）之间。这样可以确保其他节点在一个总线关闭的节点再次发送数据之前可以交换至少 128 个帧。

4.5.6 错误计数器（摘录）

在特定条件下增加两个错误计数器，接收错误计数器将增加：

- +1，接收器检测到错误，除了在发送主动错误标志或过载标志期间的位错误。
- +8，接收器在发送错误标志之后率先检测到一个显性位作为第一位。
- +8，接收器在发送主动错误标志或过载标志期间检测到一个位错误（例如发送器检测到一个位错误或未收到应答）。
- −1，帧成功传输后。

一个节点在发送主动错误标志、被动错误标志或过载标志后，会容忍 7 个连续的显性位。如果节点已发送主动错误标志或过载标志，则在检测到第 14 个连续显性位之后，或在发送被动错误标志后的第 8 个连续显性位之后，该节点的错误计数器增加。发送器将发送错误计数器增加 8，接收器同样将接收错误计数器增加 8。

如果错误计数器的值为 0，则在成功接收或发送后不会更改。因此没有负值。

在增加传输错误计数器时有一个重要的例外。如果被动错误发送器检测到应答错误，即该节点未收到其他节点的应答，那么它的发送错误计数器不会再增加。

此例外在 CAN 群组的启动中尤为重要。群组中的第一个节点开始发送帧，显然，在其他节点还没有准备好的情况下，该节点不会收到应答。这就导致了该节点一遍又一遍地发送其帧，由于没有收到应答，将在每次发送后增加它的发送错误计数器。如果没有此例外，节点很快就会进入总线关闭状态。如果第二个节点开始发送，则第一个节点可能无法给出应答，因为它不能在总线关闭状态下发送。因此，第二个节点也会进入总线关闭状态等。通过这个例外，发送器可以继续发送它的帧，直到群组中有第二个节点准备好并发送应答。

4.5.7 应答

接收节点通过应答向发送节点确认 CRC 匹配，并且表明它们已经成功接收了无误的数据帧。为此，发送节点在应答场中发送两个隐性位，第一个位于应答间隙（ACK Slot），第二个位于应答界定符（ACK Del）中。每个成功接收数据帧的节点在应答间隙中发送一个显性位。如果在确认槽中发送了一个显性位，则称为确认帧；如果发送了一个隐性位，则称为否认帧（图 4.39）。

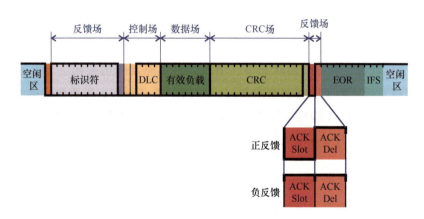

图 4.39　CAN 应答

接收节点在应答间隙中发送的位会在总线上叠加。如果至少有一个节点发送了一个显性位，那么它将覆盖隐性总线状态。发送节点将在应答间隙中读取一个显性位。这对于发送节点来说是一个应答，说明至少有一个节点无误地接收了该帧。

如果所有接收节点都发送了隐性位，则发送节点也会读取一个隐性位。这样，发送器就知道没有节点正确地接收帧,并且发送器将重新发送该帧。如果一些节点发送了隐性位(否认帧)而另一些节点发送了显性位(确认帧),则发送节点将读取一个显性位。对于发送器来说,这意味着帧传输已经成功完成。由于数据一致性在群组中是一个重要目标,因此没有在应答定界符之后给出确认帧的节点将开始发送错误标志。这将使帧被标记为错误,并且发送器必须重新发送它。

如果群组中只有一个节点,例如在启动群组时,该节点将无法获得确认帧,因为其他节点不存在。在这种情况下,节点将重新发送数据帧,直到收到确认帧。

由于应答的工作原理可以用示波器观察,因此使用与图 4.26 中所示的相同的测量电路。图 4.40 所示为三个节点(橙色、绿色、红色)的 TxD 线的电压波形以及在两个总线之间测量的电压差(蓝色)。节点 1(橙色)发送一个帧。在 CRC 之后,它只发送隐性位。这涉及 CRC 定界符、应答间隙和应答定界符。绿色和红色节点是该帧的接收器。它们在应答间隙中分别发送一个显性位,这相当于一个确认帧。总线上出现一个显性位并被节点 1 读取。这样就完成了传输过程。

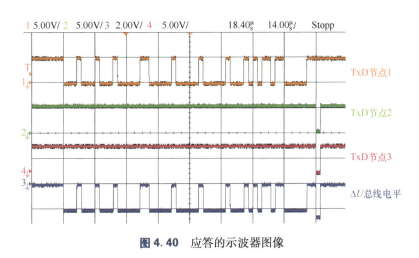

图 4.40　应答的示波器图像

4.5.8　错误检测机制总结

CAN 定义的错误机制不仅可以检测错误,还可以向所有节点可见地发出信号。错误会立即被发现,而不是等到传输完成。发送节点会重新发送有误的帧。

每个节点都会检查群组中的每个数据帧。因为只有在所有节点都正确接收到数据帧时,所有节点才会使用数据帧,这确保了群组中的数据一致性。此外,通过这种方式所有全局错误也将被检测到。

15bit 长的 CRC 确保可以检测到帧中最多 5 个任意更改的位。

在 CAN 中可区分临时错误和永久错误。对于永久错误,节点将被关闭,以使这些节点不会干扰其他节点的通信。通过临时错误,节点可能会受到限制,但通过无误地接收和发送帧,这些限制将被解除。这提高了节点的可用性。

4.6 总线利用率计算

总线利用率表示用于通信的可用时间的百分比。为了进行计算，必须知道：
- 比特率
- （平均）帧长度
- 单位时间内的帧数

4.6.1 帧长度的计算

可以根据帧格式计算帧的位数，考虑必要的填充位来计算帧的长度，也可以根据式（4.1）计算帧的长度。

$$\text{帧长度} = \text{SOF} + \text{ID} + \text{Control} + \text{Payload} + \text{CRC} + \text{CRC\_Del} + \text{ACK} + \text{EOF} + \text{IFS} + \text{填充位} \quad (4.1)$$

式中各项的含义以及它们的长度可以见表4.10。

表4.10 式（4.1）中的各项的含义和长度

组成部分	长度/bit	含义
SOF	1	帧起始
ID	12	标准标识符，包括RTR
Control	6	控制场
Payload	8n	n是Payload字节数
CRC	15	循环冗余校验
CRC_Del	1	CRC定界符
ACK	2	应答为以及应答定界符
EOF	7	帧结束
IFS	3	帧间隔

填充位的长度取决于标识符和有效负载中的数据，并且对于任意的数据帧都是未知的。通信系统总是会考虑最糟糕的情况进行设计，系统被设计为可以处理最大可能数量的填充位。这个最大长度可以通过计算得出。

4.6.2 最大填充位数的计算

为了确定帧中填充位的最大长度，将帧分为两部分：
- 从SOF到CRC结束（34位+有效负载位）插入填充位。
- 从CRC定界符到IFS（13位）不插入填充位。

每5个位插入至多一个填充位（Stuff Bit，SB）。最大填充位数如下所示：

$$SB(n) = \left\lceil \frac{n-1}{4} \right\rceil \quad (4.2)$$

式中，n 为比特数，[ ] 为向下取整到最近的整数。

4.6.3 帧传输时间和总线利用率的计算

考虑到插入或不插入填充位的帧部分，可以得到最大帧长度 Framelength 和帧时间 t_{Frame} 的公式：[⊖]

$$\text{帧长度 Framelength} = 55\text{bit} + 10\text{bit/B} \cdot s \tag{4.3}$$

$$t_{\text{Frame}} = (55\text{bit} + 10\text{bit/B} \cdot s)\tau_{\text{bit}} \tag{4.4}$$

式中，s 为有效载荷字节数，τ_{bit} 为比特时间。

因此，总线的利用率如下计算：

$$\text{利用率} = \frac{\text{帧长度} \cdot \text{帧数}}{\text{比特率}} \tag{4.5}$$

示例 1

任务：

在一个以 500kbit/s 的比特率工作的 CAN 群组中，每秒发送 1200 个有效负载为 8B 的帧。求：

1) CAN 总线的利用率和。
2) 传输的有效数据量。

假设：

假设没有错误发生，不需要重复发送。

计算：

$$\begin{aligned}\text{帧长度} &= 55\text{bit} + 10\text{bit/B} \cdot 8\text{B} \\ &= 55\text{bit} + 80\text{bit} = 135\text{bit}\end{aligned}$$

$$\begin{aligned}\text{利用率} &= \frac{135\text{bit/帧} \cdot 1200 \text{ 帧/s}}{500000\text{bit/s}} \\ &= 0.324 = 32.4\%\end{aligned}$$

CAN 总线的利用率为 32.4%。

$$D = 1200 \text{ 帧} \cdot 8\text{B/帧} = 9600\text{B}$$

传输的有效数据量为 9600B。

示例 2

任务：

要通过 CAN 总线刷新一个控制器。二进制文件大小为 9KiB。总线速度为 250kbit/s。

1) 如果每个帧的第一个数据字节用于连续编号，以便接收器可以正确地重新组合传输的文件，需要多长时间？
2) 传输所需的（标准）数据速率是多少，才能在不到 200ms 的时间内进行传输？

[⊖] N. Navet, F. Simonot Lion：《汽车嵌入式系统手册》。CRC 出版社，博卡拉顿，伦敦，纽约，2008 年。

假设：

假设每个帧的有效负载为 8B，但只有 7B 用于数据。有效负载的第 8 个字节用于连续编号。此外，假设只有一个节点发送，并且没有错误发生，因此不需要重复发送。

计算所需的帧数：

$$9\text{KiB} = 9 \cdot 1024\text{B/KiB} \cdot 8\text{bit/B}$$
$$= 73728\text{bit}$$

$$\frac{73728\text{bit/帧}}{56\text{bit/帧}} = 1316.57 \text{ 帧} = 1317 \text{ 帧}$$

需要 1317 帧进行传输。

计算所需的时间：

$$t_{\text{Frame}} = (55 + 10 \times 8) 4\mu\text{s} = 540\mu\text{s}$$

$$t_{\text{Frame\_Total}} = t_{\text{Frame}} \text{帧}$$

$$= 540\mu\text{s} \times 1317 = 711180\mu\text{s}$$

$$= 711.18\text{ms}$$

以 250kbit/s 的速度进行传输需要 711.18ms。

$$t_{\text{Frame\_Total}} < 200\text{ms}$$

$$t_{\text{Frame}} < \frac{t_{\text{Frame\_Total}}}{\text{帧}}$$

$$< \frac{200\text{ms}}{1317}$$

$$< 152\mu\text{s}$$

$$\tau_{\text{bit}} < \frac{t_{\text{Frame}}}{135\text{bit}}$$

$$< \frac{152\mu\text{s}}{135\text{bit}}$$

$$< 1.126\mu\text{s}$$

在 1Mbit/s 的比特率下，位时间为 1μs。在此总线速度下，传输所需的时间少于 200ms。在下一个较慢的标准比特率下，传输所需的时间将长于 200ms。

计算群组利用率的示例

任务：

计算表 4.11 所示群组在 500kbit/s 下 CAN 总线的利用率。

表 4.11 节点的有效负载和更新间隔

节点编号	有效负载/B	更新间隔/ms
1	4	2400
2	8	50

(续)

节点编号	有效负载/B	更新间隔/ms
3	8	10
4	6	40

假设:

假设没有错误发生，不需要重复发送。

计算:

$$t_{\text{Frame\_4}} = (55+10\times4) \cdot 2\mu s = 190\mu s$$

$$t_{\text{Frame\_6}} = (55+10\times6) \cdot 2\mu s = 210\mu s$$

$$t_{\text{Frame\_8}} = (55+10\times8) \cdot 2\mu s = 270\mu s$$

$$t_{发送} = \frac{1000}{20} \cdot 190\mu s + \frac{1000}{50} \cdot 270\mu s + \frac{1000}{10} \cdot 270\mu s + \frac{1000}{40} \cdot 210\mu s$$

$$= 47150\mu s = 47.15 ms$$

$$利用率 = \frac{47.15 ms}{1000 ms} = 0.04715$$

CAN 总线利用率约为 4.72%。

4.6.4 群组中的最大帧数

如图 4.41 所示，在假定标识符为 11bit 的情况下，计算了 CAN 群组中 0~8B 有效载荷在不同比特率下的最大帧数，最终的计算结果意味着利用率为 100%。但实际上，要想合理地达到这一利用率，需要仅存在一个节点进行传输。

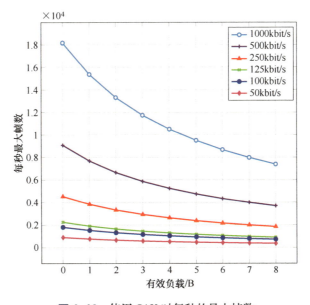

图 4.41 使用 CAN 时每秒的最大帧数

4.6.5 群组中的最大用户数据传输速率

在图 4.42 中，计算了群组中可能的最大用户数据传输速率。假定每帧的标识符为 11bit，有效载荷为 8B。最终的计算结果意味着利用率为 100%。但在实际应用中，仅存在一个节点进行传输时才能合理地达到这一利用率，超过图中数值的有效载荷速率是无法实现的。

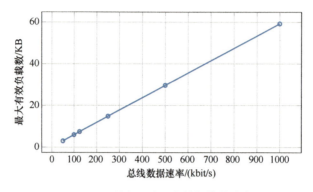

图 4.42　最大理论用户数据传输速率

第 5 章 FlexRay 基础知识

5.1 概述

5.1.1 什么是 FlexRay

FlexRay 是一个人造单词,由代表灵活性的英文单词 Flex 和代表射线的英文单词 Ray 组成,图 5.1 所示为 FlexRay 的标志。FlexRay 是一种实现串行通信的总线系统,它是专门为实时系统和安全相关系统开发的。FlexRay 主要是为实现信号的电气传输,但也可以进行光学操作。

FlexRay 由 FlexRay 联盟开发,该联盟由来自汽车和半导体行业的几家公司成立。2000—2005 年,FlexRay 联盟Ⅰ开发了第一个版本,作为 2.1 或 2.1A 版本发布。2006—2010 年,

图 5.1 FlexRay 的标志

FlexRay 联盟Ⅱ进一步开发了 FlexRay,并以 3.0 或 3.0.1 规范发布。自 2013 年起,FlexRay 成为 ISO 17458 国际标准。

5.1.2 FlexRay 的特性

FlexRay 最重要的特性如下:
- 用于汽车多路复用线路的串行通信协议。支持 2.5Mbit/s、5Mbit/s 和 10Mbit/s。
- FlexRay 是时间控制的。
- FlexRay 支持两个通道,可冗余、部分冗余或非冗余使用。
- 带宽可以静态和动态分配。
- 通信中没有主站。
- 通信系统能够承受任何单一故障而不中断通信。
- 全局时钟同步将各参与方的时钟同步到 1μs 以内。
- 可以预先知道信息何时到达。
- 网络可适应不同应用的要求。

5.1.3 历史

FlexRay 由一个公司联盟在 2000—2010 年间开发，旨在为汽车提供一个高数据速率的时控通信系统。戴姆勒（Daimler）和宝马（BMW）两家公司专注于高端市场，认为在可预见的未来需要比 CAN 更高传输速率的数据传输方式，同时需要保证实时性，以实现线控应用。当时在汽车微控制器领域处于领先地位的摩托罗拉（Motorola）公司被邀请开发该协议。为了开发物理层，当时在物理层领域技术领先的飞利浦（Philips）公司被选为合作伙伴。

1999 年：宝马、戴姆勒、摩托罗拉［后来的飞思卡尔（Freescale），今天的恩智浦（NXP）］和飞利浦（今天的恩智浦）的员工聚集在一起，共同开发用于汽车的时间控制通信系统。

2000 年：这四家公司成立了 FlexRay 联盟。

2001 年：博世加入该联盟。

2002 年：通用汽车加入该联盟。

2003 年：大众汽车加入该联盟。

2003 年：向联盟成员提供 1.0 规范。

2004 年：发布 2.0 规范，并在联盟之外提供。

截至 2005 年：约有 130 家公司加入了 FlexRay 联盟，并享有不同的权利和义务。

2005 年：5 月发布了 2.1 版规范，12 月发布了 2.1A 版规范。2.1A 版规范是第一个稳定一致的规范，第一批实施均基于该规范。

2006 年：FlexRay 首次应用于 BMW X5 量产车。

2006—2010 年：维持 FlexRay 联盟Ⅱ。

2010 年：发布了 3.0 规范。在这些规范中，只有电气物理层规范得以实施，而协议规范尚未实施。

自 2013 年起：FlexRay 成为国际标准——ISO 17458。

各种 FlexRay 规范和其他已发布的文件见 5.2.4 节中的表 5.1。

5.2 术语和结构

5.2.1 术语

第 2 章介绍了通信的基本术语，这些术语也适用于 FlexRay。FlexRay 中的通信参与者称为 FlexRay 节点或节点。多个 FlexRay 节点组成一个群组。节点之间交换的数据称为帧。

5.2.2 结构

每个 FlexRay 节点由一个微控制器（主机）、一个 FlexRay 控制器和一个 FlexRay 收发器组成（图 5.2）。

用户程序（也称为应用程序）在微控制器上运行。应用程序提供要发送的数据并评估接收到的数据。协议控制器根据 FlexRay 协议实现通信功能，它由硬件模块实现，而无法通过软件实现。FlexRay 收发器建立与物理传输介质的耦合。

FlexRay 节点可以作为独立式 FlexRay 控制器或集成式 FlexRay 控制器来实现，FlexRay 节点的设计如图 5.3 所示。对于独立式 FlexRay 控制器，FlexRay 控制器被设计成一个单独的电路（图 5.3a），并通过一个标准接口（通常为 SPI）与微控制器相连。

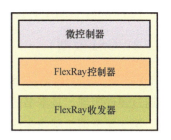

图 5.2　FlexRay 结构

在集成式 FlexRay 控制器中，它作为外设模块集成在微控制器中，并直接连接到微控制器的内部总线上（图 5.3b）。这种实现方式节约了电路板的空间和成本，是最常用的设计。

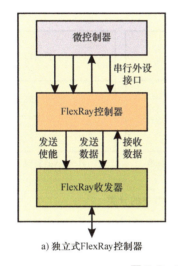

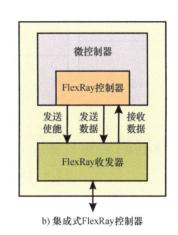

a) 独立式 FlexRay 控制器　　　　　　b) 集成式 FlexRay 控制器

图 5.3　FlexRay 节点的设计

两种设计中 FlexRay 控制器和 FlexRay 收发器之间的耦合是相同的。传输和接收的基本功能需要 3 根线，TxD 和 TxEN 线用于传输，RxD 线用于接收。额外的线路通常用于设置工作状态（电源状态）或 TxD 和 RxD 线路的电压电平。

一个 FlexRay 群组由多个 FlexRay 节点和一个物理传输介质组成，如图 5.4 所示。

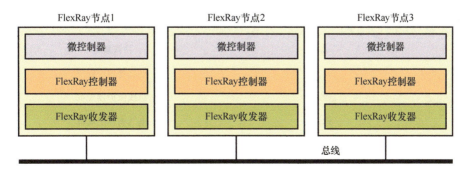

图 5.4　FlexRay 群组的结构

在 FlexRay 群组中，传输介质可以是电或光。

5.2.3 OSI 模型

FlexRay 规范仅涵盖 OSI 模型的最底两层（物理层和数据链路层）（图 5.5）。这两层总是通过硬件实现，是本书的主题。

第 3 层至第 7 层或多或少是通过微控制器上的软件实现的。

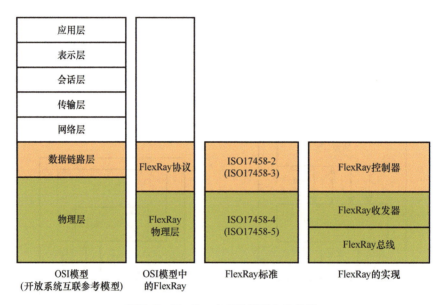

图 5.5 FlexRay 在 OSI 模型中的分类

5.2.4 FlexRay

标准 FlexRay 规范由 FlexRay 联盟制定，最初只提供给联盟成员。除了《FlexRay 协议规范》和《FlexRay 电气物理层规范》外，还包括《FlexRay 协议一致性测试规范》和《FlexRay 电气物理层一致性测试规范》以及其他文档。这些文件的概览见表 5.1，包括发布的日期和版本。在此期间，联盟内部有许多临时版本，每个版本都是讨论的基础。

表 5.1 FlexRay 联盟发布的标准和文档

日期	版本	标题
2004 年 6 月	v2.0	协议规范
	v2.0	电气物理层规范
	v2.0	总线保护器规范
2005 年 5 月	v2.1	电气物理层规范
	v2.1	协议规范
	v2.1	电气物理层应用说明

（续）

日期	版本	标题
2005年12月	v2.1A	电气物理层规范
	v2.1A	协议规范
	v2.1	FlexRay EMC 测量规范
	v2.1	要求规范
	v2.1	物理层共模扼流圈 EMC 评估规范
	v2.0.9	初步中央总线保护器规范
	v2.0.9	初步节点-本地总线保护器规范
2006年3月	v2.1	数据链路层一致性测试规范
2006年11月	v2.1B	电气物理层规范
	v2.1B	电气物理层应用说明
2008年2月	v2.1B	电气物理层一致性测试规范
2008年5月	v2.1.1	数据链路层一致性测试规范
2009年7月	v2.1B	电气物理层异构测试规范
	v2.1.2	协议一致性测试规范
2009年12月	v3.0	协议规范
	v3.0	电气物理层规范
	v3.0	电气物理层应用说明
	v3.0	物理层 EMC 测量规范
	v3.0	电气物理层一致性测试规范
	v3.0	物理层-共模扼流圈 EMC 评估规范
	v3.0	电气物理层异构测试规范
2010年10月	v3.0.1	协议规范
	v3.0.1	电气物理层规范
	v3.0.1	电气物理层应用说明
	v3.0.1	电气物理层 CMC EMC 评估测量
	v3.0.1	电气物理层一致性测试规范
	v3.0.1	电气物理层 EMC 测量收发器
	v3.0.1	协议一致性测试规范

随着 2010 年开发工作的完成，针对这些文件开展了提交给国际标准化组织的筹备工作，并于 2013 年被采纳为国际标准，编号为 ISO 17458。各个部分的概况见表 5.2。各部分编号后的数字（此处为 2013 年）表示该标准最近一次审查和可能更新的年份。

表 5.2 FlexRay 的 ISO 标准

ISO 编号	内容
ISO 17458-1：2013	公路车辆-FlexRay 通信系统-第 1 部分：通用信息和应用定义
ISO 17458-2：2013	公路车辆-FlexRay 通信系统-第 2 部分：链路层规范
ISO 17458-3：2013	公路车辆-FlexRay 通信系统-第 3 部分：链路层的一致性测试
ISO 17458-4：2013	公路车辆-FlexRay 通信系统-第 4 部分：电气物理层规范
ISO 17458-5：2013	公路车辆-FlexRay 通信系统-第 5 部分：电气物理层一致性测试

FlexRay 标准被列入"道路车辆工程"类别中的"道路车辆系统组"和"汽车信息学-车载计算机系统"。FlexRay 标准由第 22 技术委员会（Technical Committee22，TC22）"道路车辆"的第 31 小组委员会（Subcommittee31，SC31）处理，该小组委员会负责"数据通信"。

■ 5.3 物理层

5.3.1 介质

屏蔽或非屏蔽双绞线可用作 FlexRay 信号传输的物理介质。通常使用非屏蔽电缆即可。只有在高 EMC 负载的环境中才建议使用屏蔽电缆。图 5.6 所示为非屏蔽双绞线电缆。

图 5.6　非屏蔽双绞线电缆

也可以使用光纤电缆作为传输的物理介质。由于不可能使用光纤实现总线，因此使用星型耦合器以星型拓扑结构实现群组。

当使用阻抗为 80~110Ω 的双绞线作为电缆时，如果电缆铺设在潮湿环境中，则应使用封装电缆。在 EMC 干扰较大的环境中，建议使用屏蔽电缆。

5.3.2 总线电平

FlexRay 和 CAN 一样，使用显性和隐性信号。与 CAN 不同的是，逻辑 1 和逻辑 0 的电压电平是主动驱动的，并且均为显性信号。空闲（Idle）的电压电平不被驱动，是隐性信号。使用 FlexRay 时的电压电平见表 5.3。

表 5.3 使用 FlexRay 时的电压电平

逻辑值		电压值/V			特性
TxEN	TxD	ΔU	BP	BM	
0	0	−2	1.5	3.5	显性
0	1	2	3.5	1.5	显性
1	—	0	2.5	2.5	隐性

使用 FlexRay 时，信号通过线对上的差分电压传输。两条传输线中的一条被指定为总线加（BP），另一条被指定为总线减（BM）。协议控制器对收发器的控制有两个接口 TxD 和 TxEN。FlexRay 中的电压水平及其控制如图 5.7 所示，TxD 控制传输逻辑 0（数据_0）还是逻辑 1（数据_1）。通过 TxEN，协议控制器告诉收发器何时发送，何时不发送。如果 TxEN=0，则收发器处于发送模式，并发送 TxD 上的值。如果 TxEN=1，则关闭收发器中的发送器，从而在两条传输线上设置"空闲"的隐性电平，这可被另一个发送节点覆盖。

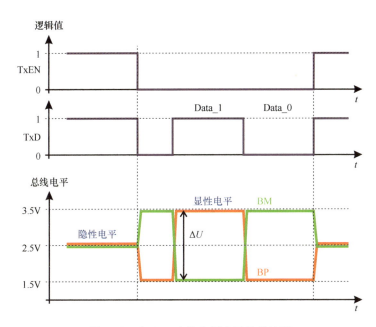

图 5.7 FlexRay 中的电压水平及其控制

5.3.3 拓扑

原则上，FlexRay 可以使用与 LIN 和 CAN 相同的拓扑结构。但是，总线上的节点数量和支线长度有所不同。因此，点对点连接或总线拓扑结构都是可能的。

FlexRay 可以使用主动星型耦合器，因此也可以实现星形拓扑结构的群组。由于 FlexRay 支持双通道，因此可以在单通道或双通道总线或星形拓扑结构中建立群组。

1. 总线拓扑

图 5.8 所示为单通道总线拓扑，图 5.9 所示为双通道总线拓扑。如果 FlexRay 采用双通道，并非所有节点都必须连接到两个通道。例如，在图 5.9 中的群组中，节点 2 只连接到信道 A，节点 4 只连接到信道 B。但是，对群组启动和时钟同步起特殊作用的节点必须连接到两个通道。

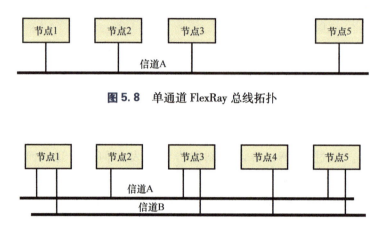

图 5.8　单通道 FlexRay 总线拓扑

图 5.9　双通道 FlexRay 总线拓扑

FlexRay 支持双通道，但大多数情况下采用单通道系统。

2. 星形拓扑

图 5.10 所示为单通道星形拓扑，图 5.11 所示为双通道星形拓扑。与总线拓扑类似，如果 FlexRay 采用双通道，并非所有节点都必须连接到两个通道。例如，在图 5.11 中的群组中，节点 2 只连接到信道 A，节点 4 只连接到信道 B。但是，对群组启动和时钟同步起特殊作用的节点必须同时连接到两个通道。

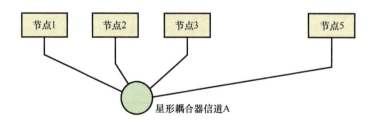

图 5.10　单通道星形拓扑示例

从逻辑角度看，图 5.9 和图 5.11 中的拓扑结构完全相同。

3. 混合拓扑

除了纯总线和星形拓扑外，还可以采用混合拓扑建立群组。因此，可以将两个星形耦合器直接相互连接。在这种情况下，可以使用级联星形耦合器（图 5.12）。一个通道中最多可使用两个星形耦合器。级联星形耦合器可以连接更多节点，桥接更远距离。

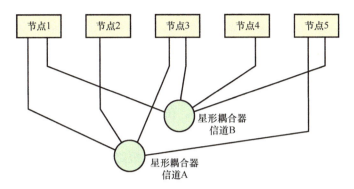

图5.11 双通道星形拓扑示例

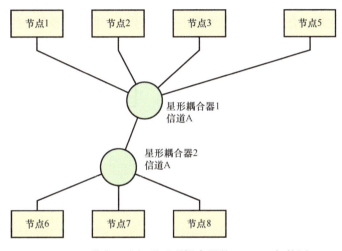

图5.12 带有两个级联星形耦合器的 FlexRay 拓扑图

为了能够在 FlexRay 群组中连接更多节点,可以将星形拓扑和总线拓扑相结合。总线与星形耦合器的分支相连(图5.13)。除了节点数量较多之外,这种拓扑结构还可以使每个分支或总线的节点数量较少,这对传输线上的电气特性具有积极影响。这也是车载 FlexRay 最常用的拓扑结构。

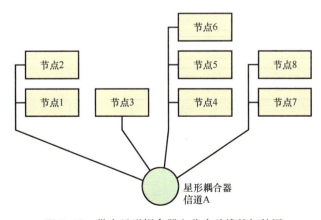

图5.13 带有星形耦合器和分支总线的拓扑图

5.3.4 星形耦合器

使用星形耦合器不仅可以将使用的线路长度增加一倍,减少单条总线上的节点数量,而且星形耦合器还可以进行故障隔离。图 5.14a 所示为总线上的故障情况。两条总线相互短路,或者其中一条总线对地或工作电压短路。在以上所述情况下,都无法继续通信。由于节点通过总线线路相互电连接,这将影响总线上的所有节点。

如果使用星形耦合器,在发生短路时,只有发生短路的分支受到影响(图 5.14b)。星形耦合器检测到短路后,将该分支切换为非激活状态。所有其他分支上节点的通信不受影响。这样,星形耦合器就实现了故障隔离,并使未受影响的节点之间能够通信。例如,安装在车辆碰撞区域的节点采取故障隔离,使该节点位于星形耦合器的分支上。发生事故时,该支路的线路极有可能损坏,而星形耦合器将检测到故障并关闭该分支,群组其他部分的通信仍可进行。

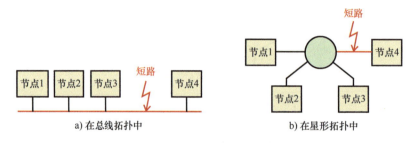

图 5.14　FlexRay 线路的短路

5.3.5 端接

如同 CAN(图 5.15),必须在线路两端用电阻器端接以避免反射。在 4.3.4 节中针对 CAN 的端接说明同样适用于此处。线路末端的终端电阻必须与线路的特性阻抗一致,并取决于所使用的电缆。典型值在 80~110Ω 之间。在实际应用中,使用分路终端来代替 CAN 的单电阻(图 5.16)。这是两个串联(分路)的电阻器,中心抽头连接一个电容器,用于低通滤波高频干扰。

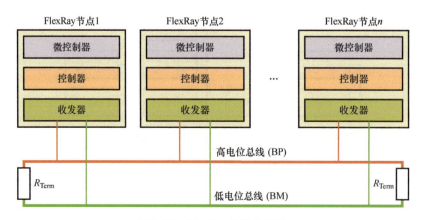

图 5.15　FlexRay 总线的端接

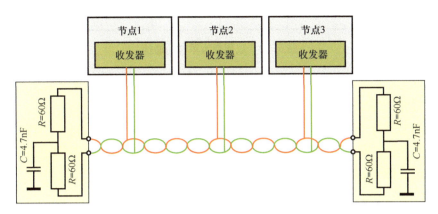

图 5.16 采用分路端接的 FlexRay 总线的端接

FlexRay 群组在总线拓扑中的端接方式与 CAN 相同，但在星形拓扑中，必须注意星形耦合器的每个分支都必须按照总线的端接规则进行端接。在图 5.17 中，星形耦合器有 3 个分支。每个分支都必须单独端接，因此需要 3×2 个端接电阻。

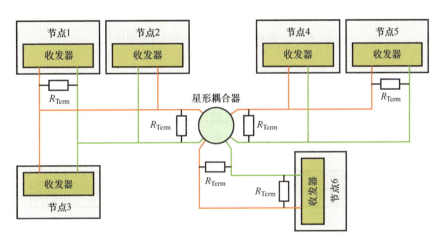

图 5.17 星形拓扑结构中 FlexRay 群组的端接

■ 5.4 数据链路层

本节介绍数据链路层（即 OSI 参考模型的第 2 层）实现的基本功能。

5.4.1 通信周期的结构

在 FlexRay 中，通信介质的访问受时间控制。因此，协议层的通信以周期为单位。从周期 0 开始，依次是周期 1、周期 2，以此类推。内部周期计数器在每个周期后递增。当计数器到达周期 63 时，它将在周期 63 结束后被设置为 0。因此，FlexRay 的周期为从 0～63（图 5.18）。

图 5.18　以周期为单位的通信

所有周期具有相同的结构和相同的长度，周期的长度由用户在配置中定义，群组的所有节点必须配置相同的循环长度和结构。

每个周期总是有一个静态段和一个网络空闲时间（Network Idle Time，NIT）。动态段和符号窗口是可选的，配置决定是否有动态段和符号窗口。一个周期中各个网段的顺序是固定的，不可更改。图 5.19 所示为循环结构和构成循环的各段顺序。

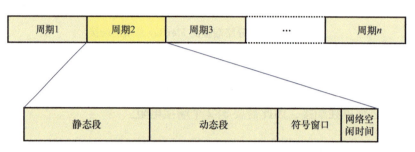

图 5.19　循环结构和构成循环的各段顺序

1. 静态段

静态段由静态时隙组成（图 5.20），静态时隙用于在通信周期中预留发送帧的时间。静态时隙的长度可配置，静态段中的所有静态时隙以及群组中的所有节点都必须具有相同的长度。同样，群组中所有节点的静态时隙数必须配置相同。静态段至少由两个静态时隙组成。

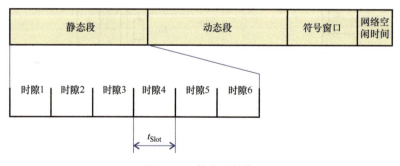

图 5.20　静态段结构

一个静态时隙可传输一个帧，静态时隙也可以保持为空。为每个节点分配一个或多个静态时隙，每个节点可在其中传输一个帧（图 5.21）。静态时隙在通信开始前分配，在通信过程中不能更改。时隙从 1 开始编号。静态段中发送的所有帧长度相等。

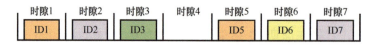

图 5.21　带帧的静态段

图 5.22 所示为在静态段中发送四个帧时物理层的电压曲线,该曲线由示波器记录。在物理层上,时隙边界既不可见,也无法测量。但是,帧的大小显然相等。

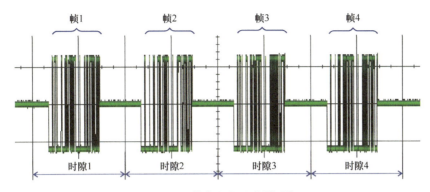

图 5.22　静态段的示波器图像

图 5.23 所示为 3 个连续静态时隙的时隙占用率。可以看出,在所有周期中,时隙的占用率都是相同的。只有在个别节点不可用时才会出现差异。在这种情况下,不可用节点的传输时隙仍然是空的。

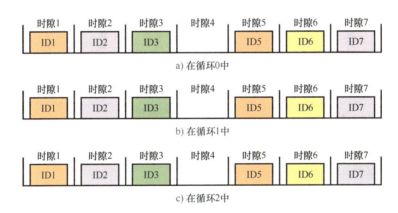

图 5.23　3 个连续静态时隙的时隙占用率

图 5.24 所示为 4 个周期中 4 个静态帧的电压曲线。一个周期的开始和结束既不可见,也无法用示波器测量。但是可以看出,周期的大小相等。

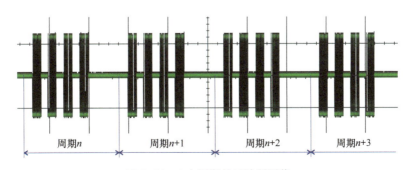

图 5.24　4 个周期的示波器图像

2. 动态段

动态段由微时隙组成（图5.25）。微时隙的长度可以配置，动态段中的所有微时隙长度相等。群组中所有节点的微时隙数量和长度必须配置相同。动态段可配置为零。

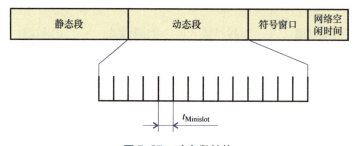

图 5.25 动态段结构

在动态段中发送的帧以动态时隙发送。如果动态时隙未发送，则其长度与微时隙相同。如果发送成功，动态时隙将进一步延长一个微时隙的长度，直至帧全部发送完毕（图5.26）。这是动态完成的，即一方面发送帧所需的微时隙数量不是预置的，而是在发送过程中确定的；另一方面动态段中的帧可以有不同的长度。

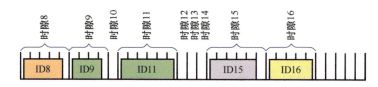

图 5.26 动态段中的时隙和帧

动态时隙的编号方式与静态时隙相同。在最后一个静态时隙之后继续编号，即第一个动态时隙的编号为最后一个静态时隙的编号加1。

动态段中的时隙是动态占用的，动态段中的帧如图5.27所示。这意味着在每个周期中，不同的节点可以在一个动态时隙中进行传输。这是否总是有意义姑且不论，从协议角度来看是可能的。

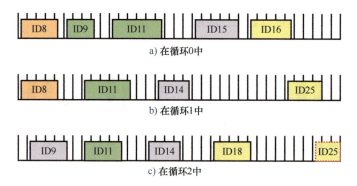

图 5.27 动态段中的帧

此外，帧的长度可以不同。因此，节点可以在周期 1 的动态时隙 10 中发送有效载荷为 8B 的帧，而在周期 2 的同一时隙中发送有效载荷为 40B 的帧。微时隙的数量是预置好的，但所达到的最大时隙数取决于周期内发送的帧的数量和长度，而这在周期与周期之间可能会发生变化。因此，也可能发生由于未达到时隙数而无法发送动态段中的帧的情况。图 5.27c 中 ID25 表示的就是这种情况，该帧仍可在上一周期发送。

图 5.28 所示的示波器图像中可以看到 3 个周期中的帧。上部电压曲线表示第一个周期，中部电压曲线表示第二个周期，底部电压曲线表示第三个周期。

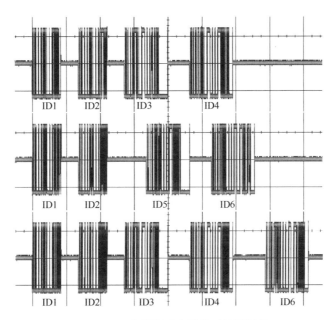

图 5.28 3 个周期动态段的示波器图像

在所有 3 条电压曲线中，带有标识符 ID1 和 ID2 的前两个帧在静态段中发送。所有其他帧（这里的标识符 ID3 至 ID6）均在动态段中发送。从这里可以看出，在第一个周期中，发送了标识符为 ID3 和 ID4 的帧，在第二个周期中，发送了标识符为 ID5 和 ID6 的帧，在第三个周期中，发送了标识符为 ID3、ID4 和 ID6 的帧。

动态段中的帧比静态段中的帧长，而且长度不同。还可以看出，帧与帧之间的距离也不同。例如，在第二个周期中，帧 ID2 和帧 ID5 之间的距离明显大于第一个周期中帧 ID2 和帧 ID3 之间的距离，这是因为在这些帧之间存在两个空的微时隙，而帧 ID3 和帧 ID4 则缺失。

5.4.2 时间层次结构

正如人类使用由秒、分、小时、天等组成的时间层次结构来表示日期和时间一样，FlexRay 也有这样的时间层次结构。最小的时间单位是微拍，它直接由微控制器的时钟构成。

下一个最大的时间单位是宏拍，每个宏拍由整数个微拍组成。宏拍的一个重要特性，是群组中所有节点的宏拍长度相同，且节点间的宏拍长度同步。

基于宏拍，静态时隙和微时隙的长度以及符号窗口和NIT在协议控制器中进行配置和实现。因此，通信周期的长度也在宏拍中定义（图5.29）。

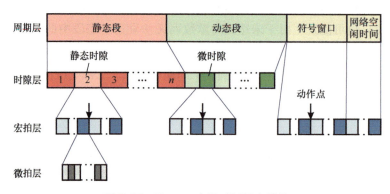

图5.29 FlexRay中的时间层次结构

静态帧在静态时隙中发送，动态帧在微时隙中开始。在这两种情况下，传输都不是在时隙开始时开始，而是在一个可配置的偏移量之后开始。该偏移量称为动作点，以宏拍为单位进行配置。因此，传输总是从一个宏拍开始。

5.4.3 帧格式

每个FlexRay帧都由帧头、有效载荷和帧尾（图5.30）组成。帧头和帧尾有固定的长度。有效载荷的长度各不相同。静态段中发送的帧都具有相同的有效载荷长度，而动态段中的有效载荷长度则因帧而异。帧的最小长度为8B，最大长度为262B。静态段中的帧结构与动态段中的帧结构没有区别。

图5.30 FlexRay帧的结构

1. 帧头段

帧头段的结构如图5.31所示。帧头以5位控制位开始，第一位称为保留位，是为以后的扩展所保留的位。第二位称为有效载荷前缀指示符，可用于将有效载荷中的某些字节用于协议级过滤。

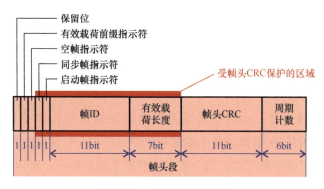

图5.31 帧头段的结构

第三位是空帧指示符,用于将帧标识为空帧。空帧是有效载荷中的数据无效的帧。有效载荷中只传输零,这就是空帧名称的由来。

同步帧指示符和启动帧指示符标记了 FlexRay 用于时钟同步和启动的帧。有效载荷不受影响,因此这些帧可以像其他帧一样被应用程序用来传输数据。

5 个控制位之后是长度为 11bit 的帧 ID。帧 ID 用于为每个周期的每个帧提供自己的标识符。

帧 ID 之后是有效载荷长度,表示该帧有效载荷的字节数。7bit 字段可用二进制数表示 0~127 的数字。但是,该字段中的二进制数并不直接表示有效载荷的字节数。相反,该数字必须乘以 2 才能得到有效载荷字节数。例如,如果有效载荷长度字段中的数字为 5,则有效载荷中应有 10 个字节。

随后是 11bit 的帧头 CRC。该 CRC 使用同步帧指示符、启动帧指示符、帧 ID 和有效载荷长度计算,允许接收器在 CRC 的帧末评估之前检测这些位的位差错。

帧头的最后一个字段是周期计数。静态帧头中的所有其他位不会随相同标识符的变化而变化,但周期计数在每个周期都会变化。

2. 有效载荷段

有效载荷段可以是 0~254B(图 5.32)。但是,只能使用偶数字节,因此可以使用 128 个不同长度的有效载荷。

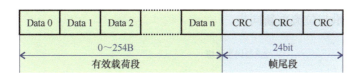

图 5.32 有效载荷段和帧尾段

3. 帧尾段

帧尾段包含 24bit CRC(图 5.32)。该 CRC 从帧头的第一位计算到有效载荷的最后一位。CRC 的汉明距离为 6,因此在传输过程中,帧中任何 5 个位的损坏都会被接收器检测到。6 的汉明距离仅用于错误检测,没有纠错功能。

5.4.4 编码

1. 帧编码

帧的结构已在 5.4.3 节中说明。在每个帧的前后,都会发送一个额外的位序列。在帧之前,将发送:

- 传输起始序列(Transmission Start Sequence,TSS),由低位组成,比特数可在 3~15bit 之间配置;
- 帧起始序列(Frame Start Sequence,FSS),由高位组成;
- 字节起始序列(Byte Start Sequence,BSS),由高位和低位组成(图 5.33)。

帧结束后，发送：

- 帧结束序列（Frame End Sequence，FES），由一个低位和一个高位组成；
- 空闲定界符，由 11 个高位组成（图 5.33）。空闲界定符不会主动发送，但发送器会停止发送并设置空闲总线电平。对于 FlexRay 控制器，Rx 引脚上的空闲电平与高位电平相同。

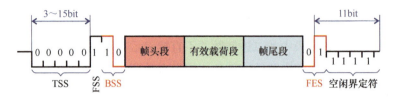

图 5.33 帧编码

2. 字节编码

除了每帧前后的位序列（用于识别帧的开始和结束），接收器还需要一种与发送器发送的位流保持同步的方法。基础知识（1）的 2.6.5 节中已经介绍了各种方法，其中 FlexRay 采用每个字节一个起始位和一个终止位的帧构建方法。在 FlexRay 中，起始位（高位）之后紧接着是停止位（低位）。这两个位称为字节起始序列（BSS）。字节起始序列之后是 8 个数据位，8 个数据位之后是下一个字节起始序列（图 5.34）。接收器利用字节起始序列中高位和低位之间的下降沿与位流重新同步。

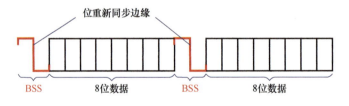

图 5.34 字节编码

FlexRay 中的位采用 NRZ 编码。1 位以负差分电压传输，0 位以正差分电压传输。

字节起始序列（BSS）插入到整个帧的每个字节之前，即帧头、有效载荷和帧尾（图 5.35）。于是，帧中的一个字节对应传输信道上的 10 位。因此，一个有效载荷为 16B 的帧的长度为 24B（5B 头+16B 有效载荷+3B 帧尾），相当于总线上的 240bit 加上 TSS、FSS、FES 和空闲定界符。字节编码的开销为 20%。

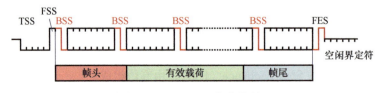

图 5.35 FlexRay 字节编码

图 5.36 所示为发送一个完整帧时 BP 和 BM 线路之间的差分电压曲线。

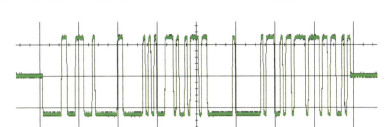

图 5.36 FlexRay 帧的示波器图像

5.5 时钟同步

在 FlexRay 中,发送或使用公共传输介质(访问控制)是通过时间(时间触发)来控制的。为此,每个节点必须有一个时钟。为了实现访问控制,FlexRay 群组中的所有时钟必须具有相同的时间。

然而,两个时钟的运行时间不可能永远保持一致(图 5.37)。因此,随着时间的推移,偏差会越来越大。造成这些偏差的原因是时钟定时器(即晶体或谐振器)的制造公差。即使是完全相同的石英晶体,温度变化、老化和振动也会导致标称频率出现偏差。温度影响最大,通常存在于分布式系统中。因此,时钟必须定期同步。

图 5.37 未同步时钟

5.5.1 时钟偏差

在时钟同步之前,需考虑以下问题。

"两个时钟相互偏离"是什么意思?

假设同时启动两个时钟,例如两个秒表,两块表将显示相同的时间。但当等待足够长的时间,两块表上显示的时间将有所区别,到达这一阶段高质量手表比简单手表需要更长的时间。产生偏差的原因是时间发送器的频率差异,即电子表中的石英晶体或机械表中的机械振荡器。时钟的这种偏差称为频率偏移,如图 5.38a 所示。

假设存在两个非常优质的时钟,分别按一个按钮同时启动这两个时钟。现在,时钟在可控的时间内不会互相跑偏。但事实上无法在完全相同的时间手动启动两个时钟,时钟之间的偏差是恒定的,既不会增加也不会减少。这种偏差称为相位偏移或相位差,如图 5.38b 所示。

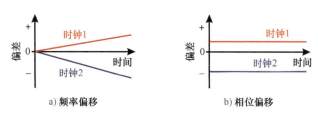

图 5.38 时钟偏差

实际上,时钟总是存在频率偏差和相位偏差。为了使时钟保持同步:
- 相位偏差可通过偏移校正进行校正。
- 频率偏差可通过速率校正进行校正。

这两种校正方法都可用于 FlexRay。

5.5.2 时钟校正

1. 偏移校正

通过偏移校正,时钟的时间在规定时间内按偏移量发生变化(图 5.39)。

示例:两个时钟相差 3min。后面的时钟在 14:59 设置为 15:00,前面的时钟也在 15:02 设置为 15:00。校正后,两个时钟之间没有相位差。

偏移校正的问题在于时间的跳变(在本例中时间从 14:59 到 15:02)。在偏移校正"缩短"或"延长"时间期间,系统中不能执行任何基于时间的操作。在 FlexRay 中,偏移校正在 NIT 中进行。NIT 是通信周期中的一个保留阶段,在该阶段中不进行通信。NIT 必须至少足够长,以便在 NIT 内完全进行偏移修正后的缩短。

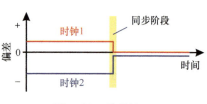

图 5.39 偏移校正

2. 速率校正

速率校正涉及改变时钟的"频率"。由于晶体的频率不易改变,因此需要调整一定时间内的时钟数,下面将举例说明。时钟晶体的标称频率为 32768Hz,因此,32768 个时钟脉冲为 1s。如果现在的实际频率为 32768.1Hz,那么时钟将超前运行(过快)。这对于 1s 来说是非常小的,但是考虑的周期越大,偏差就越大。时钟每分钟、每小时、每天和每年的偏差见表 5.4。

表 5.4 时钟的偏差

时间		偏差
1 秒	1s	0.00000305s
1 分钟	60s	0.000183s
1 小时	3600s	0.011s
1 天	86400s	0.2657s
1 年	31536000s	96.24s = 1.6min

时钟只是一个计数器。时钟或计数器对石英提供的时钟脉冲进行计数。一分钟所需的脉冲（标称频率）和石英实际提供的脉冲（实际频率）见表 5.5。每分钟，石英提供的脉冲多达 6 条。如果一分钟由 1966074 个脉冲而不是 1966080 个脉冲组成，时间将重新正确，时钟将正确"工作"。在这个例子中，校正必须以分钟为单位，因为相对于秒而言，偏差只相当于小数点后一格，无法记录和校正。

表 5.5　每分钟晶振的时钟脉冲

	频率/Hz	时钟脉冲/个
标称频率	32768.0	1966080
实际频率	32768.1	1966086

FlexRay 的速率校正工作原理如示例所示。实际上，宏拍的长度应该被校正，以便所有节点中的所有宏拍都具有相同的长度。然而，由于宏拍的偏差小于微拍（形成宏拍的时间单位），因此考虑的不是单个宏拍，而是一个周期的长度。如果一个周期对节点来说太长，则缩短几个微拍；如果太短，则插入额外的微拍。速率校正机制确定一个周期内需要校正的微拍，并将这些微拍平均分配给周期内的各个宏拍。

例如，如果一个周期由 100 个微拍组成，长度为 10000 微拍，则每个宏拍由 100 个微拍组成。如果现在确定该周期与其他节点相比短了 3 个微拍，则通过速率校正将周期延长至 10003 微拍。由于一个宏拍总是由整数个微拍组成，因此在周期中，三个宏拍各延长一个微拍。三个扩展的宏拍在周期中均匀分布。因此，第 1、34 和 67 个宏拍将由 101 个微拍组成，而所有其他宏拍均由 100 个微拍组成。因此，校正分布在整个周期内。偏移校正在同步阶段突然进行，而速率校正则在整个周期内均匀进行（图 5.40）。

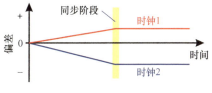

图 5.40　速率校正

3. FlexRay 时钟校正

图 5.41 所示为 FlexRay 时钟校正的工作原理。为此，在偶数和奇数周期中确定时钟之间的偏移和频率偏差。然后在奇数周期的 NIT 中进行偏移修正。在接下来的两个周期中，每个周期的微拍数也在此 NIT 中设定。在这两个周期中，根据频率偏差，单个宏拍缩短或延长一个微拍。被缩短或延长的宏拍在整个周期内均匀分布。

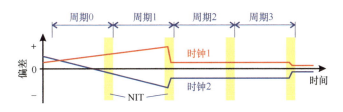

图 5.41　FlexRay 时钟校正的工作原理

FlexRay 中的时间层次结构如图 5.42 所示，周期计数为 0~63。群组中每个节点的每个周期由 n-1 个宏拍组成。

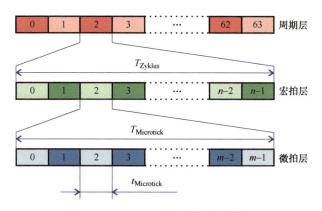

图 5.42　FlexRay 中的时间层次结构

每个宏拍由整数个微拍组成，因此每个宏拍的微拍数量在所有节点中不必相同。速率校正会缩短或延长单个宏拍。因此，构成一个宏拍的微拍数量在一个节点内的不同宏拍之间也可能不同。通信周期的长度、每个周期的宏拍和一个宏拍的长度均已配置，在重新启动之前不能更改。

■ 5.6　配置

本节涉及 FlexRay 群组的基本配置。

5.6.1　符号

表 5.6 列出了下文中使用的公式符号和单位。带大写字母的公式符号，如 T、B、A，表示只存在整数的量。带小写字母的公式符号，如 t，表示数值用有理数表示的量。

表 5.6　公式符号和单位

符号和单位	意义
ms、μs、ns	毫秒、微秒、纳秒
μT	微拍
MT	宏拍
t	时间，以 ms、μs、ns 为单位
T	时间，以宏拍为单位
$B_{帧}$	一个帧的位数
B_{TSS}	TSS 的位数

（续）

符号和单位	意义
$A_{静态时隙}$	静态时隙数
$A_{微时隙}$	微时隙数
$\lceil x \rceil$	向上取整
$\lfloor x \rfloor$	向下取整
$\lceil t \rceil^{MT}$	向上取整到下一个宏拍
$t_{MT}=1\dfrac{\mu s}{MT}$	一个宏拍的长度，以微秒为单位
$t_{bit}=0.1\dfrac{\mu s}{bit}$	一个位的长度，以微秒为单位
$BY_{有效载荷}$	有效载荷长度，以字节为单位
$BY_{帧头}$	帧头长度，以字节为单位

5.6.2 周期时间的计算

一个通信周期由静态段、动态段、符号窗口和网络空闲时间（NIT）组成，如图 5.43 所示。因此，一个周期的长度可以通过将各段相加来计算。网段以宏拍配置。从图 5.43 中可以得出以下公式：

$$T_{周期}=T_{静态段}+T_{动态段}+T_{符号窗口}+T_{NIT} \tag{5.1}$$

$$T_{静态段}=T_{静态时隙}\cdot A_{静态时隙} \tag{5.2}$$

$$T_{动态段}=T_{微时隙}\cdot A_{微时隙} \tag{5.3}$$

通过两个示例将说明循环中各个分段的计算。

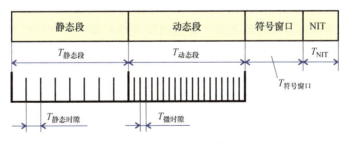

图 5.43 FlexRay 循环的配置

示例 1

给定：	静态时隙数	30
	微时隙数	356
	静态时隙长度	50MT

		（续）
	微时隙长度	7MT
	周期长度	4000MT
求:	NIT 的长度	

本例中未给出符号窗口的长度。由于符号窗口是可选项，可以认为不需要它，因此其长度为 0，如图 5.44 所示。

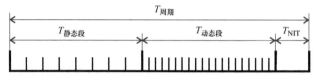

图 5.44 示例 1 FlexRay 循环的配置

在计算中，必须对公式进行变形。公式和可以直接使用。

$$T_{NIT} = T_{周期} - (T_{静态段} + T_{动态段})$$
$$T_{静态段} = 30 \times 50MT = 1500MT$$
$$T_{动态段} = 356 \times 7MT = 2492MT$$
$$T_{NIT} = 4000MT - (1500MT + 2492MT) = 8MT$$

在给出的示例中，网络空闲时间必须配置为 8 宏拍。

示例 2

FlexRay 通信周期的长度为 5ms。静态段包含 60 个时隙。静态时隙长度应为 50MT。网络空闲时间至少应为 8MT。

1）如果一个小时隙的长度为 7MT，那么必须选择多长的 NIT？

2）动态段的长度是多少？

对于未知系统或即将实现的新系统，宏拍的长度是未知的。它可以在 1~6μs 之间自由选择。关于宏拍长度的最佳选择，请参见第 9 章。粗略计算时，将宏拍长度设为 1μs 即可。

计算过程如下：

$$T_{周期} = T_{静态段} + T_{动态段} + T_{NIT} \quad T_{NIT} \geq 8MT$$
$$5000MT = 60 \times 50MT + A_{微时隙}7MT + 8MT + x$$

x 表示余数，以精确得出 5000MT。等式中的所有值都是整数，所以考虑余数是有必要的。

$$1992MT - x = A_{微时隙}7MT$$

$A_{微时隙}$ 的计算方法是使其达到最大值。因此，x 总是小于构成一个微时隙的宏拍数。

$$x < 7MT$$
$$A_{微时隙} = \left\lfloor \frac{1992MT}{7MT} \right\rfloor = 284$$

$$T_{动态段} = 284 \times 7 \text{MT} = 1988 \text{MT}$$

$$T_{\text{NIT}} = 5000 \text{MT} - 3000 \text{MT} - 1988 \text{MT} = 12 \text{MT}$$

因此网络空闲时间必须配置为 12 宏拍。动态段长度为 1988 宏拍，相当于 1988μs。

5.6.3 计算静态时隙长度

在前面的示例中均给出了静态时隙长度。静态时隙所需的长度可以根据帧长确定。静态时隙由 $T_{动作点}$、$t_{空闲定界符}$、$t_{延迟}$ 以及发送帧所需的时间 $t_{帧}$ 组成（图 5.45）。

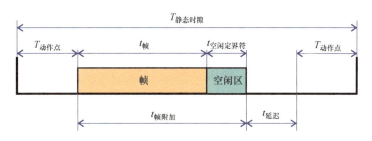

图 5.45 静态时隙长度的计算

$T_{动作点}$ 是由于群组中的时钟偏差而必须在帧前后预留的时间。如果时钟更加精确，$T_{动作点}$ 的时间可以选得更短。群组中时钟的最大偏差用 $t_{精度}$（μs）指定。$T_{动作点}$ 以微秒为单位配置。因此，必须将 $t_{精度}$ 转换为微秒，并四舍五入为最接近的整数值，如公式所示。

$$T_{动作点} = \lceil t_{精度} \rceil ^{\text{MT}} \tag{5.4}$$

要确定帧的长度，必须计算构成帧的位数。将帧头、有效载荷和帧尾中的字节数相加再乘以 10。一个字节只有 8bit，但由于字节编码带有起始位和终止位，因此每个字节在总线上发送 10bit。传输起始序列 B_{TSS}、帧起始序列 B_{FSS} 和帧结束序列 B_{FES} 的位数必须加到刚才计算的值上。帧起始序列的长度可配置。B_{FSS} 始终为 1bit，B_{FES} 也是如此。由于空闲定界符也以位为单位，因此将其添加到帧中是合理的。带空闲定界符的帧长度在本书中称为 $t_{帧附加}$。空闲定界符 $B_{空闲定界符}$ 的长度始终为 11bit。

$$B_{帧附加} = (BY_{有效载荷} + BY_{帧头} + BY_{帧尾}) 10 \frac{\text{bit}}{\text{B}} + \tag{5.5}$$

$$B_{\text{TSS}} + B_{\text{FSS}} + B_{\text{FES}} + B_{空闲定界符}$$

$$t_{帧附加} = B_{帧附加} t_{\text{bit}} \tag{5.6}$$

$B_{帧附加}$ 给出了包括空闲定界符的帧长度（以位为单位），将该值乘以位时间长度（以 μs 或 ns 为单位），就得到了发送所需的时间，如公式所示。

根据 FlexRay 群组的传播时间 $t_{延迟}$，可以计算出静态时隙的最小长度。传播时间 $t_{延迟}$ 由通过发送端和接收端收发器的传播时间、通过星形耦合器的传播时间和协议控制器中的比例传播时间组成。此外，线路上的传播时间受电缆类型和长度的影响。运行时间以 μs 或 ns 为单位。

静态时隙的长度 $T_{静态时隙}$ 根据公式计算，单位为宏拍。$t_{帧附加}$ 和 $t_{延迟}$ 必须转换为宏拍。为此，将这两个值相加，转换为宏拍，并四舍五入为下一个较大的整数值。

$$T_{静态时隙} = 2T_{动作点} + \lceil t_{帧附加} + t_{延迟} \rceil^{MT} \tag{5.7}$$

示例 3

某机器人制造商有使用 FlexRay 控制轴的想法。第一步是确定 FlexRay 是否能够满足基本要求。由于公司内部没有人熟悉 FlexRay，因此向其他熟悉 FlexRay 的公司或大学提出服务请求。该服务请求指出，FlexRay 将用于机器人，要求周期时间为 1ms，每帧 30Byte 足够用于测量和定位命令。这就提出了两个问题：

1）1ms 的周期时间是否可行？
2）能够实现的最短周期时间是多少？

尽管已知信息并不丰富，但通过合理的假设还是可以得出可靠的结论。首先要确定的是 FlexRay 的比特率。从环境条件来看，使用 10Mbit/s 运行 FlexRay 没有任何问题。要计算周期时间，必须知道需要多少（静态）时隙。普通机器人有 6 个轴，因此也有 6 个执行器。除执行器外，还有中央控制单元，用于计算路径引导并向执行器发出定位命令。在这 7 个节点中，还有一个节点用于可能的监控任务。因此，计算假设群组中有 8 个节点。根据服务请求，每个节点每个周期发送一个有效载荷为 30Byte 的帧，这意味着可以假设 8 个静态时隙。

大多数汽车制造商假设精度在 2~3μs 之间，因此我们在粗略计算中使用 3μs，以确保安全。收发器的运行时间约为 50ns，星形耦合器约为 75ns。假设使用星形耦合器即可。线路长度应在可控范围内，因此假设运行时间为 1μs，应包括预留时间。假设群组中最多有一个星形耦合器，那么 12 位的传输起始序列就足够了。

为简化计算，假设宏拍长度为 1μs。如果没有动态段，则必须在网络空闲时间内计算校正值。此时必须将其配置得更大。计算时，假设网络空闲时间为 19 个宏拍。计算时假定以下值：

$$t_{bit} = 100 \text{ns}$$
$$t_{延迟} = 1\mu s$$
$$t_{精度} = 3\mu s$$
$$B_{TSS} = 12 \text{bit}$$
$$T_{NIT} \geq 19 \text{MT}$$
$$BY_{有效载荷} = 30 \text{B}$$
$$A_{静态时隙} = 8$$
$$t_{MT} = 1\mu s$$

首先，计算以位为单位的帧长度和传输所需时间。

$$B_{帧附加} = (BY_{有效载荷} + BY_{帧头} + BY_{帧尾})10\frac{\text{bit}}{\text{B}} +$$

$$B_{TSS} + B_{FSS} + B_{FES} + B_{空闲定界符}$$

$$= (30\text{B} + 8\text{B})10\frac{\text{bit}}{\text{Byte}} + 12\text{bit} + 1\text{bit} + 1\text{bit} + 11\text{bit}$$

$$= 380\text{bit} + 25\text{bit} = 405\text{bit}$$

$$t_{\text{帧附加}} = B_{\text{帧附加}} t_{\text{bit}}$$

$$= 405\text{bit} 0.1 \frac{\mu s}{\text{MT}}$$

$$= 40.5 \mu s$$

定义 $T_{\text{动作点}}$ 后，可以计算静态时隙的长度。

$$T_{\text{动作点}} = \lceil t_{\text{精度}} \rceil^{\text{MT}}$$

$$= \lceil 3\mu s \rceil^{\text{MT}}$$

$$= 3\text{MT}$$

$$T_{\text{静态时隙}} = 2T_{\text{动作点}} + \lceil t_{\text{帧附加}} + t_{\text{延迟}} \rceil^{\text{MT}}$$

$$= 2 \times 3\text{MT} + \lceil 40.5\mu s + 1\mu s \rceil^{\text{MT}}$$

$$= 6\text{MT} + \lceil 41.5\mu s \rceil^{\text{MT}}$$

$$= 6\text{MT} + 42\text{MT}$$

$$= 48\text{MT}$$

现在可以计算周期时间。

$$T_{\text{周期}} = A_{\text{静态时隙}} T_{\text{静态时隙}} + T_{\text{NIT}}$$

$$= 8 \times 48\text{MT} + 19\text{MT}$$

$$= 403\text{MT}$$

$$t_{\text{周期}} = T_{\text{周期}} t_{\text{MT}}$$

$$= 403\text{MT} \times 1 \frac{\mu s}{\text{MT}}$$

$$= 403\mu s$$

根据假设，循环时间为 403μs。这远远低于 1ms 的循环时间要求。因此，可以将周期时间减半，或者将节点或静态时隙的数量增加一倍。还可以增加有效载荷长度。

5.7 练习

任务 1

10Mbit/s 的 FlexRay 群组由 7 个节点组成。在静态段中，3 个节点每个周期发送 5 个报文，2 个节点每个周期发送 3 个报文，所有其他节点每个周期发送 2 个报文。求最少需要多少个静态时隙？

$$A_{\text{静态时隙}} = 3 \times 5 + 2 \times 3 + (7-3-2) \times 2$$

$$= 15 + 6 + 4$$

$$= 25$$

在给定的群组中必须配置至少 25 个静态时隙。

任务 2

一个 5Mbit/s 的 FlexRay 群组由 9 个节点组成。在静态段中，4 个节点每个周期发送 5 个报文，3 个节点每个周期发送 3 个报文，所有其他节点每个周期发送 2 个报文。求最少需要多少个静态时隙？

$$A_{静态时隙} = 4\times5+3\times3+(9-4-3)\times2$$
$$= 20+9+4$$
$$= 33$$

在给定的群组中必须配置至少 33 个静态时隙。

任务 3

一个 2.5Mbit/s 的 FlexRay 群组的周期包括 60 个静态时隙、73 个微时隙和 12 个宏拍的网络空闲时间。静态时隙的长度为 40 宏拍，微时隙的长度为 7 宏拍。如果一个宏拍的长度为 1.3μs，那么以微秒为单位的周期有多长？

$$T_{周期} = T_{静态段}+T_{动态段}+T_{NIT}$$
$$= 60\times40\text{MT}+73\times7\text{MT}+12\text{MT}$$
$$= 2400\text{MT}+511\text{MT}+12\text{MT}$$
$$= 2923\text{MT}$$

$$t_{周期} = T_{周期}\, t_{MT}$$
$$= 2923\text{MT}\times1.3\,\frac{\mu s}{\text{MT}}$$
$$= 3799.9\,\mu s$$

一个周期包括 2923 个微拍，相当于 3799.9μs 的持续时间。

任务 4

如果周期时间为 2.5ms，有 30 个静态时隙，动态段中有多少个可用时隙？已知静态时隙长度为 35 宏拍，微时隙长度为 6 宏拍，网络空闲时间为 8 宏拍，没有符号窗口，且一个宏拍的长度为 1.25μs。

$$T_{周期} = \frac{t_{周期}}{t_{MT}}$$
$$= \frac{2500\mu s}{1.25\,\frac{\mu s}{\text{MT}}}$$
$$= 2000\text{MT}$$

$$T_{动态段} = T_{周期}-T_{静态段}-T_{NIT}$$
$$= 2000\text{MT}-30\times35\text{MT}-8\text{MT}$$
$$= 942\text{MT}$$

$$A_{微时隙} = \frac{T_{动态段}}{T_{微时隙}}$$

第 5 章 FlexRay 基础知识

$$= \frac{942\text{MT}}{6\text{MT}}$$

$$= 157$$

在动态段中有 157 个可用的微时隙。

任务 5

如果有效载荷长度为 30B，精度为 1.93μs，最大运行时间为 750ns，TSS 配置为 9bit，计算静态时隙的长度（以微秒为单位）。已知网络比特率为 10Mbit/s。

$$B_{帧附加} = (BY_{有效载荷} + BY_{帧头} + BY_{帧尾})10\frac{\text{bit}}{\text{B}} +$$

$$B_{\text{TSS}} + B_{\text{FSS}} + B_{\text{FES}} + B_{空闲定界符}$$

$$= (30\text{B} + 8\text{B})10\frac{\text{bit}}{\text{B}} + 9\text{bit} + 1\text{bit} + 1\text{bit} + 11\text{bit}$$

$$= 402\text{bit}$$

$$t_{帧附加} = B_{帧附加} t_{\text{bit}}$$

$$= 402\text{bit} \cdot 0.1\frac{\mu\text{s}}{\text{MT}}$$

$$= 40.2\mu\text{s}$$

$$t_{\text{MT}} = 1\frac{\mu\text{s}}{\text{MT}} \quad (1\text{MT} \triangleq 1\mu\text{s})$$

$$T_{动作点} = \lceil t_{精度} \rceil^{\text{MT}}$$

$$= \lceil 1.93\mu\text{s} \rceil^{\text{MT}}$$

$$= 2\text{MT}$$

$$T_{静态时隙} = 2T_{动作点} + \lceil t_{帧附加} + t_{延迟} \rceil^{\text{MT}}$$

$$= 2 \times 2\text{MT} + \lceil 40.2\mu\text{s} + 0.75\mu\text{s} \rceil^{\text{MT}}$$

$$= 4\text{MT} + \lceil 40.95\mu\text{s} \rceil^{\text{MT}}$$

$$= 4\text{MT} + 41\text{MT}$$

$$= 45\text{MT}$$

静态时隙的长度为 45 宏拍。由于已经定义了一个长度为 1μs 的宏拍，因此静态时隙的长度为 45μs。

任务 6

在一个 10Mbit/s 的 FlexRay 群组中，测得静态时隙长度为 50.6μs。如果做如下假设，有效载荷长度可能是多少：精度为 2.2μs，最大传输时间为 950ns，TSS 为 8bit 长。

动作点设置为 $T_{动作点} = t_{精度}$。因此，必须设置宏拍的长度，以便能够做到这一点。计算过程如下：

$$T_{动作点} = t_{精度} = 2.2\mu\text{s}$$

$$t_{\text{MT}} = 1.1\mu\text{s}$$

$$T_{动作点} = 2\text{MT}$$

$$T_{静态时隙} = \frac{t_{静态时隙}}{t_{MT}} = \frac{50.6\mu s}{1.1\dfrac{\mu s}{MT}}$$

$$= 46\text{MT}$$

有了这些值，就可以继续计算。

$$t_{帧附加} = t_{静态时隙} - 2t_{动作点} - t_{延迟}$$
$$= 50.6\mu s - 2 \times 2.2\mu s - 0.95\mu s = 45.25\mu s$$

$$B_{帧附加} = \left\lfloor \frac{t_{帧附加}}{t_{bit}} \right\rfloor = \frac{45.25\mu s}{0.1\dfrac{\mu s}{bit}} = 452\text{bit}$$

$$BY_{有效载荷} = \left\lfloor \frac{B_{帧附加} - B_{TSS} - B_{FSS} - B_{FES} - B_{空闲定界符}}{10\dfrac{bit}{B}} \right\rfloor -$$

$$BY_{帧头} - BY_{帧尾}$$

$$= \left\lfloor \frac{452\text{bit} - 8\text{bit} - 1\text{bit} - 11\text{bit}}{10\dfrac{bit}{B}} \right\rfloor - 5B - 3B$$

$$= 35B \Rightarrow 34B$$

对于给定系统，最大有效载荷可能为 34B。计算结果为 35B，但由于只能配置偶数有效载荷长度，因此必须四舍五入到下一个最小偶数。

第 2 部分　高阶知识

第6章 通信技术特殊问题

■ 6.1 计算校验和的方法

在通过通信系统传输数据时,使用校验和可以确认数据在传输过程中有没有被篡改。对于少量的数据,可以使用在第 3 章提及的简单的方法。为了保护更大的数据量并达到更高的安全级别,可以使用一种被称为循环冗余校验(Cyclic Redundancy Check,CRC)的方法。CRC 方法可以在微控制器的软件中或者通过特殊电路的硬件计算实现。本章首先介绍奇偶校验和交叉奇偶校验的方法,然后讲解计算 CRC 的数学方法、所需的电子电路以及用于计算本书所涉及通信系统的 CRC 的多项式。

6.1.1 奇偶校验

使用奇偶校验位或奇偶校验来保护数据是最简单的方法。其原理是在固定数量的二进制代码数位中计算 "1" 的数量。如果数量为偶数,则将校验位设置为 "0";如果数量为奇数,则将校验位设置为 "1"。当 "1" 的数量包括校验位并且总数为偶数时,称为偶校验(even parity)。

同样地,当 "1" 的数量包括校验位并且总数为奇数时,称为奇校验(odd parity)。在通信系统中检查奇偶校验还是交叉奇偶校验原则上无关紧要,只要发送方和接收方使用相同的校验方法即可。

以偶校验的方式计算奇偶校验位的多个示例见表 6.1。要发送的数据由 n 个数据位组成,它们分别被称为 D_0、D_1、D_2、…、D_{n-1}。一个奇偶校验位会被附加在这些数位后面一起发送,以便接收方可以检查在传输过程中是否有数据被更改。

表 6.1 奇偶校验中偶校验示例

数据	校验位	要发送的数据
0001 1010	1	0001 1010 1
0101 0110	0	0101 0110 0
1000 0010	0	1000 0010 0
1111 01	1	1111 011

从数学角度来看，计算奇偶校验位是对数据位 D_0、D_1、D_2、$\cdots$、D_{n-1} 进行异或运算[①]。

$$P_{gerade} = D_0 \oplus D_1 \oplus D_2 \oplus \cdots \oplus D_{n-1} \tag{6.1}$$

$$P_{ungerade} = \overline{D_0 \oplus D_1 \oplus D_2 \oplus \cdots \oplus D_{n-1}} \tag{6.2}$$

有了奇偶校验位，接收方可以确定在传输过程中是否有一位或多位数据发生了更改。但是，接收方无法确定是哪一位数据发生了变化。如果有两个数据位被修改，接收方将不能确定这一情况。

当有三个数据位（或任何奇数）被修改时，接收方会检测到某些位被修改，但不能确定具体是哪些数据位以及有多少数据位被修改。如果有偶数个数据位被修改，接收方将不会察觉到这种错误。

这种方法适用于小规模的数据传输，在 RS232 标准传输中常常使用此方法。通常情况下，在每 7 或 8 个数据位之后，就会计算并发送一个奇偶校验位。

6.1.2 LIN 中校验位的计算

LIN 使用校验位来检测传输过程中数据位是否发生变化。其中，Identifier 字段（标识符字段）使用了奇偶校验位，而 Checksum 字段（校验和字段）使用了循环冗余校验。

1. 在标识符字段中确定奇偶校验位

在标识符字段中，如图 6.1 所示，P0 和 P1 是两个用于校验的奇偶校验位。它们保护了标识符的值。

计算这两个奇偶校验位的方式如下：

$$P0 = ID0 \oplus ID1 \oplus ID2 \oplus ID4（正偶校验） \tag{6.3}$$

$$P1 = \overline{ID1 \oplus ID3 \oplus ID4 \oplus ID5}（非正偶校验） \tag{6.4}$$

可以逐个计算，例如：$P0 = [(ID0 \oplus ID1) \oplus ID2] \oplus ID4$。确定 P0 时使用偶校验，而确定 P1 时则使用奇校验。

图 6.1 标识符字段中的位

几个计算奇偶校验位的示例见表 6.2。绿色突出显示的位用于计算 P1，相应地，橙色突出显示的位用于计算 P0。

表 6.2 奇偶校验位计算示例

ID		IDx						P0	P1
十进制	十六进制	5	4	3	2	1	0		
0	0x00	0	0	0	0	0	0	0	1
10	0x0A	0	0	1	0	1	0	1	1
20	0x14	0	1	0	1	0	0	0	0

[①] $\oplus$ 表示异或运算。

(续)

ID		IDx						P0	P1
十进制	十六进制	5	4	3	2	1	0		
30	0x1E	0	1	1	1	1	0	1	0
45	0x2D	1	0	1	1	0	1	0	1
59	0x3B	1	1	1	0	1	1	1	1

2. 用于校验和字段的校验位的确定

在 LIN 通信中，采用了一个 8bit 的校验和字段用于对数据帧进行校验。3.3.3 节说明了在 LIN 1.3 和 LIN 2.x 里分别使用了不同的校验和方法。它们的计算方式相同，仅有的区别在于参与计算的数据位不同。计算 LIN 1.3 的校验和仅涵盖数据字段的字节（经典校验和，Classic Checksum），而 LIN 2.x 的计算除了使用数据字段的字节外，还使用了标识符字节和两个奇偶校验位的字节（增强校验和，Enhanced Checksum）。

计算经典和增强校验和的示例见表 6.3。从第 1 行的标识符字段（标识符+奇偶校验位）开始添加数据字段的第一个数据（数据 1）以计算增强校验和（第 1 行），它们的和在第 3 行给出。而经典校验和的计算不包括标识符，并从第一个数据字段开始计算（第 2 行）。因此，如果产生进位，则将其加到第 3 行的总和中，并在第 4 行给出结果。在这个例子中，增强校验和有一个进位，而经典校验和没有。

表 6.3 校验和计算示例

行	说明	数值	增强校验和		经典校验和	
			传输	二进制	传输	二进制
1	标识符	0xA6		1010 0110		
2	+数据 1	0xF3		1111 0011		1111 0011
3	总和		1	1001 1001	0	1111 0011
4	+传输			1001 1010		1111 0011
5	+数据 2	0x53		0101 0011		0101 0011
6	总和		0	1110 1101	1	1111 0011
7	+传输			1110 1101		1111 0111
8	+数据 3	0x2E		0010 1110		0010 1110
9	总和		1	0001 1011	0	0111 0101
10	+传输			0001 1100		0111 0101
11	倒置			1110 0011		1000 1010

接下来在第 5 行给出数据字段的下一个数据（数据 2），并在第 6 行给出第 4 行和第 5 行之和。如果产生进位，则将其加到第 6 行的和中，并在第 7 行给出结果。该过程会继续计算其他数据字段，直到所有数据字段都被考虑。最后一步是在处理进位的最后一次加法后按位翻转结果（第 10 行），并在第 11 行中给出。这个位序列将被发送帧响应的节点填充到校验和字段中。

6.1.3 交叉奇偶校验

相比于奇偶校验，交叉奇偶校验能够提供更加优越的保护性能。此方法使用相同的计算方式，但与奇偶校验不同的是，它不仅能够发现单数据位错误，还能够纠正双数据位错误。具体实施方法是将数据排列在一个行列有序的表格内，每行每列均设定一位奇校验位，数据按行逐次传输。

奇偶校验下的交叉校验示例见表6.4，其中数据被排列在6行8列的矩阵中。每行有8个数据位，每个位都被分配了一个对应的奇校验位（参见右侧列表）。同样地，每列也被分配了一个奇校验位（参见第7行）。通过第7行的8个列奇校验位，最后还可以确定一个奇校验位。

数据按行以及对应的行奇校验位依次传输。在传输完最后一行（此处为第6行）之后，再传输列奇校验位。接收方在接收到数据后检查所有校验位是否正确。若全部正确，则认为数据已无误地传输。但若某个或某些校验位不正确，则说明发生了错误，有些情况下甚至可以确定导致传输错误的位。

表6.4 奇偶校验下的交叉校验示例

行	数据									奇偶校验位
	D7	D6	D5	D4	D3	D2	D1	D0		P
1	0	0	0	0	0	1	0	0	→	0
2	0	1	0	0	0	1	0	0	→	1
3	1	0	0	0	1	0	0	1	→	0
4	0	0	1	1	0	1	1	0	→	1
5	1	1	0	1	0	1	1	0	→	0
6	1	0	1	0	1	1	1	1	→	1
	↓	↓	↓	↓	↓	↓	↓	↓		
7	0	1	1	1	1	1	1	1	→	0

1）若假设出现单个位错误，则可能会遭遇以下几种情况：

- 一个行奇偶校验位不正确，所有列奇偶校验位都正确。这里仅更改了一个行奇偶校验位，数据是正确的。
- 一个列奇偶校验位不正确，所有行奇偶校验位都正确。这里仅更改了一个列奇偶校验位，数据是正确的。
- 一个行奇偶校验位和一个列奇偶校验位都不正确。其中一个数据位被更改。通过找出奇偶校验位错误的行和列的编号可以确定更改的数据位，并进行纠正。

2）假设存在两个位错误，则可以发生以下情况：

- 一个行奇偶校验位不正确，所有列奇偶校验位都正确。在这种情况下，一个数据位和一个列奇偶校验位都会被篡改。
- 一个列奇偶校验位不正确，所有行奇偶校验位都正确。在这种情况下，一个数据位和一个行奇偶校验位都会被篡改。

- 两个行奇偶校验位不正确,所有列奇偶校验位都正确。可能会有两个位于同一列中的数据位或者两个行奇偶校验位被更改。
- 两个列奇偶校验位不正确,所有行奇偶校验位都正确。可能会有两个位于同一行中的数据位或者两个列奇偶校验位被更改。
- 两个行和两个列奇偶校验位都不正确。在这种情况下,两个数据位被更改。

对于存在两个位错误的情况,只能检测到错误的存在,不能进行任何纠正操作。

在最好的情况下,3 个位错误会导致 3 个行校验位和 3 个列校验位出现错误。在最坏的情况下,只有一个校验位(行或列)指示存在错误,而这种错误不能与单个位错误区分开来。

许多 4 个位错误也可以被检测出来。但如果变化的位在表 6.4 的角落处,所有的校验位都是正确的,接收者可能认为传输是无误的。例如,当第 2 行和第 5 行的数据位 D7 和 D5 分别发生变化时,就会发生这种情况。由于每行和每列各有两个位发生了变化,所以行和列的校验位不会改变。

使用交叉奇偶校验方法可以检测到所有单、双和三位差错。为了确保接收方收到正确的数据,通常会重复传输数据。

6.1.4 循环冗余校验

循环冗余校验(CRC)是另一种用于识别数据传输错误位的方法。在讨论这种方法时,人们主要使用其英文缩写 CRC。计算 CRC 是基于合适的除数(多项式)进行多项式除法。需要保护的原始数据以二进制形式存在,即由 0 和 1 组成的多个位,它们也称为帧。该帧通过添加 $k-1$ 个位,并且被称为附加部分来扩展。k 是除数的位数,这个除数就被称为生成多项式。

当发送方将带有附加部分的帧除以生成多项式时,使用整数多项式除法运算,使得带有附加部分的帧要么能够精确地被除尽(余数为 0),要么会有小于生成多项式的剩余部分。得到的余数是计算出的 CRC,然后将其添加到数据帧(不包括附加部分)之后。

在常规的长除法运算中,被除数从高位到低位依次地减去除数的各个部分。所得到的余数与除数器的下一位一并考虑后再进行下一步的除法运算。

在计算 CRC 值时,同样将生成多项式从带附加部分的帧中依次减去而获得计算出的 CRC。这种减法运算不会考虑进位,并且只是单独地处理每一位。这被称为模 2 运算。技术上,这种类型的减法可以通过 XOR 操作来实现,且有以下规则作为辅助。

同样的规则也适用于加法。简单来说,如果两个操作数相等,则 XOR 运算的结果为 0,如果不等,则为 1。下面的例子说明了这个计算过程:

$$0-0=0$$
$$0-1=1$$
$$1-0=1$$
$$1-1=0$$

顺便提一下，相同的规则也适用于多位数的加法。简单来说，当两个操作数相等时，XOR 运算的结果是 0；而当操作数不同时，结果为 1。以下示例将更清楚地说明这个计算过程：

$$\begin{array}{r} 1\ 0\ 1\ 1\ 0\ 0 \\ -1\ 1\ 0\ 1\ 0\ 1 \\ \hline 0\ 1\ 1\ 0\ 0\ 1 \end{array}$$

根据这些计算规则，发送方确定 CRC 并传输数据帧（不包括附件）。CRC 被添加到数据帧的末尾而不是被单独传输。接收方接收附加 CRC 的数据并执行相同的计算。

对于 CRC 的计算，需要先确定生成多项式。多项式的选择会主要影响到冗余校验的特性，不是所有的多项式都适合 CRC 计算。

通过图 6.2 和图 6.3 可以清楚地看到发送方和接收方的计算过程。在这个例子中，使用了式（6.5）中给出的生成多项式，该多项式通常用于 USB 数据传输中的数据校验。

$$x^5+x^2+1 \tag{6.5}$$

以下是示例所涉及的数据：

生成多项式：100101

帧（有效数据）：10011111011011001

附加部分：00000

带有附加部分的帧：1001111101101100100000

图 6.2 所示为发送端的 CRC 计算过程。蓝色部分表示生成多项式，它与上方的帧和附加部分进行异或运算。

除法的结果并不重要，只需要得出余数，并将其附加到有效数据上。接收方使用相同的计算方法来检查数据是否传输正确。如果除法的余数为 0，则接收方认为传输是无错误的（图 6.3）。

```
1001111101101100100000 : 100101=1000101001110001
-100101
  101101
  -100101
     10010
     -100101
      111110
      -100101
       110110
       -100101
        100111
        -100101
         100000
         -100101
           1010
           01010 (Rest)
```

图 6.2 发送端的 CRC 计算

```
1001111101101100101010 : 100101=1000101001110001
-100101
  101101
  -100101
    100010
    -100101
     111110
     -100101
      110110
      -100101
       100111
       -100101
        100101
        -100101
            00 (Rest)
```

图 6.3 接收端的 CRC 检验

由于按照上述描述计算多项式除法的电路非常简单（图6.4）。它由 k 个 D 触发器（k 是生成多项式的大小）组成的移位寄存器和一系列异或门组成。异或门构成了反馈，这些反馈由生成多项式中非零系数所决定。数据（带有附加部分的帧）通过时钟逐步推入该反馈移位寄存器中。经过 n 个时钟周期后，$x^4 \sim x^0$ 寄存器中存储着所需的余数，即 CRC。n 取决于带有附加部分的帧的位数。在示例中，n 为 22 个时钟周期。在电路中需要注意的是，有效数据从上方的寄存器向左移出，并被推入反馈移位寄存器。$x^4 \sim x^0$ 寄存器中的计算得到的余数应从右向左读取。

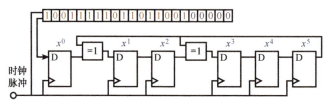

图 6.4 根据式 (6.5) 计算 CRC 的电路

生成多项式的选择决定了错误检测的能力，这也被称为汉明距离。对于一个具有汉明距离为 4 的生成多项式，无论是哪 3 个数据位被篡改，都会被检测到。当超过 3 个比特位被更改时，错误仍然会被检测到，但在某些组合下，接收端的除法操作结果为 0，因此无法检测到数据位的篡改。在 CAN、CAN FD、CAN XL 和 FlexRay 通信协议中，使用的生成多项式汉明距离为 6，因此可以确保最多 5 个任意更改的比特位总是能够被检测到。而对于短帧，CAN XL 和 FlexRay 甚至具有的汉明距离为 8 的生成多项式（FlexRay 适用于 8B 或更少负载的帧）。然而，以太网对于小于 372B 的帧，其汉明距离为 5，对于大于 372B 的帧，汉明距离仅为 4。

式（6.6）~式（6.13）列出了在汽车领域使用的用于计算 CRC 的生成多项式。式（6.6）给出的生成多项式被用于 CAN 总线，该总线在第 4 章中进行了描述，第 8 章介绍了 CAN 的扩展。CAN FD 是扩展之一，它允许发送超过 8B 的有效载荷。为了仍然实现汉明距离为 6，需要使用更长的生成多项式。在 CAN FD 中使用的两个生成多项式分别在式（6.7）和式（6.8）中给出。CAN XL 是最新的扩展，支持长度高达 2048B 的帧有效载荷。由于数据长度较大，因此需要一个在这种长度下保证汉明距离为 6 的生成多项式。因此，只有长度为 32 的生成多项式才能满足要求，见式（6.10）。

经典 CAN CRC：

$$x^{15}+x^{14}+x^{10}+x^8+x^7+x^4+x^3+1 \text{（15 位 CRC 多项式）} \tag{6.6}$$

CAN FD CRC：

$$x^{17}+x^{16}+x^{14}+x^{13}+x^{11}+x^6+x^4+x+1\text{（17 位 CRC 多项式）} \tag{6.7}$$

$$x^{21}+x^{20}+x^{13}+x^{11}+x^7+x^4+x^3+1\text{（21 位 CRC 多项式）} \tag{6.8}$$

CAN XL 头部 CRC：

$$x^{13}+x^{12}+x^{11}+x^8+x^7+x^6+x^5+x^2+x+1 \tag{6.9}$$

CAN XL 帧 CRC：

$$x^{32}+x^{31}+x^{30}+x^{29}+x^{28}+x^{26}+x^{23}+x^{21}+x^{19}+x^{18}+$$
$$x^{15}+x^{14}+x^{13}+x^{12}+x^{11}+x^{9}+x^{8}+x^{4}+x+1 \tag{6.10}$$

FlexRay 使用两个不同的生成多项式。其中一个生成多项式用于计算头部 CRC，见式（6.11），仅针对头部的一部分进行计算。另一个生成多项式用于计算帧 CRC，见式（6.12），覆盖整个帧进行计算。

FlexRay 头部 CRC：

$$x^{11}+x^{9}+x^{8}+x^{7}+x^{2}+1=(x+1)\times(x^{5}+x^{3}+1)\times(x^{5}+x^{4}+x^{3}+x+1) \tag{6.11}$$

FlexRay 帧 CRC：

$$x^{24}+x^{22}+x^{20}+x^{19}+x^{18}+x^{16}+x^{14}+x^{13}+x^{11}+x^{10}+x^{8}+x^{7}+x^{6}+x^{3}+x+1$$
$$=(x+1)^{2}\times(x^{11}+x^{9}+x^{8}+x^{7}+x^{5}+x^{3}+x^{2}+x+1)\times(x^{11}+x^{9}+x^{8}+x^{7}+x^{6}+x^{3}+1) \tag{6.12}$$

Ethernet CRC：

$$x^{32}+x^{26}+x^{23}+x^{22}+x^{16}+x^{12}+x^{11}+x^{10}+x^{8}+x^{7}+x^{5}+x^{4}+x^{2}+x+1 \tag{6.13}$$

■ 6.2 通信类型

在本书的第一部分，介绍了如何通过 LIN、CAN 和 FlexRay 进行通信。实际的数据（例如测量值）被放置在帧的有效负载区域中，然后发送该帧。对于这些协议而言，传输的数据类型并不重要。但是，如果我们将焦点转移到数据如何进入帧中以及数据如何组织和表现方面，则会出现全新的问题。分布式系统的架构可能是面向信号或面向服务，因此，在面向信号通信和面向服务通信之间存在差异。本节接下来的内容将试图描述这两种通信方式的基本特征及其区别。

6.2.1 面向信号的通信

如今，在大多数车辆中所采用的通信方式已经不断发展。在 20 世纪 60 年代和 70 年代初期的发展阶段，最早的电子系统之间是直接相连的。随着系统数量的增加，除了线缆数量的增加外，复杂性也随之增加。在 20 世纪 80 年代和 90 年代引入总线系统后，所需线缆的数量减少了，同时也带来了更大的灵活性。

这种通信的特点是每个测量值、控制值和命令输入都通过信号表示。一个信号由需要的比特数构成。一个具有开和关两个状态的开关可以用 1bit 表示。因此，对应的信号长度为 1bit。一个能够采用 250 个不同值的测量值通过一个 8bit 长的信号表示。这些比特被依次排列在帧中，以充分利用有效载荷。

为了让帧的接收者能够使用信号，必须告诉他信号在帧中的位置、长度和编码方式。接收者可以使用过滤器和位操作，从帧中提取出他们感兴趣的数据。

随着时间推移，日益增长的数据量传输是通过具有更高数据传输率的新总线（例如 FlexRay）以及使用多个总线（例如 CAN）来实现。每个总线都与车辆中的一个领域相关联,例如车身和舒适域、底盘域、动力传动系统或信息娱乐域。

图 2.49 所示为一个按领域组织的通信协议示例。总线通过网关相互连接。因为每个领域由不同的部门开发,这些领域通常也反映了汽车制造商的组织结构。

这是一种称为信号导向通信的通信方式。我们以轮胎压力监测系统作为示例来说明。图 6.5 展示了与轮胎压力监测相关部件的信号通信示例。

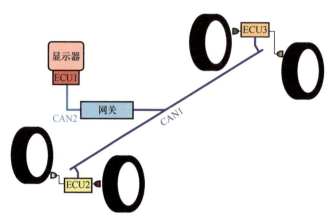

图 6.5 轮胎压力监测相关部件的信号通信示例

车辆的前轴和后轴各有一个控制器(ECU2 和 ECU3),它们接收由安装在轮胎上的传感器检测并传输给控制器的胎压数据。ECU2 和 ECU3 通过 CAN1 总线与网关相连。CAN1 总线上的信号可以通过网关转发到 CAN2 总线,并提供给 ECU1 使用。仪表盘上的控制器(ECU1)会在其中一个轮胎胎压过低时向驾驶员发出警告。具体形式可以是警示灯、图形或者数值显示,取决于系统的设计。

图 6.6 概述了这两个 CAN 总线之间的通信。ECU2 和 ECU3 通过 CAN1 发送测量得到的轮胎压力。每个 ECU 发送一个帧,在帧中包含了来自左、右轮胎的两个信号。网关从这些帧中提取信号,并将全部四个信号放入一个帧中通过 CAN2 进行传输。ECU1 通过 CAN2 接收到这些测量值,并用于向驾驶人发出警告。帧中的颜色对应着最初来自传感器的信号的颜色。

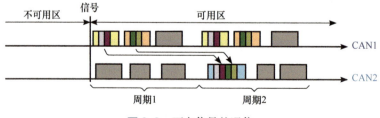

图 6.6 面向信号的通信

所有控制单元都连接在两个 CAN 总线中的一个上。在 ECU1、ECU2 和 ECU3 被初始化并准备就绪后,它们将通过 CAN 总线和网关传输其测量值。测量值通常以周期性方式传输。ECU1 接收到帧时,就会知道其他 ECU 正在运行。例如,如果更换了一种能够更准确地测量胎压的更好的胎压传感器，那么测量值必须由 6bit 扩展为 8bit。因此，每个测量值的信号都需要扩展 2bit。同样，网关和 ECU1 中的软件也需要进行调整，可能还包括用于显示测量值的显示屏的软件。

自从车辆引入第一个总线系统以来，面向信号的通信不断发展和优化，以最大限度地利用总线系统的带宽。然而，随着数据量的增加和变动，这种方法的局限性逐渐显现。

6.2.2 面向服务的通信

在面向服务的通信中，目标是降低控制单元之间的依赖关系。在这个过程中，通信的变化是重要的一部分，但同样重要甚至更加重要的是全新的软件架构。在基于信号的架构中，每个控制单元实现一个或多个功能，例如 ESP 控制单元负责确保车辆的稳定性、门控制单元负责控制车窗升降和门的开启。因此，这种软件是以功能为驱动的。

在面向服务的架构中，存在提供服务的模块和利用这些服务来为自己服务的模块。在计算机科学的其他领域，这种架构也被称为服务器-客户端或生产者-消费者架构。

在图 6.7 所示的示例中，再次以胎压监测为例。有 ECU2 和 ECU3 这两个控制单元分别检测前、后轴轮胎的气压。这两个 ECU 以及 ECU1 直接连接到一个交换机上。由其中一个 ECU 发送的数据帧可以被其他 ECU（单播）、一组 ECU（组播）或所有其他 ECU（广播）接收，因此不再需要网关。以太网可以作为网络技术来使用，但也可以使用其他技术来构建服务导向的架构。每个轮胎的气压值都被放入一个独立的数据帧中。因此，为了在显示屏上显示所有 4 个轮胎的气压，需要 4 个数据帧。

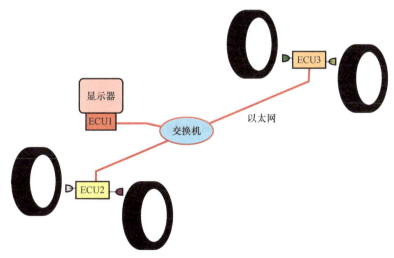

图 6.7 一个面向服务的通信示例

在车辆接通电源时，ECU 在网络中注册并发布它们提供的服务。ECU2 提供前轮轮胎压力测量服务，ECU3 提供后轮轮胎压力测量服务。该服务可以包括轮胎气压的测量值，也可以包含轮胎气压值低于某个特定数值的通知。

这些服务对网络中的所有参与者都可用。当 ECU1 启动时，它会查询可用的服务，然后订阅那些最适合解决特定任务的服务。订阅可以理解为：
- 把一个值周期性地发送给我。
- 当一个值超过或低于特定值时通知我。
- 当有需求时，按要求向我发送一个值（on request）。

这个例子中可以订阅两个服务。首先，ECU1 想在任意一个轮胎的胎压低于特定值时得到通知，以便提醒驾驶人。作为第二个服务，ECU1 将订阅其他 ECU 发送的具体轮胎胎压数值，在驾驶人选择"显示轮胎胎压"菜单项时，在显示屏上显示出来。因此，具体的轮胎胎压只会在被要求时传输。图 6.8 所示为 ECU1 通过服务请求从控制器请求轮胎胎压，并由其发送的情况。这里，帧的颜色与测量值获取的传感器相对应，或者与发送帧的 ECU 相对应。

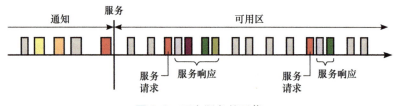

图 6.8 面向服务的通信

在面向服务的通信中，测量、控制和开关数值不像面向信号的通信那样进行编码，而是以通用方式存储。通常使用基本数据类型，如 uint8 和 uint16，与应用程序中使用的类型相同，这样就避免了重新编码，节省了 CPU 负载，但需要传输更多的位。此外，测量值还可以附加时间戳、单位和测量值标识。这样可以发送纯测量值的上下文，提高了其效用。在良好定义的服务下，仪器设备的更改不会导致通信的更改，而这在面向信号的通信中通常是必要的。

6.2.3 两种通信方式的比较

胎压监测的例子只能说明面向服务通信的一些方面。

在面向信号的通信中，控制单元之间的通信是静态确定的。这意味着通信总是按照相同的模式进行，不需要也无法进行更改，因此可以保证通信的实时性。总线系统的带宽得到很好的利用，但这意味着安装的硬件几乎没有扩展或提供新功能的余地。

在面向服务的通信中，通信是动态的。通过单个控制单元提供服务，并由其他控制单元订阅，决定在运行时使用哪些服务以及所需的通信方式。胎压监测功能是法律规定的，但如何实现这个功能则取决于车辆制造商。

该功能可以通过对轮胎进行压力测量或简单的监测，也可以通过检测车轮转速和转向角度来实现。车轮转速和转向角度存储在 ESP（电子稳定程序）控制单元中。该控制单元也可以提供一个用于轮胎压力监测的服务。虽然无法测量轮胎的压力，但可以检测到某个轮胎的压力低于其他轮胎，这是满足法律要求的最简单形式。更复杂但对驾驶人更有用的方法是通过传感器直接测量轮胎压力。在面向服务的架构中，ESP 控制单元将提供传输轮胎转速和转向角度的服务。同样地，ECU2 和 ECU3 控制单元将提供轮胎压力的测量值和关键阈值的监测。用于显示和警示驾驶人的控制单元（ECU1）将选择最佳服务或支付方所选服务。然后，将根据所选择的服务进行通信。

面向信号的通信的特点是帧中包含多个信号。这样可以实现多个车辆功能。在面向服务的通信中，每个帧提供一个服务。不仅传输纯粹的测量或控制数据，还传输上下文信息。因此，需要传输更多的数据，但这些数据可以被更灵活地使用、扩展或更改。

直到20世纪90年代，广播和电视是除了印刷媒体之外最重要的信息来源。广播和电视是典型的广播传输。收听广播或观看电视的听众通过打开他们希望听到或看到的节目来进行操作。他们无法更改所提供内容，这与面向信号的通信类似。

互联网的普及，不仅增加了另一种信息来源，而且传播方式也发生了根本性的变化。用户不再需要等待信息（如新闻）的发送，而是通过访问提供该信息的网站来获取信息，实现了自主获取。互联网是面向服务的通信的最好例子。它提供服务，并由客户端使用。

从面向信号的通信到面向服务的通信的转变目前正在车辆内部发生。这种转变不仅限于通信，同样也在软件架构中进行，这就需要对硬件和使用的总线系统进行改变。就像互联网经过多年的发展一样，车辆中的硬件、软件和通信的改变也将需要相当长的时间来完成。

■ 6.3 反射问题

在前面的章节中，特别是在 CAN 和 FlexRay 中指出了需要使用相应的电阻对线路进行终端连接。本节将说明如果线路没有或者使用错误的电阻进行终端连接会发生什么。

6.3.1 反射的产生

通过双线传输的信号就像波浪一样传播，这样的信号通过电压 u 和电流 i 来描述。它们沿 x 方向的正向传播时，电压和电流为正（u^+、i^+）。而沿 x 方向的反向传播时，电压和电流为负（u^-、i^-）。图 6.9 所示为电流和电压的定义。

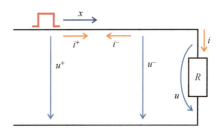

图 6.9 两线制线路中电流和电压的定义

信号传输时，例如脉冲信号，需注意：

$$\frac{u^+}{i^+} = Z \tag{6.14}$$

Z 是线路的特性阻抗，必须满足电缆末端的欧姆定律。

$$\frac{u}{i} = R \tag{6.15}$$

如果 $R \neq Z$，则式（6.14）和式（6.15）无法满足。由于反射波沿着 x 轴负方向传播，电流和电压用 i^- 和 u^- 表示。

$$\frac{u^-}{i^-} = Z \tag{6.16}$$

电压 u 和电流 i 是由这两个波的叠加得到的：

$$u = u^+ + u^- \tag{6.17}$$

$$i = i^+ + i^- \tag{6.18}$$

根据式（6.14）~式（6.18），可以使用输入波的电压 u^+、传输线的波阻抗 Z 和终端阻抗 R 来计算反射波的电压 u^-。计算公式如下：

$$u^- = ru^+ \text{ 和 } r = \frac{R-Z}{R+Z} \tag{6.19}$$

R 被称为反射系数。它可以取 -1 到 +1 之间的值。有三种特殊情况：

- $R = Z$：在这种情况下，导线以与波阻抗相等的电阻负载终端。因此，得到 $r = 0$，即没有反射。
- $R = 0$：这相当于导线末端的短路。根据式（6.19）计算，反射系数 $r = -1$。反射波的振幅与原始波相同，但极性相反。
- $R = \infty$：这相当于导线末端的开路，$r = 1$。这样，反射波的振幅与原始波相同。在导线末端，正向波 u^+ 和反向波 u^- 叠加，使得电压 u 是发送波的两倍。

在下一节中，将通过实验测量来验证这些推论的有效性。

6.3.2 导线参数

为了验证前一节中的论述，对一条长 50m 的双绞线进行了测量。首先确定了该线路的电阻 R、电感 L 和电容 C。然后计算了这三个电参数每米的数值。电阻 R、电感 L 和电容 C 描述了该线路每米的电阻、电感和电容值。测量得到了以下数值：

$$R = 5.28\Omega$$
$$L = 33.53\mu H$$
$$C = 3.49nF$$

根据测量结果，得到如下的线路参数：

$$R' = 105.6m\Omega/m$$
$$L' = 0.67uH/m$$
$$C' = 70pF/m$$

当通过电压水平进行位传输时，从 1bit 到 0bit 和从 0bit 到 1bit 的切换会导致陡峭的边沿。这些水平变化会导致高频率阻抗。因此，可以使用式（6.20）计算波阻抗 Z_1。

$$Z_1 = \sqrt{\frac{L}{C}} = \sqrt{\frac{L'}{C'}} \tag{6.20}$$

这样可以计算出导线的波阻抗：

$$Z_1 = \sqrt{\frac{33.53uH}{3.49nF}} = 98\Omega$$

波阻抗 Z_1 的计算结果为 98Ω。

6.3.3 反射测量

第一个测量电路由一个 CAN 收发器组成,连接着一根 50m 长的双绞线。双绞线开头处有终端电阻 R1,线路末端有终端电阻 R2。这个测量电路的测量结果见表 6.5,相应的电压波形显示在图 6.11~图 6.14 中。

使用一个 500MHz 的示波器,在线路的开头(橙色曲线)和末端(蓝色曲线)分别用一个差分电压探头测量差分电压。除第 3 次测量(图 6.11)以外,两个曲线都以垂直方向每格 1V 的间距显示。收发器接收一个大约 150ns 的脉冲信号(绿色曲线),使得线路在脉冲持续时间内从低电平切换到高电平。绿色曲线用于脉冲宽度的控制,并作为测量的触发信号。每次测量所用的 R1 和 R2 值见表 6.5,并引用了示波器图像对应的图片。

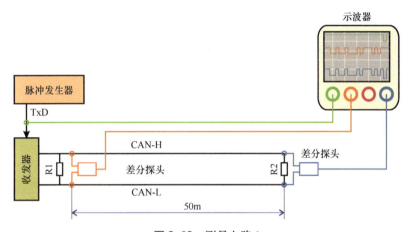

图 6.10　测量电路 1

表 6.5　使用测量电路 1(图 6.10)进行的测量结果

测量	R1 阻值	R2 阻值	结果
1	100Ω	100Ω	图 6.11
2	100Ω	∞	图 6.12
3	100Ω	4.7Ω	图 6.13
4	4.7kΩ	4.7kΩ	图 6.14

在第 1 次测量(图 6.11)中,线路的两端分别使用一个 100Ω 的电阻作为终端。这两个终端电阻 R1 和 R2 与线路的波阻抗 $Z=100\Omega$ 相匹配。因此,反射系数 $r=0$。施加在 TxD 引脚上的脉冲信号被收发器转换为差分电压传输到线路上(橙色曲线)。约 289ns 后,脉冲到达线路的末端(蓝色曲线),这对应着 5.8ns/m 的特定信号传播时间。由于线路末端的终端电阻 R2,脉冲的能量被完全吸收,没有发生任何反射现象。

在第 2 次测量(图 6.12)中,线路的起始端使用阻值为 100Ω 终端电阻 R1,而线路的末端不进行终端处理,因此末端的电阻 R2 无穷大。橙色曲线显示了线路输入处的电压变化,蓝色曲线显示了线路末端的电压变化。蓝色曲线的最大电压比第 1 次测量时大,并且也

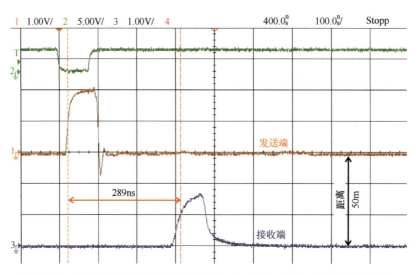

图 6.11 使用测量电路 1 对 R1（100Ω）和 R2（100Ω）进行测量的结果

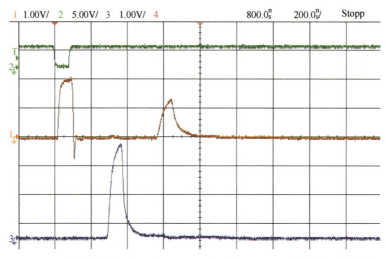

图 6.12 使用测量电路 1 对 R1（100Ω）和 R2（∞）进行测量的结果

超过了最初发送的脉冲。由于线路没有终端处理，导致脉冲在线路末端发生反射。原始发送的脉冲与反射脉冲叠加，导致测得的电压约为 4V，大约是原始脉冲的两倍。585ns 后，反射脉冲再次到达输入端（橙色曲线上的第二个脉冲）。在那里，它被终端电阻 R1 吸收，因此不会发生进一步的反射。

当使用电阻 R1（100Ω）和 R2（4.7kΩ）连接时，反射系数 $r = 0.96$。测量曲线与图 6.12 所示的曲线相差无几，因此未单独呈现此次测量结果。因此，在研究中可以使用高电阻替代未终端处理的线路。

如果选择电阻 R1 无穷大和 R2（100Ω），则示波器图像与图 6.11 中显示的曲线相差无几，因此没有单独呈现此次测量结果。这表明，在避免反射方面，发射端的终端电阻并不重要,关键是在线路的另一端处进行终端处理。

在第 3 次测量中,选择电阻 R1(100Ω)和 R2(4.7Ω)。R2 明显小于线路的阻抗。因此反射系数 $r=-0.91$。相应的影响如图 6.13 所示。橙色曲线中的第一个脉冲是发送的脉冲,在一段时间后到达线路的末端(蓝色曲线)。很明显,线路末端的脉冲明显小于之前的测量值。需要指出的是,蓝色曲线的增益大于橙色曲线的增益。橙色曲线以垂直方向每个刻度为 1V 的网格表示,而蓝色曲线以垂直方向每个刻度为 0.2V 的网格表示。蓝色曲线的脉冲幅度较小,是因为测量的电阻远小于之前的情况,因此在相同电流下产生了更小的电压降。然而,有趣的并不是线路末端的小脉冲,而是起始端的反射脉冲(橙色曲线中的第 2 个脉冲)。该脉冲现在具有负极性,这通过反射系数 r 的负号来表示。

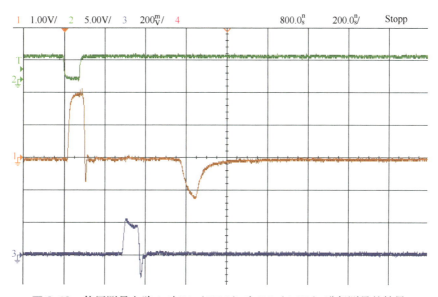

图 6.13 使用测量电路 1 对 R1(100Ω)和 R2(4.7Ω)进行测量的结果

在第 4 次测量中,两个终端电阻选择得非常大(R1 和 R2 均为 4.7 kΩ)。反射系数为 0.96,且在两个方向上都发生。脉冲在线路末端被反射,在返回线路起始端时再次被反射。这个过程持续下去,直到脉冲的全部能量因线路损耗和不完全反射而消散。该测量清楚地表明,如果没有或者没有匹配的终端,单个脉冲会导致线路上出现多个脉冲,如图 6.14 所示。

6.3.4 振铃

如 6.3.1 和 6.3.3 节所述,在电缆末端发生反射现象时,说明了线缆末端的电阻与线路的特性阻抗 Z 不匹配。在具有较长分支电缆的 CAN 群组中,可能会出现明显的反射现象。

在 CAN 中,驱动传输的是显性位。此时,收发器的电阻为低阻抗。而在隐性位上,收发器中的晶体管截止,使得收发器变为高阻抗。当节点位于电缆末端时,与线路的特性阻抗 Z 之间存在更大的不匹配。

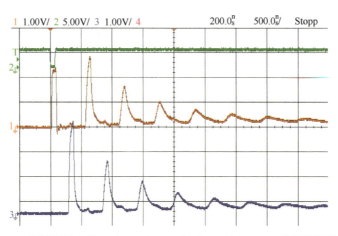

图 6.14　使用测量电路 1 对 R1（4.7kΩ）和 R2（4.7kΩ）进行测量的结果

通过图 6.15 所示的测量电路可以展示这种效应。CAN 群组由四个节点组成。节点 1 和 2 被终端化为 100Ω，而节点 3 和 4 未被终端化。4 个节点的双绞线长度均为 5m，并以一个点连接在一起。因此，拓扑结构实际上是一个被动星形结构。

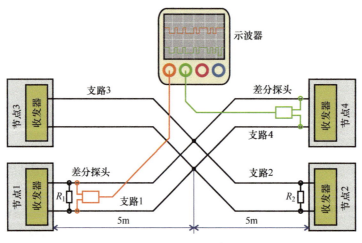

图 6.15　测量电路 2

CAN 节点发送 CAN 帧。在终端化节点（橙色）和非终端化节点（绿色）上测量线路的差分电压。CAN 帧以 1 Mbit/s 的数据率进行传输，因此比特时间为 1μs。

图 6.16 所示为一个 CAN 帧的细节。该帧是由一个非终端化节点发送的。在两个节点上，显性位期间的电压波动稳定，而隐性位期间终端化节点上的电压波动较强。这种波动被称为"振铃"，在群组设计中需要特别注意。在采用菊花链拓扑结构实现的群组中，由于分支电缆较短，因此反射较小或没有反射。

当群组中的振铃暂时超出 1bit 的触发阈值时，会引发问题。此时可能错误地将 1bit 识别为 0bit。振铃的持续时间和频率与数据率无关。在比特时间较长时，情况稍微好一些，因为在比特的采样时间点之前振铃可以衰减。关于 CAN 中的比特采样将在本书第 8.1 节详细介绍。

第 6 章 通信技术特殊问题

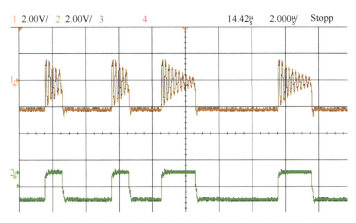

图 6.16 使用测量电路 2 测量得到的 CAN 帧片段

第 7 章　LIN 总线开发与应用

在本章中，将介绍 LIN 的开发过程，具体包括相应的数据格式和工具支持。此外，还将从信号描述、帧定义到调度的确定方面描述一个较大的 LIN 群组的示例。

■ 7.1　开发过程

7.1.1　概述

在开发 LIN 时，除了总线系统本身，还着重于对 LIN 群组进行形式化和标准化描述。在通信系统能够正常工作之前，首先需要进行系统设计。然后是分析和仿真阶段，以验证所期望的特性，之后才是投入使用阶段。在这个阶段，通信系统通常会连续多年工作而不发生变化。

为了最大限度地支持 LIN 群组的开发人员，定义了两种数据格式，可以以标准化的格式捕获和交换信息。第一种数据格式是节点能力文件（Node Capability File，NCF），用于记录节点的属性。第二种数据格式是 LIN 描述文件（LIN Description File，LDF），其中包含了所有与通信相关的重要数据。

图 7.1 所示为 LIN 开发过程，一方面旨在避免重新输入已经记录过的数据，另一方面也希望尽可能地使用相应的工具支持各个步骤。带有圆角的蓝色矩形表示存储数据的文件。灰色的矩形代表用于处理记录数据并生成新数据的工具。绿色矩形表示用于构建或研究群组的硬件设备。

在 NCF 中描述了各个节点的属性，这些文件作为 LIN 群组设计工具的输入。此工具根据开发人员的进一步输入，创建完整描述 LIN 群组的 LDF。LDF 由 LIN 群组生成器使用，以生成描述各个节点 LIN 通信的 C 文件。这样做的理念是对 LIN 群组进行更改时，应该在 LIN 群组设计工具或 LDF 中进行（而不是在各个 C 文件中进行）。在进行更改时，将从 LDF 重新生成 C 文件。此外，LDF 还可用作总线分析的输入文件或对单个或多个节点进行仿真的输入文件。

在 LIN 规范所描述的开发过程中，其目标是通过重复使用一次创建的描述文件并避免不

第 7 章 LIN 总线开发与应用

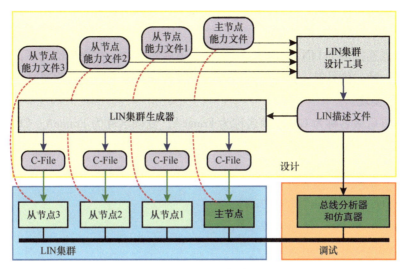

图 7.1 LIN 开发过程

一致性和配置错误,从而最小化开发工作量。接下来的两个章节将详细介绍 LDF 和 NCF。

7.1.2 LIN 描述文件(LDF)

LIN 描述文件(LDF)是一个具有标准语法和语义的 ASCII 文件,用于存储所有必要的参数和标识,以完整地描述一个 LIN 群组。除了描述群组之外,它还作为程序和工具的输入,可以自动生成各个节点的 C 代码。其格式和语法在 LIN 标准中进行了描述,因此与制造商无关。每个 LIN 群组都通过一个独立的 LDF 文件进行描述。

LDF 由以下部分组成:
- 全局定义
- 节点定义
- 信号定义
- 帧定义
- 调度表定义
- 附加信息

这些部分将在本节接下来的内容中进行解释。

1. 全局定义

全局定义包括:
- LIN 协议版本
- LIN 语言版本
- 1~20kbit/s 的 LIN 通信速率
- 可选的通道后缀名称

LDF 中全局定义的示例列于本小节的末尾。在此及后续示例中,关键词以蓝色突出显示。关键词不能用作标识符。文件始终以关键词 LIN_description_file 开头,然后是版本号和 LIN 通信速率。

仅当主节点连接多个 LIN 群组时,才需要通道后缀名称。在这种情况下,所有指定的对象,包括节点、帧、信号等,都应添加该通道后缀名称。通道后缀名称通过在对象名称后添加下划线"_"实现。

例如:通道后缀名称为 Ch1,帧名称为 FrameA,则帧名称为 FrameA_ Ch1。

代码列表 7.1　LDF 全局定义示例

```
LIN_description_file;
LIN_protocol_version="2.2";
LIN_language_version="2.2";
LIN_speed=19.2 kbps;
```

2. 节点定义

节点定义包含以下信息:
- 主节点的名称,包括时间基准和时间基准的抖动
- 从节点的名称

时间通常以 ms 为单位进行表示。LDF 中节点定义的示例见本小节末尾。主节点被命名为 M_Door,两个从节点被命名为 Fensterheber_links 和 Fensterheber_rechts。时间基准设定为 1ms,时间基准的抖动设定为 0.1ms。

代码列表 7.2　LDF 节点定义示例

```
Nodes {
    Master:M_Door,time_base 1 ms,jitter 0.1 ms;
    Slaves:Fensterheber_links,Fensterheber_rechts;
}
```

3. 信号定义

信号定义包含以下信息:
- 信号名称
- 以位为单位的信号大小
- 初始值
- 发送方(发布者)
- 接收方(订阅者)

每个测量值、设定值或命令都由一个信号表示。在此过程中,区分标量信号和字节数组信号。标量信号可以具有 1~16bit 的长度。字节数组信号可以具有 8、16、24、32、40、48、56 或 64bit 的长度。初始值表示为整数值。每个信号都有一个发送方和一个或多个接收方。

代码列表 7.3　LDF 信号定义示例

```
Signals {
    Temperatur_L:8,0,Fensterheber_links,Master_door;
    Position_L:8,0,Fensterheber_links,Master_door;
    Temperatur_R:8,0,Fensterheber_rechts,Master_door;
    Position_R:8,0,Fensterheber_rechts,Master_door;
    Schalter1:1,0,Master_Door,Fensterheber_links;
}
```

4. 帧定义

在帧定义中描述了各个帧。其中包含一个或多个信号。帧定义包含以下信息：
- 帧名称
- 帧 ID（0，…，59）
- 发送方（发布者）
- 帧长度
- 可选：信号名称、信号偏移量

帧名称必须是唯一的，即每个帧都有不同的名称，且不能与任何节点和信号的标识符相同。帧 ID 可以从 0~59 进行分配，并且每个标识符只能分配一次。帧长度以 B 为单位，可以介于 1~8B 之间。这两个帧具有相同的结构。它们的长度为 2B，并且负载中各有两个信号。温度信号（Temperatur_X）为 8bit 长，位置信号（Position_X）也是如此。温度信号从第 0bit 开始，位置信号从第 8bit 开始。这样，两个字节完全被填满。

代码列表 7.4　LDF 帧定义示例

```
Frames {
    Frame_1:10,Fensterheber_links,2 {
        Temperatur_L,0;
        Position_L, 8;
    };
    Frame_2:11,Fensterheber_rechts,2 {
        Temperatur_R,0;
        Position_R, 8;
    };
}
```

5. 调度表定义

调度表描述了帧何时被发送的时间表。它包含以下信息：
- 调度表名称
- 帧列表（帧名称）及其对应的时间，时间表示槽长度在一个 Cluster 中，可以根据不同的调度表发送帧。在调度表中，按照帧的顺序列出帧的名称，每个帧对应一个时间。时间表示该帧的时间槽长度。在此时间后，可以发送下一个帧。时间槽长度的计算已在第 3.6 节中介绍。通常情况下，这些时间是由工具计算出来的。

代码列表 7.5 LDF 调度表示例

```
Schedule_tables {
   Table1 {
    Frame_1 delay 8 ms;
    Frame_2 delay 8 ms;
    Frame_3 delay 6 ms;}
}
```

7.1.3 节点能力文件（NCF）

节点能力文件（Node Capability File，NCF）旨在以标准化的形式描述从节点的属性。它作为软件工具的输入，用于创建 LIN 描述文件。由节点制造商创建并提供给客户的 LDF 文件包含以下部分：
- 通用
- 诊断
- 帧
- 编码
- 状态管理
- 自由文本

在通用部分，提供了有关 LIN 节点的一般信息，包括协议版本、制造商信息、传输速率范围以及该节点是否发送唤醒信号。制造商信息包括供应商 ID、功能 ID 和变体编号，用于标识特定制造商和产品。供应商 ID 是代表特定制造商的 16 位数字。所有供应商 ID 的列表可在 https://www.lin-cia.org/id/ 下找到。通过功能 ID 和变体编号，制造商可以更精确地描述产品，例如系列伺服电机在诊断部分，列出了诊断类别、不同时间值以及从节点的地址，用于诊断和监控从节点的状态。

接下来，帧描述该节点发送和接收的各个帧。要发送的帧标记为"发布"，要接收的帧则标记为"订阅"。帧属性包括帧长度、最小和最大循环时间以及它是否为事件触发帧。此外，信号还指定了名称、大小和偏移量，它们构成了每一帧的内容。

在编码部分指定了信号的编码方式，包括物理信号与逻辑信号的区分、最小和最大值、位到物理值的比例尺、物理量的偏移和单位等。

在状态管理部分指定了主节点必须监视的从节点发送的信号，以确定从节点的状态。

在自由文本部分可以提供其他相关信息和对 LIN 标准的偏差说明。

下方给出了一个 NCF 的示例。此示例取自 LIN 规范 2.2A。所有用蓝色书写的单词都是保留关键字，不能用于节点和信号名称或其他标识符。

代码列表 7.6　Node Capability 文件示例

```
node_capability_file;
LIN_language_version="2.2";

node step_motor {
  general {
    LIN_protocol_version="2.2";
    supplier=0x0005;function=0x0020;
    variant=1;
    bitrate=automatic min 10 kbps max 20 kbps;
    sends_wake_up_signal="yes";
  }

  diagnostic {
    NAD=1 to 3;
    diagnostic_class=2;
    P2_min=100 ms;ST_min=40 ms;
    support_sid { 0xB0,0xB2,0xB7};
  }

  frames {
    publish node_status {
      length=4;min_period=10 ms;max_period=100 ms;
      signals {
        state {size=8;init_value=0;offset=0;}
        fault_state { size=2;init_value=0;offset=9;
          fault_enc;}
        error_bit { size=1;init_value=0;offset=8;}
        angle {size=16;init_value={0x22,0x11};offset=16;}
      }
    }

    subscribe control {
      length=1;max_period=100 ms;
      signals {
        command { size=8;init_value=0;offset=0;position;}
      }
    }
  }
}
```

```
encoding {
    position { physical_value=0,199,1.8,0,"deg";}
    fault_enc { logical_value=0,"no result";
            logical_value=1,"failed";
            logical_value=2,"passed";}
}
status_management {
    response_error=error_bit;
    fault_state_signals=fault_state;
}
free_text {
    "step_motor signal values outside 0 - 199 are ignored "
}
}
```

7.2 应用示例

通过汽车门控制系统的示例,展示了如何使用 LIN 总线进行通信。该示例的目标不是尽可能真实地再现一个应用,而是在示例中演示 LIN 的特定方面。通过与真实应用的关联,可以更容易地理解 LIN。

在描述组成 LIN 群组节点的传感器、控制元件和执行器之后,接下来描述将分配给帧的信号。这些帧将分配给描述通信的两个调度表。调度表中除了无条件帧之外还有事件触发帧和间歇帧。LDF 将逐步开发,并且调度表将在图形上显示出来。

7.2.1 节点描述

所考虑的车门控制包括四个车门。每个车门都装有一个能够控制车窗升降的电动车窗升降器。车窗升降器的行程由车窗升降器内的电流测量确定。通过检测转速,车窗升降器大致知道车窗的位置。电动车窗升降器电机温度可被监测,以避免过热。可以将车窗的位置和电机温度告知其他控制单元。带有内部电流、转速和温度测量的车窗升降器是一个组件。它具有一个 LIN 接口,并形成一个 LIN 节点。

驾驶人门和前排乘客门各安装了一面外后视镜,可以通过电动调节和加热。这些镜子可以在两个方向上旋转,即绕车辆纵轴(y方向)和横轴(x方向)旋转。

每扇车门上都有一个操作面板,用于控制车窗升降器。驾驶人门配备了一个大型操作面板,其他门则配备了小型操作面板。小型操作面板只能对安装有该操作面板的门的车窗升降器发出"上"或"下"的命令。驾驶人门上的大型操作面板可以控制车辆所有门的车窗升降器以及两面外后视镜。

所有节点信息及其缩写符号见表 7.1。本示例使用的缩写符号具有特定的命名规则且是任意选择的。用户在自己的项目中可以使用不同的规则或任意的名称，不仅适用于节点的标识，还适用于信号和帧的标识。

M 开头表示主节点，N 开头表示从节点。接下来是两个字母，表示组件［车窗升降器（FH）、外后视镜（AS）、控制台（BT）］。另外两个字母表示组件安装的位置［左前（VL）、右前（VR）、左后（HL）、右后（HR）］。为了实现更好的可读性，这三组字母之间用点号分隔，这些缩写在图片和 LDF 中继续使用。

表 7.1 门控制节点的信息及其缩写符号

零部件	位置	缩写符号	注释
窗玻璃起落摇把	左前	N.FH.VL	主驾驶门
窗玻璃起落摇把	右前	N.FH.VR	前排乘客门
窗玻璃起落摇把	左后	N.FH.HL	
窗玻璃起落摇把	右后	N.FH.HR	
外后视镜	左前	N.AS.VL	主驾驶门
外后视镜	右前	N.AS.VR	前排乘客门
控制面板	左前	M.BT.VL	主驾驶门
控制面板	右前	N.BT.VR	前排乘客门
控制面板	左后	N.BT.HL	
控制面板	右后	N.BT.HR	

图 7.2 所示为驾驶人侧门的车窗和外后视镜。图中标注了用于指示车窗和外后视镜调节方向的标识，这些标识也适用于副驾驶侧门和后门。

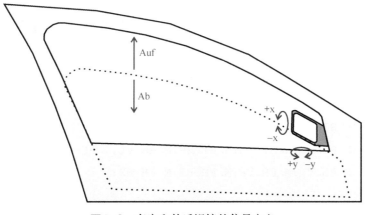

图 7.2 车窗和外后视镜的信号定义

图 7.3 所示为示例车辆的四个门以及通过 LIN 互相通信的 10 个节点。为每个节点绘制了刚刚介绍的标识，以及在后续中将使用的标识。

根据这些信息，可以编写 LDF 文件的第一部分（参见代码列表 7.7）。协议和语言版本选择当前的 2.2 版本，总线速率为 19.2kbit/s。主节点是驾驶人侧门的控制台。时间基准设定为 1ms，抖动设定为 0.01ms。

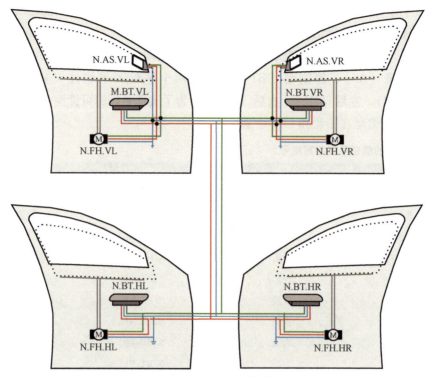

图 7.3 具有 LIN 节点和布线的四门车辆

代码列表 7.7 门控制节点的定义

```
LIN_description_file;
LIN_protocol_version="2.2";
LIN_language_version="2.2";
LIN_speed=19.2 kbps;


Nodes {
  Master:M.BT.VL,1 ms,0.01 ms;
  Slaves:N.BT.VR,N.BT.HL,N.BT.HR,N.AS.VL,N.AS.VR,
         N.FH.VL,N.FH.VR,N.FH.HL,N.FH.HR;
}
```

7.2.2 信号编码

在确定各个信号之前，有必要考虑如何对信号进行编码，即每个信号包含多少位和如何表示数值和状态。在示例中，可以区分六种不同类型的信号，包括调整外后视镜的 x 和 y 方向命令、开启后视镜加热功能以及调整车窗的命令。车窗升降器将返回两个测量值给主节点，分别是车窗位置和车窗升降器电机的温度。

这些信号组见表 7.2，在表中为每个组引入了一个缩写，并指定了信号的编码位数。由于每个信号始终有一个源（发送方）和一个宿（接收方），因此每个信号组都有两个组成部分。

表 7.2 信号组

零部件	调整信号	缩写	位
外后视镜，控制面板	调整 x 轴	posX	2
	调整 y 轴	posY	2
	加热	heizg	1
车窗玻璃起落摇把，控制面板	调整车窗	aufab	2
	位置调整	posF	8
	温度发动机	temp	8

这六个信号组的编码见表 7.3。对于每种可能的位组合，说明了该组合代表的含义。对于一个位，有两个可能的值（0 和 1），对于两个位，有四个可能的值，对于八个位，有 256 个组合。这种信号编码方法在 LDF 中实现（代码列表 7.8）。在示例中，区分了 logical_value 和 physical_value。logical_value 表示一个特定的位组合，而 physical_value 表示一个范围，如测量或控制范围。

表 7.3 信号组的编码

缩写	编码	含义
posX	00	电机出
	01	电机向正 x 方向转动
	10	电机启动，向 -x 方向移动
	11	
posY	00	
	01	
	10	
	11	
heizg	0	
	1	
aufab	00	
	01	
	10	
	11	
posF	0	
	1	
	2~254	
	255	

(续)

缩写	编码	含义
temp	0	
	1	
	2~254	
	255	

7.2.3　信号定义

信号编码简化了信号的定义。每个测量值、控制值和命令输入都通过一个信号表示。每个信号都有一个源和一个或多个宿。下一步将这些信号组合成帧,然后由节点发送。

信号的命名采用了与组件相同的模式。信号以字母 S 开头,后跟一个点".",然后是与该信号相关联的组件的缩写。在示例中,几乎总是指的是从属节点,它要么是信号的源,要么是信号的目标。信号的命名方案是可行的,因为所有信号只在主节点和从属节点之间交换,而不是在从属节点之间直接交换。但是从原则上讲,从属节点可以直接向另一个从属节点发送帧,而无须经过主节点。在表示标识性节点的缩写之后,紧接着是下划线和信号编码的缩写,从而确定信号由多少位。

代码列表 7.8　LDF 中的信号编码

```
Signal_encoding_types {

    posX {
        logical_value,0,"Motor aus";
        logical_value,1,"Motor ein +x Richtung";
        logical_value,2,"Motor ein -x Richtung";
        logical_value,3,"ungültig";
    }

    posY {
        logical_value,0,"Motor aus";
        logical_value,1,"Motor ein +y Richtung";
        logical_value,2,"Motor ein -y Richtung";
        logical_value,3,"ungültig";
    }

    heizg {
        logical_value,0,"Heizung aus";
        logical_value,1,"Heizung an";
    }

    aufab {
```

```
        logical_value,0,"Fensterhebermotor aus";
        logical_value,1,"Fenster nach oben fahren ";
        logical_value,2,"Fenster nach unten fahren ";
        logical_value,3,"ungültig";
    }

    posF {
        logical_value,0,"ungültig";
        logical_value,1,"untere Endlage erreicht";
        physical_value,2,254,1,0,"Position in mm";
        logical_value,255,"obere Endlage erreicht";
    }

    temp {
        logical_value,0,"ungültig";
        logical_value,1,"Temperatur unter 0 Grad Celsius";
        physical_value,2,254,0.5,0,"Temperatur in Grad Celsius";
        logical_value,255,"Temperatur über 120 Grad Celsius";
    }
}
```

所有信号的定义见表 7.4。左侧和右侧外后视镜各有 3 个用于 x 方向和 y 方向调节以及加热开关的信号。从前排乘客门控制面板和后门各有一个信号，用于请求主控节点升降车窗。主控节点决定是否将请求传递给相应的车窗升降器，并且可以覆盖该请求。为了向车窗升降器发送上升或下降命令，我们有 4 个信号。每个车窗升降器通过两个信号表示窗户位置和电机温度信息。

表 7.4 信号定义

发送	信号	接收	位
M. BT. VL	S. AS. VL_ posX	N. AS. VL	2
	S. AS. VL_ posY	N. AS. VL	2
	S. AS. VL_ heizg	N. AS. VL	1
	S. AS. VR_ posX	N. AS. VR	2
	S. AS. VR_ posY	N. AS. VR	2
	S. AS. VR_ heizg	N. AS. VR	1
N. BT. VR	S. BT. VR_ aufab	M. BT. VL	2
N. BT. HL	S. BT. HL_ aufab	M. BT. VL	2
N. BT. HR	S. BT. HR_ aufab	M. BT. VL	2
N. FH. VL	S. FH. VL_ pos	M. BT. VL	8
	S. FH. VL_ temp	M. BT. VL	8

（续）

发送	信号	接收	位
N. FH. VR	S. FH. VR_ pos	M. BT. VL	8
	S. FH. VR_ temp	M. BT. VL	8
N. FH. HL	S. FH. HL_ pos	M. BT. VL	8
	S. FH. HL_ temp	M. BT. VL	8
N. FH. HR	S. FH. HR_ pos	M. BT. VL	8
	S. FH. HR_ temp	M. BT. VL	8
M. BT. VL	S. FH. VL_ aufab	N. FH. VL	2
	S. FH. VR_ aufab	N. FH. VR	2
	S. FH. HL_ aufab	N. FH. HL	2
	S. FH. HR_ aufab	N. FH. HR	2

代码列表7.9 门控制信号说明

```
Signals {
    S.AS.VL_posX:2,0,M.BT.VL,N.AS.VL;
    S.AS.VL_posY:2,0,M.BT.VL,N.AS.VL;
    S.AS.VL_heizg:1,0,M.BT.VL,N.AS.VL;
    S.AS.VR_posX:2,0,M.BT.VL,N.AS.VR;
    S.AS.VR_posY:2,0,M.BT.VL,N.AS.VR;
    S.AS.VR_heizg:1,0,M.BT.VL,N.AS.VR;
    S.FH.VL_aufab:2,0,M.BT.VL,N.FH.VL;
    S.FH.VR_aufab:2,0,M.BT.VL,N.FH.VR;
    S.FH.HL_aufab:2,0,M.BT.VL,N.FH.HL;
    S.FH.HR_aufab:2,0,M.BT.VL,N.FH.HR;
    S.FH.VL_pos:8,0,N.FH.VL,M.BT.VL;
    S.FH.VR_pos:8,0,N.FH.VR,M.BT.VL;
    S.FH.HL_pos:8,0,N.FH.HL,M.BT.VL;
    S.FH.HR_pos:8,0,N.FH.HR,M.BT.VL;
    S.FH.VL_temp:8,0,N.FH.VL,M.BT.VL;
    S.FH.VR_temp:8,0,N.FH.VR,M.BT.VL;
    S.FH.HL_temp:8,0,N.FH.HL,M.BT.VL;
    S.FH.HR_temp:8,0,N.FH.HR,M.BT.VL;
    S.BT.VR_aufab:2,0,N.BT.VR,M.BT.VL;
    S.BT.HL_aufab:2,0,N.BT.HL,M.BT.VL;
    S.BT.HR_aufab:2,0,N.BT.HR,M.BT.VL;
}
```

7.2.4 帧

帧由之前定义的信号组成。一个帧中的所有信号必须具有相同的来源,因为只有一个节点可以发送该帧。信号可以按位排列,以最大限度地利用可用的有效负载。为此,在 LDF 中为每个信号指定偏移量。但也可以将信号布置得易于软件编写和评估,例如按字节排列。

在帧中,与之前的节点和信号相同,使用相同的命名模式。帧的缩写以"F"开头,后跟一个句点分隔符。接下来是发送该帧的节点的缩写,或者如果有更好的描述,则使用其他标识。在帧标识之后,在 LDF 中是帧标识符。所有与控制面板和主控节点之间的通信相关的帧具有 ID 1x。在示例中,它们的 ID 为 12、13 和 14。主控节点和外后视镜之间的通信帧具有 ID 2x。对于主控节点向车窗升降器发送的调节命令,使用 ID 30。车窗升降器向主控节点发送的帧具有 ID 4x。

代码列表 7.10　门控制帧说明

```
Frames {
  F.BT.VR:12,N.BT.VR,2 {
    S.BT.VR_aufab,8;
  }
  F.BT.HL:13,N.BT.HL,2 {
    S.BT.HL_aufab,8;
  }
  F.BT.HR:14,N.BT.HR,2 {
    S.BT.HR_aufab,8;
  }
  F.AS.VL:21,M.BT.VL,1 {
    S.AS.VL_posX,0;
    S.AS.VL_posY,2;
    S.AS.VL_heizg,4;
  }
  F.AS.VR:22,M.BT.VL,1 {
    S.AS.VR_posX,0;
    S.AS.VR_posY,2;
    S.AS.VR_heizg,4;
  }
  F.Befehl:30,M.BT.VL,1 {
    S.FH.VL_aufab,0;
    S.FH.VR_aufab,2;
```

```
    S.FH.HL_aufab,4;
    S.FH.HR_aufab,6;
  }
  F.FH.VL:41,N.FH.VL,2 {
    S.FH.VL_temp,0;
    S.FH.VL_pos,8;
  }
  F.FH.VR:42,N.FH.VR,2 {
    S.FH.VR_temp,0;
    S.FH.VR_pos,8;
  }
  F.FH.HL:43,N.FH.HL,2 {
    S.FH.HL_temp,0;
    S.FH.HL_pos,8;
  }
  F.FH.HR:44,N.FH.HR,2 {
    S.FH.HR_temp,0;
    S.FH.HR_pos,8;
  }
}
```

在LDF的7.10版本中定义了10个帧：

- 前右座椅控制面板（ID 12）、后左座椅控制面板（ID 13）和后右座椅控制面板（ID 14）分别通过信号 S.BT.xx_aufab 将一个帧发送到主节点。这些帧的有效负载为两个字节。

- 左侧外后视镜（ID 21）和右侧外后视镜（ID 22）分别从主节点接收帧，其中包含信号 S.AS.xx_posX、S.AS.xx_posY 和 S.AS.xx_heizg。这些信号的位按字节依次排列。这些帧的有效负载长度为1B。

- ID 为30的帧将四个控制信号打包发送给四个窗户升降器，用于操作窗户的上升和下降。该帧的长度为1B。这个帧会同时发送指令给所有四个窗户升降器。每个窗户升降器会从帧的有效负载中选择相应的位或者信号。

- 四个窗户升降器分别向主节点发送帧。前左窗户升降器使用 ID 41 的帧，前右窗户升降器使用 ID 42 的帧，后左窗户升降器使用 ID 43 的帧，后右窗户升降器使用 ID 44 的帧。这些帧的有效负载长度为2B，其中第一个字节是信号 S.FH.xx_temp，第二个字节是信号 S.FH.xx_pos。

在代码列表7.10中定义的帧首先被定义为无条件帧（Unconditional Frames）。在代码列表7.11中，一些帧被标记为偶发帧（Sporadic Frames）或事件触发帧（Event Triggered Frames）。

代码列表 7.11　偶发帧和事件触发帧定义

```
Sporadic_frames {
  Spiegel:F.AS.VL,F.AS.VR;
}

Event_triggered_frames {
  EventTaster:Schedule_Normal,10,F.BT.VR,F.BT.HL,F.BT.HR;
}
```

将发送给外部镜子的帧 F. AS. VL 和 F. AS. VR 由主节点定义为偶发帧（Sporadic Frames）。这样可以在调度表中将两个帧放置在相同的时隙，并且仅在需要时发送帧。

从控制面板发送到主节点的帧 F. BT. VR、F. BT. HL 和 F. BT. HR 被定义为事件触发帧（Event Triggered Frames）。从控制节点查询到节点的操作可以在调度表的一个时隙进行。为此，需要另外定义一个帧 ID，这里将其设为 10。从节点只在有效载荷发生更改时才会响应。在此假设中，控制面板不传输按钮的状态（按下或未按下），而只传输状态的变化。

7.2.5　调度表

调度表确定了何时发送哪个帧。对于一个 LIN 群组，可以定义多个调度表。以门控制为例，定义了两个调度表。第一个调度表被称为 Schedule_Normal，描述的是正常通信，在该调度表中帧被周期性地发送。当 Event Triggered Frames 发生碰撞时，主节点会临时激活第二个调度表，并逐个查询控制面板。在代码列表 7.12 中列出了 LDF 文件中这两个调度表的定义。

代码列表 7.12　车门控制调度表说明

```
Schedule_tables {
  Schedule_Normal {
    EventTaster delay 5 ms;
    Spiegel delay 4 ms;
    F.Befehl delay 4 ms;
    F.FH.VL delay 5 ms;
    F.FH.VR delay 5 ms;
    F.FH.HL delay 5 ms;
    F.FH.HR delay 5 ms;
  }
  Schedule_Collision {
    F.BT.VR delay 5 ms;
    F.BT.HL delay 5 ms;
    F.BT.HR delay 5 ms;
  }
}
```

图 7.4 所示为一个常规调度表，在图 7.4 中，Schedule_Normal 调度表由七个时隙组成。在时隙 1 中，发送带有 ID 10 的帧。该帧是一个事件触发帧，用于查询 3 个控制面板上的按钮是否被按下。如果没有任何按钮被按下，没有从节点发送帧响应，帧保持"不完整"状态。如果控制面板上的按钮状态发生改变，相应的节点将发送帧响应。在 3 个可能的节点之间，通过第一个 Payload 字节确定哪个节点发送了帧响应。每个从节点在该字节中发送其受保护标识符（Protected Identifier，PID）。这也是为什么有效载荷（Payload）长度为两个字节的原因，尽管对于二位信号"上/下/中止"来说，一个字节足够。如果两个或所有三个控制面板上的按钮状态发生改变，那么它们将发送帧响应并在总线上发生碰撞。这导致了帧的校验和字段（Checksum Field）中的校验和不正确。主节点因此检测到了碰撞，并随后在 Schedule_Collision 中逐个查询从节点。

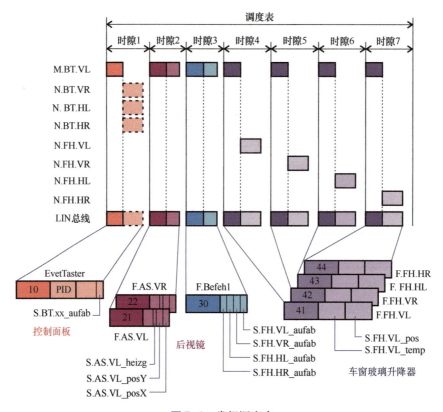

图 7.4 常规调度表

在时隙 2 中发送外后视镜的控制指令。相应的帧被定义为零星帧（Sporadic Frames），它使得主节点能够在该时隙零星地发送帧。有意义的做法是交替地向左右两个外后视镜发送帧。另一种选择是为每个帧分配一个独立的时隙。

在时隙 3 中，主节点发送 F. Befehl 帧。正如帧定义中所述，该帧包含了所有 4 个电动窗控制器的控制指令。因此，该帧被所有 4 个电动窗控制器接收，并且每个控制器查看自己的信号。

在时隙 4~7 中，4 个电动窗控制器发送它们各自的帧。

图 7.5 所示为一个冲突调度表。当在 Schedule_Normal 中的 Event Triggered Frame 发生冲突时，只有主节点才会激活图 7.5 中显示的 Schedule_Collision。在该调度表中，通过 a、b 和 c 三个时隙依次查询三个控制面板。为此，主节点在第一个时隙后中断 Schedule_Normal，并切换到 Schedule_Collision。完成一次 Schedule_Collision 后，主节点将返回 Schedule_Normal 并在第 2 个时隙继续执行。

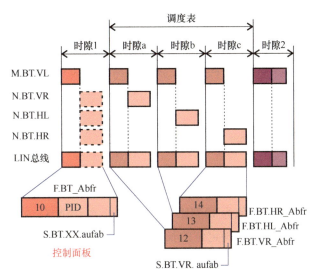

图 7.5　冲突调度表

第 8 章 CAN 总线开发与应用

在本章中，将讨论 CAN 的位时间配置、采样时间点以及 CAN 的扩展。要理解本章的内容，需要掌握第 4 章的知识。

■ 8.1 位定时和位同步

CAN 控制器直接使用或通过 PLL 从晶体的时钟派生得到时钟。下文将称此时钟为 CAN 时钟。对于 CAN 时钟，推荐的值为 40 MHz 和 80 MHz，在 CAN XL 中为 160 MHz。在发送过程中，发送节点利用其 CAN 时钟确定位的长度，并在相应的时间点之间切换高电平和低电平状态。所有其他节点接收到连续的模拟电压波形。这个电压波形首先需要进行离散化处理，使其只有高低两个取值。同时，连续的时间波形也需要被"转换"成比特位，即时间上也需要进行离散化处理。

8.1.1 接收到的电压波形的离散化处理

电压波形的离散化处理是通过接收器内的阈值来实现的。图 8.1 所示为 CAN-H 和 CAN-L 的有效范围。在显性信号下，CAN-H 线上的电压可以在 2.75~4.5V 之间，标称值为 3.5V。CAN-L 线上的电压可以在 0.5~2.25V 之间，标称值为 1.5V。在隐性信号下，CAN-L 和 CAN-H 的范围都在 2.0~3.0V 之间，标称值为 2.5V。

对于接收器来说，关键不是绝对电压值，而是 CAN-H 和 CAN-L 之间的差分电压。图 8.2 所示为发送器（左侧，蓝色）和接收器（右侧，紫色）差分电压的有效值范围。接收器的范围必须始终大于发送器的范围，因为导线上的电压下降和干扰会导致接收器上的电压发生变化。0.5~0.9V 之间的范围既不属于 1 信号也不属于 0 信号。

差分电压的离散化处理（转换为 0 和 1）由收发器完成。它将连续的二进制信号传递给 CAN 控制器，后者对该信号进行时序离散化处理，并将其转换为比特位。

8.1.2 位定时

为了将现在的二进制持续差分电压转换为比特位，需要对电压变化进行采样。这意味着在特定的时间点上评估差分电压的值，此时可以将一个比特位划分为四个段，如图 8.3 所示。

第 8 章　CAN 总线开发与应用

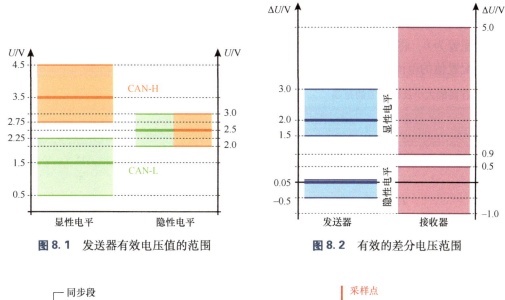

图 8.1　发送器有效电压值的范围　　　　图 8.2　有效的差分电压范围

图 8.3　CAN 的位定时

第一个段是同步段。在该段中，当电压从低变为高或从高变为低时会出现边沿。然后是传播段，该段考虑了 CAN 群组中信号传播的时间。电缆越长，传播段就需要配置得越大。最后两个段是相位缓冲段 1 和相位缓冲段 2。在相位缓冲段 1 和相位缓冲段 2 之间进行差分电压的采样。被记录的值（低或高，0 或 1）确定了比特的值。

各个段的长度以时间份额表示。同步段始终为一个时间份额，所有其他段都需要进行配置。可以进行配置的各个段的范围见表 8.1。时间份额通过 CAN 时钟获取，并且必须适配于群组所使用的比特率。例如，如果 CAN 群组使用 500kbit/s 进行传输，并且一个比特由 16 个时间份额组成，则一个时间份额为 125ns。因此需要一个 8MHz 的频率。在图 8.3 或表 8.1 中指定的八个时间份额的范围适用于经典 CAN。对于 CAN FD，CAN 时钟越高，数值越大。

由于 CAN 控制器只关心比特的长度和采样点在比特内的位置，因此配置仅需要三个参数：

■ 传播段和相位缓冲段 1 的时间份额总和，通常在许多半导体制造商的配置参数中称为 TSEG1。

■ 相位缓冲段 2 通常称为 TSEG2。

- 同步跃点宽度称为SJW。

在寄存器中实际上不是配置所计算或确定的段的值,而是从计算出的值中减去1。例如,将1配置为0,将8配置为7。这样可以将配置寄存器的大小减小一个比特。寄存器的大小以及配置值的范围见表8.1。比特的长度可以表示为TSEG1+TSEG2+3。

表8.1 寄存器的大小及配置值的范围

参数	位数	最小值 以时间份额为单位	最大值 以时间份额为单位
TSEG1	4	0	15
TSEG2	3	0	7
SJW	2	0	3

在具有800kbit/s至1Mbit/s比特率的总线系统中,建议的采样时间点范围为比特时间的75%~90%之间。对于所有比特率低于800kbit/s的总线系统,建议的范围为85%~90%。CANopen建议对于所有比特率尽可能接近87.5%的采样时间点。采样时间点取决于CAN时钟及由此产生的时间份额的长度。因此,并不是可以任意选择百分比值的。

在4.3节的表4.4中指出了比特率和最大线缆长度的相互关系。比特率越高,最大线缆长度就越短。振荡器容差 df 是另一个可能限制比特率的影响因素。必须满足三个不等式,见式(8.1)、式(8.2)和式(8.3)。

$$df \leq \frac{T_{\text{SJW}}}{20T_{\text{bit}}} \tag{8.1}$$

$$df \leq \frac{\min(T_{\text{PhaseSeg1}}, T_{\text{PhaseSeg2}})}{2(13T_{\text{bit}} - T_{\text{PhaseSeg2}})} \tag{8.2}$$

$$\text{SJW} \leq \min(T_{\text{PhaseSeg1}}, T_{\text{PhaseSeg2}}) \tag{8.3}$$

由于长线缆需要配置更多的时间份额来作为传播段,导致相位缓冲段1和缓冲段2的剩余时间份额不足,从而缩小了放置采样点的空间。通过设置传播段=1和相位缓冲段1=相位缓冲段2=SJW=4可以实现最大可能的振荡器容差,最大为1.58%。但这并非对所有系统都适用,因为这种组合不适用于短比特时间的场景。该组合仅适用于比特率最高为125 kbit/s且线长最大为40m的系统。

传播段 T_{PropSeg} 的长度可以根据式(8.4)计算。T_{PropSeg} 至少应是 t_{CAN}、$t_{\text{Transceiver}}$ 和 t_{Ltg} 之和的两倍。其中,t_{CAN} 是CAN控制器内部信号由发送端到接收端的传输时间,包括发送路径和接收路径的传输时间。由于发送路径和接收路径的传播时间总是不同的,因此需要分开考虑。在接收路径中,还需要考虑Rx信号的同步时间。

$t_{\text{Transceiver}}$ 是通过收发器的传输时间,也是由发送路径和接收路径的传输时间组成。如果使用不同传输时间的CAN控制器和收发器,则应选择较大的传输时间。

t_{Ltg} 是线路上的传输时间。它由线长 l_{Ltg} 和介质的特定信号传输时间 t_{p} 决定见式(8.5)。t_{p} 在双绞线连接线中通常为5~7.5ns之间。

$$T_{\text{PropSeg}} \geq 2(t_{\text{CAN}} + t_{\text{Transceiver}} + t_{\text{Ltg}}) \tag{8.4}$$

$$t_{Ltg} = l_{Ltg} t_p \tag{8.5}$$

$$l_{max} = \frac{0.5 T_{ProgSeg} - t_{CAN} - t_{Transceiver}}{t_p} \tag{8.6}$$

给定传播段 $T_{PropSeg}$ 的长度，可以根据式（8.6）计算两个节点之间的最大通信距离。

8.1.3 位同步

为了使接收器能够在正确的位置对差分电压波形进行采样，需要将其与发送器进行同步，如图 8.4 所示。当总线处于空闲状态时，如果出现一个隐性-显性的边沿，则始终会进行硬同步。这发生在发送第一个帧的比特，也就是 SOF 比特时。在接收到下降沿时，内部比特定时将与同步段一起启动。

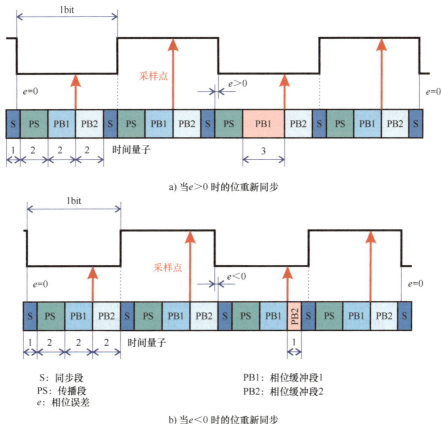

图 8.4 位重新同步

然而，仅靠这些还不足以正确接收整个帧，因为发送器和接收器的频率可能会有所差异。因此，在接收帧的过程中，每个接收器都会进行重新同步。为此，利用所有的隐性-显性，即下降沿。还可以选择利用显性-隐性的边沿。

重新同步时，需要确定相位误差 e。它表示接收器的时间份额是否比发送器的时间份额更短或更长，或者两者是否没有差异。相位误差有以下情况：

$e=0$，当下降沿位于同步段。

$e<0$，当下降沿位于同步段之前。

$e>0$，当下降沿位于同步段之后。

如果 $e>0$，则延长相位缓冲段 1。如果 $e<0$，则缩短相位缓冲段 2。可以通过重新同步跳跃宽度 T_{SJW} 来确定相位缓冲段可以缩短或延长的时间份额的最大数量。T_{SJW} 可以配置为 1，…，4。

图 8.4a 展示了当接收器的时钟比发送器快时，接收器中的重新同步过程。图中的第一个下降沿出现在同步段中，所以相位误差 $e=0$。接收器观察到的第二个下降沿是在同步段之后，所以 $e>0$。为了让后续的下降沿再次位于同步段中，接收器必须将相位缓冲段 1 延长一个或多个时间子队列。在示例中，相位缓冲段 1 被延长了一个时间子队列，变为三个时间子队列而不是两个。这个修正使得下一个下降沿再次位于同步段中。

图 8.4b 展示了当接收器的时钟比发送器慢时，接收器中的重新同步过程。图中的第一个下降沿出现在同步段中，所以相位误差 $e=0$。接收器观察到的第二个下降沿是在同步段之前，所以 $e<0$。为了使后续的下降沿再次出现在同步段，接收器必须缩短相位缓冲段 2。在示例中，该段被缩短一个时间份额，因此长度为一个时间份额而不是两个。这种修正使得下一个下降沿再次出现在同步段中。

■ 8.2 CAN 的进一步发展

8.2.1 CAN 的限制和扩展

在引入 CAN 时，它非常好地满足了应用需求。随着总线通信所提供的优势，CAN 被广泛应用并开拓了新的应用领域，也出现了新的需求。例如，11bit 标识符限制了可能的标识符数量。用户希望有更多的标识符，以便为每个测量值和设定值，通常是每个信息，分配一个独立的标识符。BOSCH 公司作为 CAN 的开发者，对这一新需求做出了回应，并扩展了 CAN。1991 年，发布了 CAN 规范 2.0，引入了一个 29bit 的大型标识符。因此，约有 5.37 亿个标识符可供使用。标识符的扩展将在 8.2.2 节中详细说明。

CAN 的通信是事件驱动的。通过优先级解决冲突。这样可以确保高优先级消息的响应时间，但并不适用于所有消息。这意味着通常情况下 CAN 不能实时操作，从而限制了其可能的应用领域。在 2000 年初，BOSCH 的员工与半导体制造商和学术界专家合作，开发了 TTCAN。TTCAN 代表时间触发式 CAN，将通信划分为周期。这些周期进一步分为时间窗口，每个时间窗口都保留给特定的消息。该概念还允许配置用于事件驱动消息的时间窗口。在群组中的一个节点是时间主节点，通过参考消息来提供其他所有节点参考的时间。TTCAN 于 2004 年以 ISO 11898-4：2004 的国际标准形式通过。汽车领域没有采用 TTCAN，在工业领域中也很少使用 TTCAN。因此，本书不会详细介绍此内容。

CAN 总线系统面临的一个挑战是节点从"关机"状态切换到"通信"状态的方式。最

第 8 章　CAN 总线开发与应用

早的系统通过开关供电来实现节点的开关机。然而，随着后续系统的出现，这种方法已不能满足需求，因此出现了各种激活 CAN 群组的方法。通过物理层的扩展，可以使节点进入休眠状态，并在不需要额外连接的情况下唤醒节点。有关物理层的扩展将在 8.2.3 节中详细说明。

CAN 的另外两个限制是数据负载受限于 8B，并且由于仲裁机制的限制，最大比特率为 1Mbit/s。这两个限制在 CAN 向 CAN FD 的扩展中得到了解决。FD 代表 Flexible Datarate（灵活数据速率）⊖。

CAN FD 的最初想法于 2011 年发布。目前，这种协议扩展已经在许多 CAN 控制器中实现，并在一些车辆中得到应用。CAN FD 支持最大 64B 的数据负载长度。仲裁机制仍然以最高 1Mbit/s 的比特率运行。在仲裁之后，比特率会切换到更高的速度。这是因为在仲裁之后，只有一个节点发送数据，并且所有位只被单向发送。元件和线路引起的延迟对功能不再产生影响。根据物理层和拓扑结构的不同，可以实现 5~8Mbit/s 的数据传输速率。在 CRC 之后，会恢复到原来的速度，以便以熟悉的方式进行确认。CAN FD 的帧格式和工作原理将在 8.3 节中详细说明。

迄今为止，CAN 的最新扩展称为 CAN XL。该扩展的最重要特性是可以传输长达 2048B 的数据负载。通过 CAN 帧可以将完整的以太网帧封装起来，这也清楚地表明了它的预期应用领域。基于数据传输率更高（100Mbit/s）和更大的灵活性，以太网在车辆通信中的使用越来越多，但对于传感器、执行器和小型控制器等设备而言存在一些限制。更高的数据传输率和更大的灵活性是需要付出代价的，这种代价不仅体现在经济上，还需要考虑组件和设计方面的复杂性和要求。在这方面，CAN XL 试图填补这一空缺。CAN XL 规范支持最高 21Mbit/s 的数据传输速率，但这需要一种与 CAN 和 CAN FD 不同的新物理层⊖。CAN XL 的规范已经完成，并在 2022 年推出了首个产品。关于当前进展的详细信息将在 8.4 节中介绍。

8.2.2　扩展标识符

1991 年，在 CAN 规范 2.0 中扩展了标识符。帧头中的一个用于扩展的保留位被用来在原有的 11bit 标识符和扩展的 29bit 标识符之间切换。这样就可以在同一个群组中同时使用 11bit 和 29bit 的标识符。

图 8.5 所示为具有 11bit 标识符和 29bit 标识符的帧结构。这两种执行方式之间的切换由头部中的 r1 位控制。如果此位为 0，则为具有 11bit 标识符的帧，这种帧被称为标准帧⊖。它的结构如图 8.5 所示。如果 r1 位为 1，则切换到扩展帧头。接收节点在 SOF 位后接收前 11bit 标识符。然后会期望 RTR 位和 r1 位。当发送一个带有 11bit 标识符的帧时，此处也会按预期有 RTR 位和设置为 0 的 r1 位。但是，如果发送一个带有 29bit 标识符的帧，则首先将

⊖　灵活意味着有两个固定的预先配置的传输速度。因此，数据速率并不像它的名字所暗示的那样具有灵活性。
⊖　CAN XL 的收发器称为 CAN SIC XL，可与所有 CAN 版本一起工作（见 8.5.2 节）。
⊖　随着进一步的扩展，有必要区分不同 CAN 版本的框架。原来的标准帧格式现在称为经典基本帧格式。

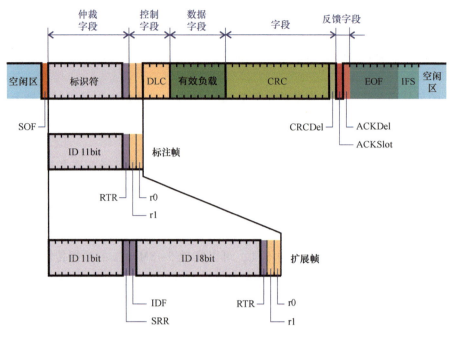

图 8.5 具有扩展标识符的帧结构

RTR 位替换为设置为 1 的 Substitude Remote Request 位（SRR 位）。接收方期望的下一个位 r1 的值为 1。这表示存在扩展标识符。该位被称为 IDE 位（Identifier Extended）。其后有另外 18bit 组成的 29bit 标识符。这些位也进行仲裁。标识符完成后，跟随的是与标准帧相同的 RTR 位，然后是 r1 和 r0 位。r1 位和 r0 位用于以后的扩展。

具有 29bit 标识符的帧被称为扩展帧⊖。与标准帧一样，有数据帧和远程帧。除了标识符外，这两种帧的结构相同。在一个群组中，可以根据需要在标准帧和扩展帧之间切换。

8.2.3 物理层的扩展

1. 问题描述

由于汽车行业是 CAN 的主要应用领域之一，因此将以车辆为例来说明问题。一个车辆可以通过"行驶"和"停放"这两种状态进行描述，但在总线系统的通信方面，ECU 还有其他感兴趣的状态，包括：

- 车辆停放
- 电源通电，发动机熄火
- 电源通电，发动机运行
- 娱乐模式（驾驶人在车内，点火关闭）
- 前后操作（例如，点火关闭时用于灯光控制）

在车辆通信方面，原始状态的"行驶"和"停车"被细分为不同状态。在"车辆停

⊖ 扩展帧格式现在被称为经典扩展帧格式。

放"状态下无通信活动,所有控制单元都处于关闭状态或低功耗模式。在"电源通电,发动机熄火"和"电源通电,发动机运行"状态下,大多数控制单元将保持开启状态并相互通信。在"娱乐模式"和"预运行和后运行"状态下,存在着一组节点进行通信,而另一组控制单元在此状态下不需要使用,它们可以关闭或进入低功耗模式来节省能源并保护电池。

为了控制车辆上的设备的打开和关闭,引入了15号接线柱和30号接线柱,可以将设备连接到这些接线柱上。图8.6所示为通过点火开关控制电源供应的结构。

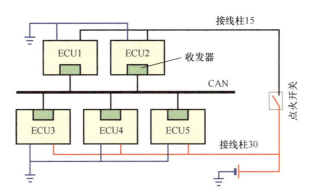

图8.6 通过点火开关控制电源供应的结构

所有需要在点火关闭时也需要使用的电器设备(包括ECU等控制装置)都连接在30号接线柱上。连接在30号接线柱上的所有控制装置始终连接到电源电压上,与点火开关无关,例如音频系统、照明控制和门锁控制等设备。

所有只有在点火开启时才需要使用的电器设备都连接在15号接线柱上。通过点火开关,电源电压被接通到15号接线柱,从而使所有控制装置被启动。实际上,现在不再使用点火开关来逐个启动设备,而是使用电源管理来控制系统。在解锁车辆后,电源管理会激活这些系统。以下为了简便起见,我们假定点火开关将电压接通到15号接线柱。

为了防止连接到30号接线柱上并持续连接到电源电压的控制装置耗尽电池电量,这些控制装置被切断或降到低功耗模式。当车辆停放时,控制装置的空闲电流应小于$100\mu A$。现在的挑战是如何重新启动或唤醒已经关闭或处于低功耗模式的控制装置。

2. 解决方案

有多种方法可以启动控制器。最简单的方法是通过点火开关启动,如果控制器连接到15号接线柱上,就像前面的部分所描述的那样。但是,对于所有连接到30号接线柱的控制器,需要其他解决方案。其中一种方法是布置一个单独的线路,用于接通或唤醒控制器。这条线路会增加成本,增加车辆的重量并占用安装空间。

更加巧妙的方法是通过CAN线路来唤醒控制器。为此,CAN总线的物理层被扩展。通过唤醒模式(WUP),可以唤醒连接到CAN总线上的所有控制器。不足之处在于始终会唤醒所有节点。通过唤醒帧(WUF),可以有针对性地唤醒单个控制器。这两种方法都需要传输器中的额外功能,在下面的章节中将进行解释。

3. 使用唤醒模式（WUP）唤醒

当使用唤醒模式进行唤醒时，传输器会在 CAN 线路上检测到满足特定时间要求的高电平和低电平序列时从低功耗模式中唤醒。如果"模式"不满足这些时间要求，则传输器将保持在低功耗模式中。

图 8.7 所示为一个传输器的基本结构，它扩展了一个用于低功耗模式的开关。在开关位置 P（Power）上，通过两个 25kΩ 电阻将两根 CAN 线拉到半供电电压 V_{cc} 的 2.5 V（低电平）。这样就向 CAN 线施加了一个偏置，对应于 CAN 传输器在正常模式下的行为。在开关位置 S（Sleep）上，将两根 CAN 线通过 25kΩ 电阻接地。这两个 25kΩ 电阻构成了一个高阻终端，可以防止线路漂移。传输器处于睡眠或低功耗模式。除了将 CAN 线接地之外，还关闭了发射器和接收器，以尽量减少能量消耗。

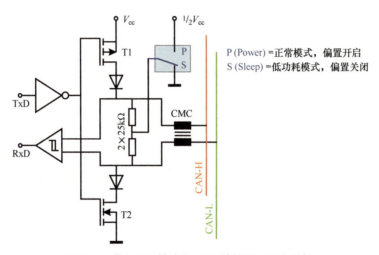

图 8.7　带有睡眠模式的 CAN 传输器的基本结构

从正常模式切换到低功耗模式的开关可以通过微控制器的引脚进行控制。但是，从低功耗模式切换到正常模式也可以通过传输器接收路径上的 WUP 检测器进行控制。WUP 检测器的状态如图 8.8 所示，相应的时间值见表 8.2。

在等待（Wait）、初始化（Init）、1 和 2 状态（深蓝色）中，收发器处于睡眠模式，其中 CAN 总线通过 25kΩ 电阻接地（Bias off）。在 3 和 4 状态中，收发器处于正常模式，进行通信。因此，当出现隐性信号时，CAN 总线上的两个 25kΩ 电阻使得信号被拉低到 2.5V（偏置开启）。

在初始化状态下，收发器会一直保持该状态，直到它检测到唤醒模式。为此，CAN 总线上必须依次出现一个显性电平、一个隐性电平和另一个显性电平。在此过程中，特定的显性和隐性电平时间不能被超过或未达到。

如果显性电平的持续时间小于 t_{Filter}，则将其忽略。对隐性电平也是如此。当总线从隐性到显性进行第一次切换时，将启动一个计时器。如果从隐性到显性的第二次切换未在 t_{Wake} 时间内完成，收发器将返回到初始化或等待状态。这样，收发器就恢复到初始状态并等待有效

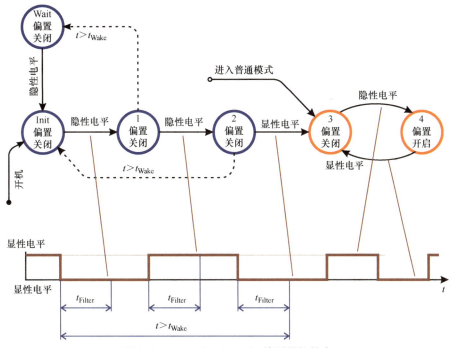

图 8.8 WUP (Wake-Up) 检测器的状态

的唤醒模式。唤醒模式包含显性-隐性-显性的电平序列,必须在 t_{Wake} 时间内被检测到,才能被接受为有效的唤醒模式。然后,收发器会唤醒微控制器。当微控制器和收发器处于正常模式时,收发器会打开偏置并激活发送和接收功能。在图 8.8 中没有显示微控制器和收发器之间的协作。从低功耗模式切换到正常模式只简化了收发器的状态从 2 变为 3 的过程。

t_{Filter} 和 t_{Wake} 的时间见表 8.2。对于每个参数,有两个时间值,一个是最小值,一个是最大值。其中一个原因是收发器是基于模拟电路设计的,并且使用与微控制器不同的制造技术。这种技术在时间检测方面具有更大的容差,因此对于每个参数都会给出一个最小值和一个最大值。t_{Filter} 的最小值为 $0.5\mu s$,最大值为 $1.8\mu s$。这意味着,持续时间小于 $0.5\mu s$ 的信号将被忽略。例如,如果总线上是隐性电平,并且总线在 $0.4\mu s$ 内从隐性切换到显性,然后又回到隐性,那么收发器中的 WUP 检测器将忽略该显性电平。只有当显性电平持续时间至少为 $1.8\mu s$(即最大值)时,才能确保正确检测到显性电平。但是,如果显性电平的持续时间介于最小值和最大值之间(例如 $1\mu s$),收发器是否能正确检测到显性电平并没有确定下来。这取决于具体的实现和制造过程,可能会发生也可能不会发生。因此,在群组中进行唤醒时应避免最小值和最大值之间的范围。这意味着显性和隐性阶段的持续时间必须大于 t_{Filter} 的最大值并且小于 t_{Wake} 的最小值。

表 8.2 唤醒的最大和最小时间

参数	描述	最小值	最大值
t_{Filter}	保持电平不变的时间	$0.5\mu s$	$1.8\mu s$
t_{Wake}	唤醒时间	$0.8ms$	$10ms$

t_{Filter} 和 t_{Wake} 的最小值和最大值的理解方式是相似的。如果显性相位和隐性相位的持续时间都短于 t_{Wake} 的最小值，它们将导致收发器发生状态转换，如图 8.8 所示。如果这些相位的持续时间长于 t_{Wake} 的最大值，将触发到 Init 或 Wait 状态的状态转换，从而重新开始唤醒过程。

t_{Filter} 的任务是过滤电缆上的短脉冲，以避免意外唤醒。t_{Wake} 防止较长、但相隔较远的脉冲也产生唤醒。两个计时器的组合使唤醒过程对干扰和意外唤醒具有稳健性。

到目前为止，已经解释了 WUP 必须具备的特性，以便收发器将其识别为总线上的 WUP。现在，一个节点需要发送什么来唤醒群组中的其他节点呢？在总线上不需要特殊的符号，而是通过发送帧来唤醒其他节点。

为了在总线上产生显性-隐性-显性的电平序列，带有相应的时间，对于仲裁比特率高达 500kbit/s 的情况，只需要按顺序发送 0 位、1 位、0 位即可。每个相位只需要一个单独的比特。由于比特填充导致连续出现最多 5 个相同的比特，因此所需的电平序列已经在发送标识符时生成。

即使在仲裁比特率大于 500 kbit/s 的情况下，唤醒仍然起作用。在标准的 CAN 帧中，RTR、r1 和 r0 位是显性的（图 8.9），因此这三个位导致电平为显性。每个帧的末尾始终有一个 11bit 长的隐性相位，由应答界定符、EOF 和帧间间隔组成。在下一帧中，又会有一个由 RTR、r1 和 r0 位组成的三位长的显性相位。因此，产生了满足唤醒时间要求的电平序列。

扩展帧格式的帧也满足这些条件，因为在这些帧中 RTR、r1 和 r0 位也是显性的。

图 8.9 具有三位长显性相位的标准 CAN 帧

4. 唤醒帧（WUF）的唤醒方式

如本节第 2 部分所述，使用唤醒帧进行唤醒的缺点是总线上的所有节点都会被唤醒。有一些应用程序只需要少数几个节点来执行特定任务。为了这些应用程序，开发了使用唤醒帧进行唤醒的方法。它也被称为选择性唤醒，并实现了部分网络，即只有部分 CAN 节点之间进行通信，其他节点处于低功耗模式。

在选择性唤醒中，处于低功耗模式的收发器会解析接收到的帧的 ID 和有效载荷。如果 ID 和有效载荷中的数据符合特定的值，那么它被视为唤醒信号。收发器进入待机模式并唤醒微控制器。一旦微控制器处于正常模式，它也将收发器切换到正常模式。如果 ID 和有效载荷不符合配置的值，收发器将保持在低功耗模式。为此，在收发器中配置了帧 ID、帧 ID 掩码和数据掩码。

用于唤醒的帧 ID 检查示例见表 8.3。表中的示例很好地解释了验证接收到的标识符与配置的帧 ID 和帧 ID 掩码的过程。第 2 行显示了配置的帧 ID，第 3 行显示了配置的帧 ID 掩码。如果接收到的帧 ID 与在配置的帧 ID 掩码中设置的位相同，则"匹配"一个接收到的帧 ID。在这个例子中，必须要求相应位置在帧 ID 掩码中为 0 的位要匹配。这也意味着在帧 ID 掩码中为 1 的位上，位可以是任意值（不关心）。位是否需要匹配 0 或 1 取决于具体的实现。根据配置的帧 ID 掩码，位 10 到 2 必须匹配。位 1 和 0 可以是任意值。接收到的帧 ID A 在位 10 到 2 与配置的帧 ID 匹配，因此节点将被唤醒。接收到的帧 ID B 也在位 10 到 2 与配置的帧 ID 匹配。但接收到的帧 ID C 在位 5 与配置的帧 ID 不匹配，因此此帧不会唤醒节点。

表 8.3　用于唤醒的帧 ID 检查示例

位	10	9	8	7	6	5	4	3	2	1	0
配置的帧 ID	0	0	1	0	0	1	1	0	0	0	0
配置的 ID 掩码	0	0	0	0	0	0	0	0	0	1	1
接收到的帧 ID A	0	0	1	0	0	1	1	0	0	0	0
接收到的帧 ID B	0	0	1	0	0	1	1	0	0	1	0
接收到的帧 ID C	0	0	1	0	0	0	1	0	0	1	1

通过配置的数据掩码进行有效载荷的检查。数据掩码指定要检查的位。该示例见表 8.4。给定一个字节大小的数据掩码（第 2 行）。如果数据掩码中某个位为 1，则会检查有效载荷中的相应位。在这个例子中，位 5 和位 3 将被检查。如果有效载荷中的任意一个位为 1，则节点将被唤醒。根据例子，数据 D 和 F 会唤醒节点，因为位 5 的值为 1。而数据 E 不会唤醒节点，因为位 5 和位 3 的值都不为 1。

表 8.4　用于唤醒的有效负载检查示例

位	7	6	5	4	3	2	1	0
配置的数据掩码	0	0	1	0	1	0	0	0
接收到的数据 D	0	0	1	0	0	1	0	0
接收到的数据 E	0	1	0	0	0	0	0	0
接收到的数据 F	1	0	1	0	0	0	0	1

为了唤醒一个节点，必须同时满足帧 ID 检查和有效载荷检查的条件。在这个例子中，帧 ID 为 A 且有效载荷为 D 或 F 将唤醒节点，但帧 ID 为 A 且有效载荷为 E 则不会。帧 ID 为 B 时的情况也是如此。帧 ID 为 C 时无论有效载荷是什么都不会唤醒节点。

最后，我们来回答为什么需要配置帧 ID、ID 掩码和数据掩码，而不仅仅配置一个帧 ID 就足够了。帧 ID 和 ID 掩码使得多个节点可以发送 WUF，因为可以使用不同的帧 ID。通过 ID 掩码，接收节点可以分组，并只对特定的帧 ID 做出响应。通过数据掩码可以进一步细化这些分组。同样地，也可以先使用数据掩码设置分组。总之，这个概念非常强大，应该能够涵盖所有唤醒的可能情况。

8.3 CAN FD

CAN FD 是 CAN 的扩展，可以以超过 1Mbit/s 的速度传输数据。此外，CAN FD 支持最大 64B 的有效载荷长度。为了能够区分它们，将使用术语 "Classical CAN" 来描述如第 4 章所述的经典的 CAN，包括扩展标识符（参见 8.2.2 节）。

8.3.1 帧格式和工作原理

CAN FD 基于与经典 CAN 相同的机制。这些机制包括仲裁、确认和比特填充。仲裁和确认需要信号传输时间小于半个比特时间的条件。因此，经典 CAN 最大只能以 1Mbit/s 的速率运行。为了实现更高的比特率，CAN FD 在发送帧时可以切换比特率。首先使用较慢的比特率进行仲裁，满足信号传输时间小于半个比特时间的条件。这个比特率被称为仲裁比特率。一旦仲裁完成，将切换到较高的比特率，被称为数据比特率。在这种情况下，位只从发送器到接收器传输，只有单向，因此传输延迟和比特时间没有依赖关系。在 CRC 之后，又切换回较慢的比特率，以确保确认操作正常进行。图 8.10 所示为 CAN FD 帧格式以及两个比特率及其切换时间点。CAN FD 帧中位的含义请参见表 8.5。

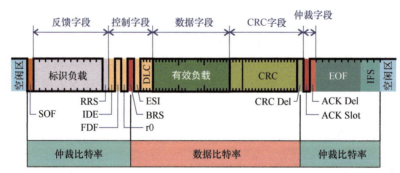

图 8.10 CAN FD 帧格式以及两个比特率及其切换时间点

表 8.5 CAN FD 帧中位的含义

符号	位	含义	数值
SOF	1	帧开始标记	0
ID	11	识别符	
RRS	1	远程请求替换	0
IDE	1	标识符扩展标志	0
FDF	1	灵活数据帧标志	1
r0	1	保留	0
BRS	1	位率切换	1
ESI	1	错误状态指示器	
DLC	4	数据长度编码	

（续）

符号	位	含义	数值
CRC	17，21	循环冗余校验	
CRC Del	1	CRC 定界符	1
ACK Slot	1	确认槽	
ACK Del	1	确认定界符	1
EOF	7	帧结束	1111111
IFS	3	帧间隔	111

一个 CAN FD 帧的起始与经典 CAN 帧相似，包含 SOF 位和标识符。在标识符后面是 RTR 位。由于 CAN FD 不支持远程帧，RTR 位被 RRS 位替代，其始终为 0。RRS 代表远程请求替代。

在经典 CAN 的 r1 位和 r0 位之后，r1 位用于扩展标识符帧的信号传递，称为 IDE 位。在 CAN FD 帧中也是如此。11bit 标识符和 RTR 位可以由图 8.5 中所示的 29bit 标识符代替。现在，第二个保留位（r0）被用于在经典 CAN 帧和 CAN FD 帧之间切换。r0 位现在称为 FDF 位。如果该位的值为 0，则为经典 CAN 帧；如果该位的值为 1，则为 CAN FD 帧。

接下来添加了 3 个新位。这 3 个位中的第一个称为 r0，是一个保留位，用于将来的扩展，其值为 0。接下来的位是位速率切换位（BRS）。如果该位的值为 0（显性），则继续以仲裁比特率传输；如果该位的值为 1（隐性），则切换到更快的数据比特率。切换发生在 BRS 位的采样点。使用高比特率传输直至 CRC 定界符。

第 3 个新位是错误状态指示器（ESI）。如果发送节点处于错误主动状态，则该位的值为 0。如果节点处于错误被动状态，则 ESI 位的值为 1。使用该位可以将发送节点的错误状态通知给其他节点，从而实现简单的网络管理。

接下来是 4 位的数据长度码（DLC），用于指示有效载荷的字节数。DLC 的编码见表 8.6。请注意，只有表中给出的有效载荷长度是可能的。例如，如果要传输 27B 的数据，则必须选择表中最接近的有效载荷大小，即 32B。剩余的 5 个字节将不使用。

表 8.6 DLC 的编码

数量	数据长度编码			
数据字节	DLC 3	DLC 2	DLC 1	DLC 0
0	0	0	0	0
1	0	0	0	1
2	0	0	1	0
3	0	0	1	1
4	0	1	0	0
5	0	1	0	1
6	0	1	1	0
7	0	1	1	1

(续)

数量	数据长度编码			
数据字节	DLC 3	DLC 2	DLC 1	DLC 0
8	1	0	0	0
12	1	0	0	1
16	1	0	1	0
20	1	0	1	1
24	1	1	0	0
32	1	1	0	1
48	1	1	1	0
64	1	1	1	1

之后是像经典 CAN 一样的有效载荷和 CRC。CRC 使用 CRC 定界符结束。在 CRC 定界符期间（始终为1），从高比特率切换回低比特率。切换到较慢的仲裁比特率发生在 CRC 定界符的采样点上。确认位、确认定界符和随后的位的长度与仲裁比特率相同。

图 8.11 所示为使用示波器记录的 CAN FD 帧。该图显示了差分电压，但极性相反，以使信号与 TxD 引脚和 RxD 引脚上的信号以及常见的帧格式图像相符。

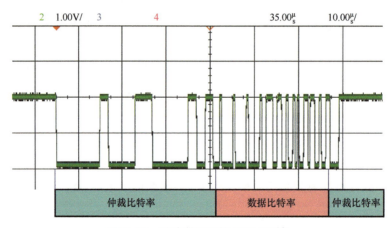

图 8.11　示波器记录的 CAN FD 帧

8.3.2　CAN FD CRC

在 CAN FD 中，最多可以传输 64Byte 的有效载荷。为了达到与经典 CAN 相同的汉明距离和相同的保护水平，CRC 必须进行扩展。此外，还需要计算插入的填充位的数量。该值被插入并传输到帧的填充位计数字段中。该字段位于有效载荷之后和 CRC 之前。

在经典 CAN 中，使用 15bit 长的 CRC。在 CAN FD 中，当有效载荷长度为 0~16B 之间的帧时，使用 17bit 长的 CRC。对于更长的帧，即有效载荷长度为 20~64B 之间的帧，使用 21bit 长的 CRC（图 8.12）。用于计算 CRC 的多项式在 6.1.4 节的式（6.6）~式（6.8）中给出。

另一个变化是，在 CAN FD 中，CRC 也包括填充位进行计算。

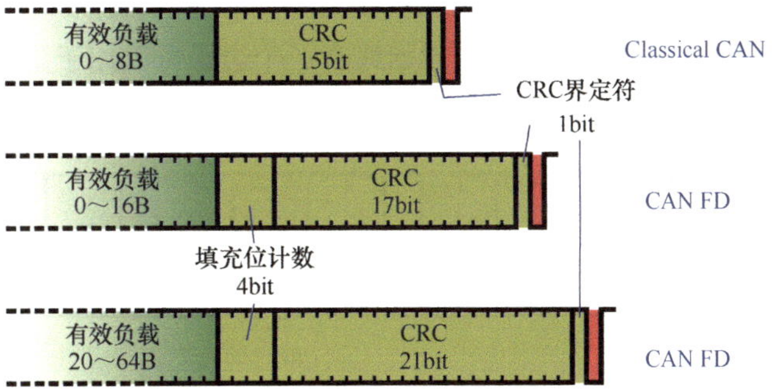

图 8.12　CAN 和 CAN FD 中的 CRC 校验

在经典 CAN 中，首先计算 CRC，然后插入填充位。而在 CAN FD 中，首先插入填充位，然后计算 CRC。对于接收方来说，CRC 计算意味着在帧开始时必须同时开始计算所有 3 种 CRC 变体。通过接收 FDF 位，可以确定是经典 CAN 帧还是 CAN FD 帧，从而可以停止其中一种或两种 CRC 计算。通过接收 DLC 中的帧长度，最终确定使用哪个 CRC。

8.3.3　比特填充

CAN FD 与经典 CAN 一样，使用填充位来实现接收方在接收过程中对比特进行同步。在经典 CAN 中，在帧的第一个比特（SOF 位）和最后一个 CRC 比特之间，如果连续 5 个比特具有相同的值，则插入一个互补的填充位。在 CAN FD 中，也使用这种动态位填充，但它仅适用于从 SOF 位到有效载荷的最后一位。发送方会计算插入的填充位的数量，并将信息传递给其他节点。为此，在有效载荷之后，存在一个位填充位计数字段。不需要传输插入的填充位的绝对数量。相反，将确定填充位数量的值，并使用 3 位格雷码将其输入到填充位计数字段中。第 4 位是一个偶校验位，用于确定格雷码值的奇偶性。编码见表 8.7。

表 8.7　使用奇偶校验和 FSB 进行填充位编码

填充位数量	格雷码值	奇偶校验位	固定填充位
0	000	0	1
1	001	1	0
2	011	0	1
3	010	1	0
4	110	0	1
5	111	1	0
6	101	0	1
7	100	1	0

随着有效载荷的结束，动态比特填充切换到固定位填充（Fixed Stuff Bit，FSB）。这意味着在固定位置插入填充位。第一个固定填充位直接插入在有效载荷的最后一位之后，填充

位计数（Stuff Bit Counts）的第一位之前。接下来的固定填充位总是在每四位之后插入。图 8.13 所示为 21 位长 CRC 中的固定填充位在填充位计数和 CRC 中的位置。填充位的值由前一个位决定，并与其互补。这样，接收方始终有一个边缘可以用于重新同步。固定位填充在 CRC 结束时终止。

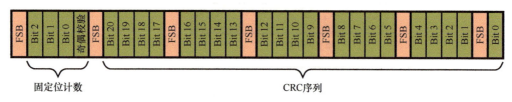

图 8.13 CRC 字段中的位编号和固定填充位

8.3.4 CAN 帧类型概述

通过帧中的 RTR 位、IDE 位和 FDF 位，可以在不同的帧格式之间进行切换。RTR 位指示它是数据帧还是远程帧。IDE 位指示是否存在 11bit 标识符（作为基本标识符）或 29bit 标识符（扩展标识符）。FDF 位最后指示是 ClassicalCAN 帧还是 CAN FD 帧。确定帧类型的控制位见表 8.8。

表 8.8 确定帧类型的控制位

位值	0		1
RTR 位	数据	⟷	远程
IDE 位	基础	⟷	扩展
FDF 位	经典	⟷	FD

使用这 3 个控制位，可以编码出 8 种不同的帧类型。然而，由于 CAN FD 不支持远程帧，只有 6 种不同的帧类型。通过头部中的控制位定义帧类型见表 8.9，表中列出了所有有效的控制位组合，除了标识符长度和有效载荷范围外，还为每种帧类型提供了一个独特的名称。

表 8.9 通过头部中的控制位定义帧类型

IDE (r1)	RTR	FDF (r0)	ID/bit	有效载荷/B	帧标识
0	0	0	11	0~8	基础经典数据
0	1	0	11	0	基础经典远程
1	0	0	29	0~8	扩展经典数据
1	1	0	29	0	扩展经典远程
0	0	1	11	0~64	基础 FD 数据
1	0	1	29	0~64	扩展 FD 数据

8.3.5 应用提示

随着 CAN 向 CAN FD 的扩展,将存在已经实现了扩展的 CAN 控制器和未实现扩展的 CAN 控制器。前者指的是在 CAN FD 规范发布之前设计的所有 CAN 控制器。为了能够区分不同的控制器,引入了以下术语:

- FD enabled:控制器可以发送和接收 CAN FD 和 Classical CAN 帧。
- Legacy CAN:控制器只能发送和接收 Classical CAN 帧。如果发送 CAN FD 帧,它们会发出错误信号,需要重新发送。在安装了这些控制器的群组中,无法发送 CAN FD 帧。
- Legacy CAN 控制器和 CAN FD enabled 控制器可以混合在一个群组中使用,但是 CAN FD 控制器只能发送 Classical CAN 帧。

8.3.6 CAN FD 位速率

CAN FD 规范对仲裁的较低位速率和较高数据位速率没有给出具体的数值,而是指定了范围或最大值。对于实现 CAN FD 设备,CANopen 定义了一对用于两个比特率的值。每个符合 CANopen 的设备都必须支持这些比特率对,还可以支持其他比特率对,CAN FD 位率见表 8.10。

表 8.10 CAN FD 位率

仲裁比特率/(kbit/s)	数据比特率/(kbit/s)
1000	5000
500	2000
250	2000
250	1000

8.3.7 更长有效载荷和更高数据位速率的效果

图 8.14 所示为 CAN FD 帧以仲裁比特率传输的部分和以数据比特率传输的部分的传输时间。计算基于 11bit 标识符、64B 有效载荷和 500kbit/s 的仲裁比特率。此外,未考虑填充位。

图 8.15 所示为在 4~64B 有效载荷长度下,不同数据比特率下的 CAN FD 帧传输时间与以 500kbit/s 工作的 Classical CAN 帧传输时间的比较。仲裁位比特率为 500kbit/s,数据位比特率为 500kbit/s、1Mbit/s、2Mbit/s、4Mbit/s 和 8Mbit/s。

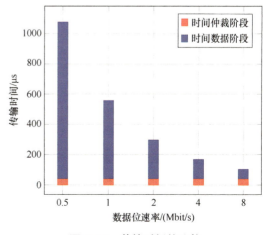

图 8.14 传输时间的比较

有效载荷 8B 以下的 CAN FD 帧的曲线高于 Classical CAN 的曲线，因为由于较长的标头和较长的 CRC，开销更大。在其他数据比特率相同的情况下，从 9B 有效载荷开始，CAN FD 比 Classical CAN 传输数据更快，因为 CAN FD 可以在一个帧中传输数据，而 Classical CAN 必须将数据分成多个帧，因此开销更大。

当数据比特率高于仲裁比特率时，CAN FD 发挥其优势。在 2Mbit/s 的数据比特率下，从 48Byte 有效载荷开始，CAN FD 可以在 20% 的时间内传输数据，而 Classical CAN 需要更长的时间。这些曲线的计算基于没有填充位的帧。考虑到填充位后，所有帧的长度会略有增加，而通过经典 CAN 和 CAN FD 传输的时间比例可能会稍微改变。但是，图表的整体结论不会改变。

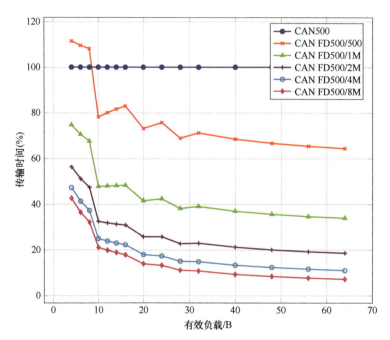

图 8.15　在不同数据比特率下，CAN FD 帧传输时间的比较

8.3.8　CAN FD SIC 方法

为了使 CAN FD 正常工作，制定了一些必须遵守的一般规则：
- CAN 时钟必须为 40MHz 或其倍数。
- 对于 2Mbit/s 及以下的比特率，CAN 时钟必须为 40MHz，对于大于 2Mbit/s 的比特率，CAN 时钟必须为 80MHz。
- CAN 时钟的容忍度最大为 0.3%。

增加 CAN FD 的数据比特率对用户来说是好事，但在物理层面引发了一些问题。在探讨解决方案之前，首先概述这些问题。

正如 8.1 节所述，采样点被配置。在该点，接收器对位进行采样。然而，考虑到 CAN 时钟的不对称性和容忍度，实际系统中的采样点并不是一个时间点，而是一个范围。以下效应可能导致采样点偏移：

- 发送节点和接收节点之间 CAN 时钟的偏差导致其中一个节点的 CAN 时钟运行速度比另一个节点快。CAN 时钟的容忍度取决于产生 CAN 时钟的石英晶体的容忍度以及从中派生 CAN 时钟的 PLL（锁相环）的抖动。CAN 时钟的容忍度计算为 0.3%。PLL 的抖动估计为 2ns 或 4ns。
- CAN 收发器内部从优势位到隐性位的转换和从隐性位到优势位的转换之间的不对称性。这种不对称性存在于发送节点（发送方）和接收节点（接收方）中。

在 ISO 11898-2：2016 中，针对 2Mbit/s 和 5Mbit/s 的数据比特率定义了两个参数集。所有更新的收发器都满足比 5Mbit/s 参数集更严格的容限，因此我们只关注这些数值。CAN 收发器的容限与其操作的总线速度无关。

- CAN 控制器和 CAN 收发器之间的接口存在不对称性。这种不对称性的典型值为 5ns。由于发送器和接收器各自都有一个接口，因此需要考虑两次这个值。
- 通过时间划分进行离散化。位定时的同步基于位流中的下降沿。下降沿以一个时间量子的精度进行检测。

CAN FD 群组中的位不对称性的数值见表 8.11。假设 CAN 时钟为 80MHz，因此一个时间份额的长度为 12.5ns。我们假设容限为 0.3%。如果我们做一个估算，假设总线上有五个显性位后跟一个隐性位，那么时钟就会相差 6 个位。在位时长为 200ns 的情况下，节点之间会产生约 5ns 的偏差。对于收发器的不对称性，我们采用了 ISO 11898-2：2016 标准中针对 5Mbit/s 参数集规定的数值，因为较新的收发器遵循这些数值。

表 8.11 CAN FD 群组中的位不对称性数值

参数	延长	缩短
	显性位	显性位
CAN 总线时钟的容差	5ns	5ns
发送器中的不对称性	10ns	10ns
接收器中的不对称性	20ns	15ns
控制器与收发器之间的接口	10ns	10ns
总和	45ns	40ns

图 8.16 所示为从一个显性位过渡到一个隐性位的位不对称性。由于不对称性的存在，下降沿可能提前高达 40ns，从而缩短显性位。如果位被延长，下降沿可能会延迟高达 45ns。

比较 ISO 11898-2：2016 标准中给出的数值和图 8.16，我们可以得出以下结论：CAN 接收器在采样点上确定了一个位的值。为此，接收器检测到显性位或一系列显性位开始的边缘，并计算从配置的采样点开始的时间份额数。边缘的检测精度取决于时间份额或 CAN 时钟的精度。因此，在接收器中存在着一个采样点范围，如图 8.16 所示。显性位延长部分与采样点范围的开始之间的区域可用于减弱群组中的振铃效应。假设群组长度为 12m，假设信号在线路上的传输延迟为 5ns/m，最早的回波将在 120ns 内到达。在最大的位不对称性情况下,回波将进入采样点范围。如果回波超过 0.5V 的差分电压,可能会产生误采样。如果群组以 2Mbit/s 的速度运行,比特位就会更长,振铃消退的时间也会更长一些。但是,无法实现发生振铃的扩展群组。

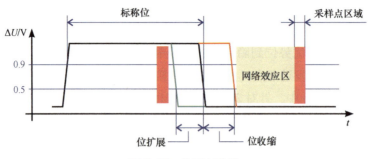

图 8.16 位不对称性

为了实现可靠的通信,必须选择一个不易产生振铃的拓扑结构。这些结构包括点对点连接和相应终端节点。也可以使用菊花链拓扑结构,此结构倾向于产生较少的振铃效应。然而,具有被动星形结构的拓扑结构在分支线较长和分支线数量较多的情况下容易产生振铃。另一种方法是减少线路长度。如果线路短,回波到达速度更快,因此回波将位于位的前部。无论是菊花链拓扑结构还是减少线路长度,都会大大限制 CAN FD 高传输速率的广泛应用。减少最大不对称性可以扩大振铃允许的范围,但在高比特率下对此帮助有限。

信号提升能力(Signal Improvement Capability,SIC)的框架下,已经开发出了改善信号行为的方法。这些方法在 CiA601-4 Version 2.0 中进行了规范。对于以 2Mbit/s 运行的系统,更严格的不对称性值给予了振铃更多的余地。但对于更高的比特率,这是不够的,需要在从优势到隐性级别过渡时主动改善信号电平。有两种方法可以实现这一点:

- 在发送器的收发器中进行干预。
- 在接收器的收发器中进行干预。

图 8.17 所示为具有接收端抑制振铃的 SIC 传输器原理,图中展示了一种解决方案,其中接收器识别出显性到隐性的边缘,并有针对性地在 CAN-H 和 CAN-L 线之间加入一个电阻,持续一段特定的时间。该电阻用于终结线路,从而抑制振铃效应。开启电阻的开关必须及时关闭,以免额外的电阻影响比特值的准确性。这在仲裁阶段尤为重要。

这种方法是有效的,但也有其局限性,因为边缘识别需要时间。此外,接收器需要区分比特边缘、毛刺和电磁干扰效应。通过额外的滤波器可以抑制毛刺,但这样的滤波器会引起延迟。因此,在可用时间中无法充分利用部分时间来抑制振铃效应,因为需要花费时间进行边缘识别和滤波器处理。该方法需要针对每个比特率设计专门的产品,限制了灵活性。此外,该方法只在节点处于激活状态时抑制振铃。如果该节点的电压供应中断,则与该节点相连的线路将没有终端,可能会影响整个群组的稳定性。

第二种方法(图 8.18)是通过在发送节点中抑制振铃来解决问题。这种方法处理了振铃的发起者——发送节点。在从显性到隐性电平的过渡中,同样会在 CAN-H 和 CAN-L 线之

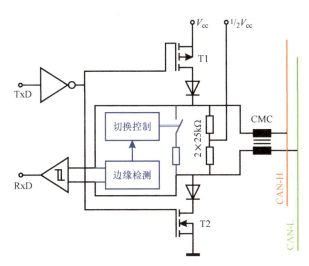

图 8.17 具有接收端抑制振铃的 SIC 传输器原理

间插入一个电阻，使两条线的电平迅速趋于一致，并通过阻抗匹配抑制振铃效应。在收发器中，我们知道何时会有显性到隐性比特的过渡，因为该信息位于 TxD 引脚上。边缘识别更加简单，无须花费时间进行边缘识别。TxD 线上不存在毛刺，因此也不需要毛刺滤波器。由于在数据阶段只有一个发送节点，因此只有一个节点会在两个 CAN 线之间插入额外的电阻。虽然这可能看起来不利，但最初实施的测试表明这种方法非常有效。收发器制造商在其数据手册中指出，使用这些收发器可以实现高达 8Mbit/s 数据比特率的群组通信。

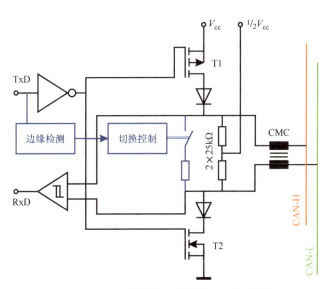

图 8.18 具有发送端抑制振铃的 SIC 传输器原理

通过使用 CAN FD SIC 收发器，传统的 CAN 群组可以以更高的比特率进行操作，而无须改变拓扑结构。然而，对于 5Mbit/s 甚至 8Mbit/s 的比特率，我们需要仔细考虑拓扑结构。然而，SIC 方法也有一个缺点，即在仲裁阶段也需要主动接通电阻。需要注意以下情况：两个节点在仲裁阶段同时发送标识符。节点1连续发送两个0位（优势位），而节点2同时发送一个0位后面跟随一个1位（隐性位）。在节点2从优势位过渡到隐性位时，根据SIC方法，节点2会在CAN-H和CAN-L线之间插入一个电阻一段时间。这样，线路上的差分电压相应降低，使其低于显性的切换阈值。当节点2关闭电阻时，总线上又恢复为显性。重要的是，在采样点上总线的电平必须是正确的。只有通过选择更低的仲裁比特率（例如500kbit/s或更低）或限制节点之间的线路长度，才能保证总线上的电平是正确的。

8.3.9　CAN FD 物理层规范

在CAN的物理层逐步引入了一些功能。ISO 11898-2（2003版）描述了比特率高达1Mbit/s的物理层。关于低功耗模式和通过CAN总线唤醒的扩展在ISO 11898-5的独立部分中进行了规定（2007年）。选择性唤醒的部分网络操作在ISO 11898的第6部分于2013年被纳入。因此，有三个文档规定了物理层。在2016年修订规范时，将第5部分和第6部分整合到第2部分中，使ISO 11898-2：2016除了描述了比特率高达5 Mbit/s的物理层的电气特性外，还包括低功耗模式、部分网络操作和通过CAN总线唤醒的规定。

8.4　CAN XL

CAN XL是CAN的另一个扩展版本，其定义已经完成。ISO的标准化进程已经启动，并将在接下来的几个月内完成。该标准将像之前的CAN版本一样，以ISO 11898为名称。CAN XL是由CiA的Special Interest Group（SIG）在BOSCH公司的领导下开发的。大约有20家公司参与了从2018年12月开始的开发工作。截至2022年6月，已经有了用于传输器和基于FPGA的协议控制器的第一个原型。

8.4.1　CAN XL 的特性和应用

CAN XL与CAN FD类似，使用两个比特率。低比特率用于仲裁，较高比特率（最高可达20Mbit/s）用于数据传输。与CAN FD相比，CAN XL除了支持更高的数据比特率外，还支持更大的负载。负载可以高达2048B，因此可以通过CAN XL传输（隧道化）完整的以太网帧。CAN FD和CAN XL是可互操作的，即在一个群组中既可以传输CAN FD帧，也可以传输CAN XL帧。CAN XL仅支持11bit标识符，但这并不是限制，因为CAN XL帧格式中存在更多的消息标识可能性。与CAN FD的另一个区别是，CAN XL帧具有两个CRC：一个用于帧头，一个用于负载。

CAN XL的应用场景包括将eCall设备、传声器以及音频应用连接到车载电网，甚至可以连接简单的雷达传感器。CAN XL可以发送和接收完整的以太网帧。因此，CAN XL填补了传统CAN和CAN FD与100Mbit/s以太网之间的差距。它也使得从基于信号的通信过渡到基于服务的通信更加容易。由于CAN XL可以很好地处理短负载和长负载，并且比正在定义中的10BASE-T1S以太网更好地支持复杂的拓扑结构，因此可以预计它将迅速在车辆中得到应用。

8.4.2 帧结构和基本工作原理

一个 CAN XL 帧的结构与经典 CAN 和 CAN FD 相似,由仲裁字段、控制字段、数据字段、CRC、确认域和结束域组成(图 8.19)。各个域的构造在某些方面与经典 CAN 和 CAN FD 有显著区别,在接下来的章节中将进行详细说明。

图 8.19 CAN XL 帧的结构

与 CAN FD 类似,CAN XL 使用两个比特率。较慢的比特率被称为仲裁比特率,并用于仲裁过程。它在仲裁字段、确认字段和结束字段中使用。在控制域的前几个控制比特中,切换到较高的比特率,即数据比特率。数据比特率在控制字段、数据字段和 CRC 中使用。从 CRC 切换到确认域时,再次切换到仲裁比特率。在 CAN XL 中,仲裁与经典 CAN 和 CAN FD 的工作方式相同,但仲裁比特率限制为 727kbit/s。对于数据比特率,没有规定限制,因此总线系统可以以更高的比特率运行,最高可达 20Mbit/s。实际上,能够实现的最大数值取决于具体的拓扑结构和收发器。

8.4.3 仲裁字段

图 8.20 所示为仲裁字段的结构。它的组织方式与经典 CAN 和 CAN FD 类似,但有一些特殊之处。仲裁字段中位的含义和值见表 8.12。

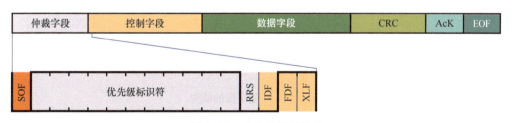

图 8.20 仲裁字段的结构

表 8.12 仲裁字段中位的含义和值

标志	位	含义	数值
SOF	1	帧起始标志符	0
PID	11	优先级标识符	—
RRS	1	远程请求替代	0
IDF	1	标识符扩展标志位	0

(续)

标志	位	含义	数值
FDF	1	灵活数据帧标志位	1
XLF	1	CAN XL 标志位	1

与其他 CAN 版本一样，每个帧都以起始帧位和后续的标识符开始。在 CAN XL 中，标识符被称为优先级标识符（PID），因为它用于仲裁，但不再用于消息标识。相反，在控制域中有更强大的标识方式。此外，CAN XL 不支持远程帧和 29bit 标识符。出于兼容性的考虑，引入了"远程位"，现在称为远程请求替代位（RRS），用于替代远程传输请求位。由于 CAN XL 没有远程帧，RRS 位始终为 0。由于 CAN XL 不支持 29bit 标识符，IDE 位也始终为 0。

帧对应的协议版本由灵活数据帧标志和 CAN XL 标志来设置。帧中协议版本的设置见表 8.13。

表 8.13 帧中协议版本的设置

FDF-位	XLF-位	协议版本
0	0	Classical CAN
1	0	CAN FD
1	1	L

8.4.4 控制字段

控制字段以 resXL 位开头，该位始终设为 0，为将来的扩展保留，其字段的结构如图 8.21 所示，其比特位的含义和值见表 8.14。

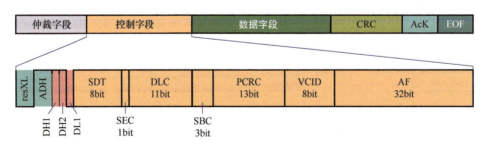

图 8.21 控制字段的结构

表 8.14 控制字段中比特位的含义和值

符号	位	含义	数值
resXL	1	保留	0
ADH、DH1、DH2、DL1	4	比特率切换	1110
SDT	8	服务数据单元类型	—
SEC	1	数据已加密	—
DLC	11	数据长度代码	—

（续）

符号	位	含义	数值
SBC	3	填充比特计数	—
PCRC	13	前导循环冗余校验	—
VCID	8	虚拟 CAN 标识符	—
AF	32	接收字段	—

1. ADS 字段

在保留位之后的 4 位标识 ADS 字段，并用于从仲裁比特率切换到数据比特率。ADS 代表仲裁到数据阶段切换。切换发生在 ADH 位的末尾，而不是像 CAN FD 一样在采样点上。第一位 ADH 位仍然以仲裁比特率发送，接下来的 3 位（DH1、DH2 和 DL1）以数据比特率发送。例如，当从 1Mbit/s 切换到 10Mbit/s 时，ADH 位的长度为 1000ns，比后面的 3 位加在一起的 300ns 要长。

2. 服务数据单元类型

8bit 的服务数据单元类型（SDT）指示数据字段在更高层 OSI 参考模型中的使用，正如 ISO 7498-4：1998 所描述的，以下类型被包括：

- 经典 CAN 和 CAN FD 帧的隧道传输
- 以太网帧的隧道传输
- TCP/IP 协议段
- ISO-15765-2 段
- CANopen/CANopen-FD 消息
- J1939-21/22 消息
- 厂商特定协议

服务数据单元类型在功能上类似于以太网帧中的以太类型（Ethertype）。

3. 数据长度代码

数据长度代码（DLC）由一个 11bit 的二进制数表示。该二进制数表示数据字段中字节数加 1 的数量。如果 DLC 为 0，则数据字段长度为 1B。如果 DLC 的 11 位均为 1，则对应 2047，因此数据字段中有 2048B。

4. 填充位计数

在仲裁域中插入的填充位的数量由填充位计数（SBC）字段指定。前两位指示灰码中填充位的数量。第三位是奇偶校验位，因此这三位始终包含奇数个 1 位。表 8.15 给出了 SBC 字段的编码规则。

表 8.15 SBC 字段的编码规则

填充位数量	0	1	2	3
SBC[2：0] 的编码	00 1	01 0	11 1	10 0

5. 前缀循环冗余校验

13bit 的前缀循环冗余校验（PCRC）通过计算仲裁域、服务数据单元类型、SEC 位、

DLC、SBC 以及动态填充位来进行。在计算过程中,忽略静态位 SOF、IDE、FDF、XLF、resXL 和 ADS 字段的 4bit,这些位的值是固定的且不变化,同时也忽略静态填充位。CRC 具有汉明距离为 6,因此可以检测到最多 5bit 的任意改变。

6. 虚拟 CAN ID

使用 8bit 的虚拟 CAN ID(VCID),可以定义共享相同线路的虚拟网络。这对于实施安全概念非常有用。CAN XL 总共支持 256 个虚拟网络。

7. 接收字段

32bit 的接收字段(AF)用于对帧进行过滤。在经典 CAN 和 CAN FD 中,标识符具有两个功能:①在仲裁过程中指示消息的优先级;②同时标识消息的内容。在 CAN XL 中,这两个功能是分开的。优先级标识符仅指示消息在仲裁过程中的优先级。消息的内容用接收字段来标识。因此,在第二层的 CAN 控制器上可以进行初步的过滤,独立于数据字段中的具体消息内容。

8.4.5 数据字段

数据字段的长度可以介于 1~2048B 之间。数据字段的长度由控制字段中的 DLC 字段指定。对于 CAN XL 来说,数据字段的内容没有限制。数据字段的结构由更高层的协议确定。

8.4.6 CRC 字段

CRC 字段的结构如图 8.22 所示,CRC 字段中比特位的含义和值见表 8.16。

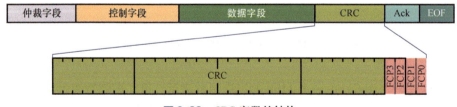

图 8.22 CRC 字段的结构

表 8.16 CRC 字段中比特位的含义和值

标志	位	含义	数值
FCRC	32	帧循环冗余检验	—
FCP3	1	格式检查模式 3	1
FCP2	1	格式检查模式 2	1
FCP1	1	格式检查模式 1	0
FCP0	1	格式检查模式 0	0

CRC 字段由一个 32bit 的 CRC 组成。它是通过仲裁字段、控制字段和数据字段进行计算的。不参与计算的部分包括静态位:SOF、IDE、FDF、XLF、resXL 和 ADS,以及动态填充

位和静态填充位。

使用该 CRC 可以实现汉明距离为 6，即接收器可以检测到帧中最多 5 个任意位的篡改。对于最多由 274bit 组成的帧，汉明距离甚至达到 8。

格式校验模式（FCP）由 4 个静态位组成，其中有两个 1 位和两个 0 位。此模式的下降沿用于接收器的同步，在切换回仲裁比特率之前。通过这种方式，接收器可以确定其位计数与发送器发送的位计数是否一致。因此，可以检测到多达 3 个额外位和 3 个缺失位的差异。这也增加了帧 CRC 的可靠性，因为可以确保 CRC 位于帧中的正确位置。

8.4.7 确认字段和结束帧

确认字段由数据传输到仲裁切换（DAS）、确认槽和确认分隔符组成，其结构如图 8.23 所示，各个位的含义和取值见表 8.17。数据传输到仲裁切换的四个位被标记为 DAH、AH1、AL1 和 AH2，并具有静态值 1101。在 DAH 位的开始时，发送器和接收器从数据比特率切换到较慢的仲裁比特率。在 AH1 位和 AL1 位之间的下降沿用于接收器的同步，类似于帧开始的 SOF 的下降沿。

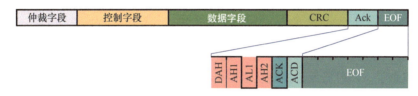

图 8.23　确认字段加上 EOF 的结构

表 8.17　确认字段中各个位的含义和取值

符号	位	含义	取值
DAH、AH1、AL1、AH2	4	比特率切换	1101
ACK	1	确认槽	—
ACD	1	确认定界符	1
EOF	7	帧结束	111 1111

确认字段在 Classic CAN 和 CAN FD 中的工作方式与之前相同。所有正确接收到帧的接收器会在确认槽中发送一个 0 位（占优的位）。随后是始终为 1 的确认分隔符，表示确认字段的结束。接下来是由 7 个隐性位组成的帧结束（EOF）。

8.4.8 位填充

CAN XL 也使用位填充，以便接收器能够在比特级别上与发送器进行同步。在仲裁域中，如果连续 5 个位具有相同值，则插入一个相反的填充位。这些填充位被称为动态填充位，只在需要时才插入。动态填充位的数量可以在最小 0 位到最大 3 位之间变化。与 Classic CAN 和 CAN FD 相同，CAN XL 可以在同一群组中运行不同的 CAN 版本，遵循相同的规则。

在 CAN XL 的帧头中的保留位开始时，切换回固定的位填充，一直持续到帧 CRC 的结束。在每 10 个位之后都插入一个填充位。填充位的值为其前一个位的反转。这样可以实现始终有一个用于同步的边沿。这种位填充也被称为静态位填充，因为无论位的取值如何，都会插入一个填充位。

8.4.9 比特率切换

比特率切换发生在仲裁到数据阶段切换字段（ADS）和数据到仲裁阶段切换字段（DAS）中。图 8.24 所示为其在帧格式中的位置，并突出显示了比特率切换前后的位。

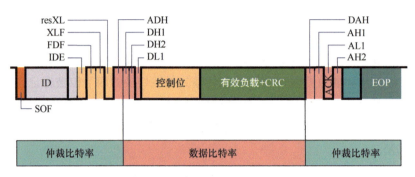

图 8.24 比特率切换在帧格式中的位置

比特率达到或超过 10Mbit/s 时，就不能再使用比特的一个值为隐性电平、另一个值为显性电平的概念了。发射器无法控制从显性电平到隐性电平的转换。由于线路阻抗的变化，这种转换需要的时间太长。

为了实现 10Mbit/s 或更高的比特率，必须由发送器控制 1 和 0 两个电平。对于 CAN 的仲裁，一个位值需要是隐性电平（发送器不控制），另一个位值需要是显性电平（发送器控制）。

CAN XL 使用两个不同的比特率，仲裁比特率用于仲裁和确认，数据比特率用于数据传输。在仲裁比特率下，使用显性和隐性电平的原理。这种控制总线线路的方式被称为 SIC 模式，因为它与 Classic CAN 和 CAN FD 中的总线电平控制方式相同。电平被标记为显性和隐性。

在较快的数据比特率下，每个位的两个电平都由发送器控制，就像 FlexRay 一样。这些电平被标记为 Level 0 和 Level 1。这种电平控制被称为 Fast 模式。

从一个比特率切换到另一个比特率，因此必须以不同的方式控制 CAN 总线上的电平，因为还必须控制总线上的 1。CAN 控制器必须告诉收发器何时进行这种切换。出于兼容性和成本考虑，不应引入额外的引脚来向收发器通知切换的确切时间点。

图 8.25 所示为从负责发送 CAN 的控制器、发送器到接收器、负责接收 CAN 的控制器的信号路径。标记的数字表示测量点。测量点①表示发送器数据链路层中的位信号。这个信号只存在于 CAN 控制器的内部，无法从外部测量。测量点②显示 CAN 控制器的 TxD 引脚上的信号。如果可以访问发送器板上的接口，可以使用示波器测量它。测量点③测量 CAN-H 线的信号，测量点④测量 CAN-L 线的信号。这两个信号都可以用示波器测量。测量点⑤是 CAN-H 和 CAN-L 线之间的差分信号。如果使用带有差动探头的示波器，也可以测量它。测量点⑥表示接收器的收发器的 RxD 引脚上的信号，只有当可以访问接收器板时，才能测量该信号。

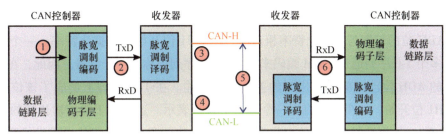

图 8.25 带有测量点的 CAN XL 信号路径

与经典 CAN 和 CAN FD 节点的结构不同，CAN XL 控制器和 CAN SIC XL 收发器都具有 PWM 编码单元。使用 TxD 线路上的 PWM 信号，可以传输关于何时将收发器从 SIC 模式切换到 Fast 模式的信息。CAN 控制器通过 PWM 信号进行编码，收发器再解码这些信号。PWM 编码只在 TxD 引脚上进行，而不在 RxD 引脚上进行。

图 8.26 所示为通过 PWM 信号在总线速度切换和从 SIC 模式切换到 Fast 模式时的时间变化。在保留位（resXL）之前，通过 TxD 引脚以电平的形式传输总线电平。对于 0 电平，收发器发送一个显性电平，CAN-H 和 CAN-L 线之间的差分电压约为 2V。对于 1 电平，收发器发送一个隐性电平，差分电压接近 0V。这对应于 SIC 模式。在 ADH 位期间，CAN 控制器切换到 Fast 模式。这时，通过在 TxD 引脚上编码一个长的 1 相位和一个短的 0 相位来表示一个 1 位（测量点②）。要传输一个 0 位到总线上，TxD 引脚上应用一个短的 1 相位和一个长的 0 相位。一旦 TxD 引脚上的传输从电平控制切换到 PWM 编码，收发器将从显性（0 位）和隐性（1 位）电平切换到在 1 位（水平 1）和 0 位（水平 0）时的控制电平。这导致总线上 1 位的负差分电压和 0 位的正差分电压（见测量点⑤）。差分电压仅为 1V 或 -1V。绝对电平约为 2V 或 3V。

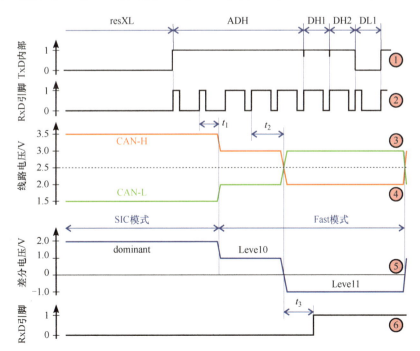

图 8.26 PWM 信号在模式切换时的时间变化

在图 8.26 中，绘制了六个测量点的电压曲线，这些测量点在图 8.25 的框图中有标记。resXL 和 ADH 位的长度与仲裁比特率相对应，从 DH1 位开始是数据比特率。一个比特可以由一个或多个 1-0 序列通过 PWM 编码来表示。1-0 序列被称为一个符号。因此，在进行 Fast 模式切换的 ADH 位已经部分使用新的差分电压传输。在 TxD 引脚上形成了该位的多个符号。从 DH1 位开始，一个比特将用一个或多个符号表示。这取决于要传输比特的数据比特率。t_1、t_2 和 t_3 是收发器中出现的一些延迟时间。t_1 表示发送器从显性电平转换到总线上 0 电平所需的时间。t_2 是 TxD 信号和 1 电平之间的延迟时间。t_3 是接收器中 1 电平和 RxD 信号之间的延迟时间。

为了使收发器能够区分 CAN FD 的 8Mbit/s 比特率（只使用显性和隐性电平）和 CAN XL 之间的切换，TxD 引脚上的符号必须具有最大长度 200ns。在 25% 高电平和 75% 低电平或 75% 高电平和 25% 低电平编码下，较短的脉冲约为 50ns。这与使用 8Mbit/s 进行的 CAN FD 的 125ns 长的比特明显不同，因此收发器可以识别是按照 CAN FD 还是 CAN XL 的规则进行操作。

不仅发送节点的协议控制器通过 PWM 编码将信息传递给收发器，以便将其从 SIC 模式切换到 Fast 模式，而且接收节点的协议控制器也通过 TxD 引脚向其收发器指示 Fast 模式的开始。为此，协议控制器根据比特率发送脉冲，脉冲长度在 45~200ns 之间。0 和 1 相位的长度大致相同。接收器从接收到第一个脉冲开始发送数据。接收到第二个脉冲时，它们注意到"自己的错误"并停止发送。总线上会产生一个尖峰，但会被忽略。

图 8.27 所示为从数据比特率切换到仲裁比特率时测量点电平的变化。在 Fast 模式下，

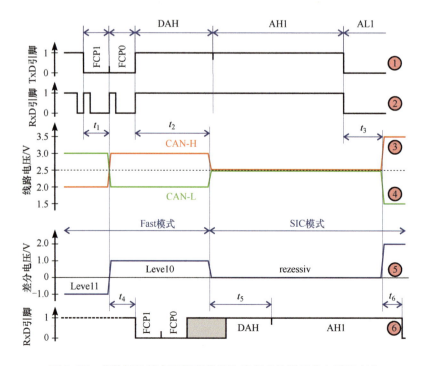

图 8.27 从数据比特率切换到仲裁比特率时的测量点电平的变化

格式检查模式的 FCP1 和 FCP0 位通过总线传输,并像有效负载和循环冗余校验（CRC）的位一样,通过 TxD 引脚上的符号进行编码。在接下来的 DAH 比特中,再次切换到仲裁比特率,同样切换到 SIC 模式。此时不再传输符号,而是电平决定收发器是传输显性电平还是隐性电平。收发器注意到没有符号传输后,在 t_2 时间后从 Fast 模式切换到 SIC 模式。当总线上的差分电压为 0 时,接收器意识到 Fast 模式已结束,并重新开始以 SIC 模式传输位。它内部切换到适用的阈值。t_1、t_2 和 t_3 是发送器的延迟时间,t_4、t_5 和 t_6 是接收器的延迟时间。t_1 表示 TxD 信号变化到达 0 电平所需的延迟时间,t_2 表示从 0 电平到隐性电平的过渡时间,t_3 表示从 TxD 信号到达显性总线电平的时间。t_4 是总线上 0 电平到 RxD 信号变化之间的延迟,t_5 是隐性总线电平到 RxD 信号的延迟,t_6 是显性总线电平到 RxD 信号的延迟。

8.4.10　Classical CAN、CAN FD 和 CAN XL 头部的比较

图 8.28 中所示为具有 11bit 标识符的 Classical CAN、CAN FD 和 CAN XL 帧的头部比较。可以看到,当 FDF 位为 0 时表示 Classical CAN 帧,当 FDF 位等于 1 时表示 CAN FD 或 CAN XL 帧。接下来的一位确定是哪种帧格式。如果 XLF 位为 0,则为 CAN FD 帧,如果为 1,则为 CAN XL 帧。

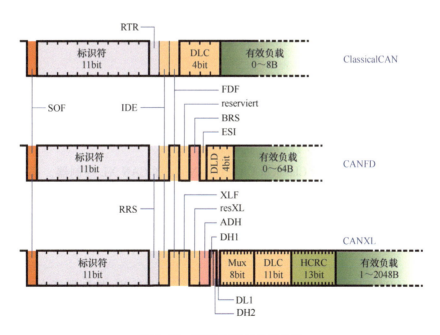

图 8.28　不同 CAN 帧头的比较

3 种 CAN 版本中 DLC 字段中有效负载的长度见表 8.18。在 Classical CAN 和 CAN FD 中,DLC 字段长度为 4bit,而在 CAN XL 中为 11bit。

表 8.18　3 种 CAN 版本中 DLC 字段中有效负载的长度

数据长度代码	Classical CAN	CAN FD	CAN XL
0~8	0~8	0~8	1~9
9	8	12	10
10	8	16	11
11	8	20	12
12	8	24	13
13	8	32	14
14	8	48	15
15	8	64	16
16~2047	—	—	17~2048

8.5　实现

8.5.1　CAN 控制器

CAN 协议的实现涉及三个相关规范：

■ 根据 ISO 11898-1：2015 的 CAN 协议（如第 4 章所述），包括扩展标识符（参见 8.2.2 节），被称为 Classical CAN。

■ 支持数据速率高达 5Mbit/s 和最大 64B 有效负载的 CAN 进一步发展被称为 CAN FD，同样也在 ISO 11898-1：2015 中进行了规定。

■ CAN XL 支持高达 20Mbit/s 的数据速率和最大 2048B 的有效负载。其作为国际标准的通过正在进行中，同样也以 ISO 11898-1 进行命名。

所有的 CAN 控制器，包括 Classical CAN、CAN FD 和 CAN XL 控制器，都支持 Classical CAN，无论是独立运行还是集成在其他设备中。所有的 CAN FD 控制器都支持 Classical CAN 和 CAN FD，但不支持 CAN XL。CAN XL 控制器将支持 CAN XL、CAN FD 和 Classical CAN。要实现 CAN FD 或 CAN XL 群组，除了使用相应的 CAN 控制器外，还需要使用适当的 CAN 收发器。

这里有很多 CAN FD 控制器，这里没有单独列出。CAN XL 控制器还在开发中（截至 2022 年 6 月）。在 2022 年 5 月的 CiA Plugfest 活动中，BOSCH、NXP 和 Vector 等公司提供了基于 FPGA（现场可编程门阵列）的 CAN XL 控制器。

8.5.2　CAN-Transceiver

除了 CAN 的不同协议版本外，还有多个物理层版本。这些不同的收发器可以用于多个协议版本。对于用户来说，存在两个问题：有哪些收发器？它们与哪些协议版本兼容？

为了达到统一的命名规范,用户和制造商组织 CiA 对其成员进行了一次调查,并根据调查结果提出了对不同收发器的命名建议。以下是区分的 CAN 收发器类型。

单线 CAN 收发器:单线 CAN 的通信方式类似于 LIN 总线,通过一根导线进行通信。比特率限制为 40kbit/s。这种类型在欧洲无影响力,只是出于完整性而列出。它在 SAE J2411 标准中规定。

低速、容错 CAN 收发器:这些收发器使用其他总线电压而不是高速收发器(电压级别请参见图 4.8)。通信通过双线路进行,并且具有容错能力。如果其中一条线路故障,仍然可以通过剩下的线路进行通信,但传输速度会降低。总线速度最大为 125kbit/s。这种类型已经过时并正在退出市场。相关的标准是 ISO 11898-3:2006。

CAN 高速收发器:这个名称适用于支持高达 1Mbit/s 的总线速度的所有 CAN 收发器。传输通过双绞线进行。它们在 ISO 11898-2:2016 中规定。低功耗模式是可选的。选择性唤醒也是可选的,可以进行部分网络操作,也称为 Partial Network。这导致了支持部分网络操作和不支持部分网络操作的 CAN 高速收发器。

CAN FD 收发器:CAN FD 收发器可以实现高达 5Mbit/s 的总线速度。它们在 ISO 11898-2:2016 中规定。选择性唤醒是可选的。然而,CAN FD 帧不能用作唤醒帧,但会被容忍,并且不会引起错误。

CAN SIC 收发器:CAN SIC 收发器支持高达 8Mbit/s 的总线速度。该收发器实施了抑制或隐藏线路上的振铃机制。CiA 601-4 文档总结了此类信号改进必须满足的要求。

CAN SIC XL 收发器:这些收发器适用于高达 20Mbit/s 的总线速度。这只有在数据速率上同时控制 0 和 1,类似于 FlexRay 的情况下才能实现。因此,在该比特率下不再有隐性信号。必须明确地向收发器指示从仲裁比特率切换到数据比特率。这通过 Tx 引脚上的 PWM 信号实现。该过程在文档 CiA 610-3 中描述,该文档将包含在修订版的 ISO 11898-2:2023 标准中。

1. 高速收发器

高速收发器通常采用 8 引脚封装,引脚连接如图 8.29 所示。所有制造商的黑色标记引脚的连接方式是统一的。只有第 5 和第 8 引脚(蓝色标记)用于额外的功能,并且与实现有关。常用第 5 引脚来将 TxD 和 RxD 引脚的电压调整为与微控制器的电压相匹配。第 8 引脚通常用于电源模式,例如 STB 用于待机模式。

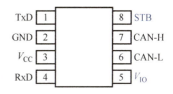

图 8.29 高速收发器引脚连接

部分不带唤醒功能和通过 WUP 进行唤醒的高速收发器的型号见表 8.19。引脚连接方式基本上与图 8.29 中显示的相同。还有一些 14 引脚封装的实现方式。

表 8.19 无唤醒和有唤醒的高速收发器的型号

制造商	无唤醒功能的收发器	具有唤醒功能的收发器
Infineon	TLE9250、TLE9350	TLE9251、TLE9252、TLE9351
NXP	TJA1044、TJA1057	TJA1043、TJA1044

(续)

制造商	无唤醒功能的收发器	具有唤醒功能的收发器
Microchip	ATA6560、ATA6561	ATA6562、ATA6563、ATA6564
TI	SN65HVD、TCAN1051、TCAN1042	TCAN1043、TCAN1044

2. 用于部分网络的高速收发器

图 8.30 所示为一种 14 引脚封装的高速收发器，可以通过唤醒帧进行选择性唤醒。这些收发器需要更多的引脚用于配置和功耗模式的设置，因此无法使用 8 引脚封装。一些支持选择性唤醒的收发器型号见表 8.20。

表 8.20　具有选择性唤醒和信号增强功能的收发器型号

制造商	具有选择性唤醒功能的收发器	具有信号增强功能的收发器
Infineon	TLE9255W	TLE9371
NXP	TJA1145	TJA1462、TJA1463
Microchip	ATA6570	—
TI	TCAN1145、TCAN1146	TCAN1462、TCAN1463

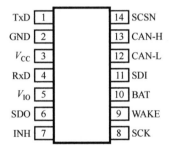

图 8.30　具有选择性唤醒功能的高速收发器引脚连接

3. CAN FD SIC 转换器

为了实现更高的比特率，需要具备信号改进能力的转换器。各个制造商已经推出了第一批可用的转换器（表 8.20）。据称，它们支持最高 8Mbit 的比特率。

4. CAN SIC XL 转换器

BOSCH、Infineon 和 NXP 等公司已经开发出了首批 CAN SIC XL 转换器的原型。它们在 2022 年 5 月的 CiA 插头测试中成功通过了互操作性测试，数据传输速率为 16.66Mbit/s。

8.5.3　CAN 示波器

所有知名制造商都已经有能够解码 CAN 帧的示波器。它们不仅可以解码经典的 CAN 帧，还可以解码 CAN FD 帧。与 CAN XL 的转换器和控制器一样，示波器制造商也在努力将其扩展到 CAN XL。Keysight、Pico Technology 和 Teledyne LeCroy 等公司预计将推出首批示波器或对现有示波器进行扩展。

8.5.4 典型的 CAN 节点电路

如 4.2 节所述，CAN 节点通常由两个集成电路组成，一个是带有集成 CAN 控制器的微控制器，另一个是 CAN 转换器。在汽车领域，电路的供电电压和数字信号传输之间的电压电平通常为 3.3V 和 5V。图 8.31 所示为当微控制器和转换器具有相同的供电电压，并且数字输入和输出也使用相同的电压电平时，这两个电路的连接方式。该图是针对 5V 供电电压绘制的，但如果右上方的电压稳压器具有 3.3V 输出而不是 5V 输出，则同样适用于 3.3V。该图展示了两个电路的供电以及 CAN 高电平线和 CAN 低电平线的连接方式。两个电路之间的连接是通过 TxD 和 RxD 线实现的。其中，微控制器上标有 TxD 的引脚与转换器上的 TxD 引脚相连，微控制器上标有 RxD 的引脚与转换器上的 RxD 引脚相连。这一点需要强调，因为其他通信系统可能不是这样的。例如，在 RS232 中，一个节点的 Tx 引脚与另一个节点的 Rx 引脚相连接。

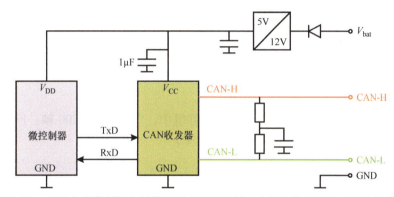

图 8.31　显示在微控制器和转换器具有相同的供电电压和终端电阻时的连接方式

如果微控制器和收发器使用不同的电压电平工作，则需要两个供电电压，并且需要调整 TxD 和 RxD 的电平。幸运的是，许多 CAN 收发器都具有 V_{IO} 输入，可用于设置数字输入和输出的电压电平。图 8.32 所示为一个使用 3.3V 供电的微控制器和一个使用 5V 供电的收发器

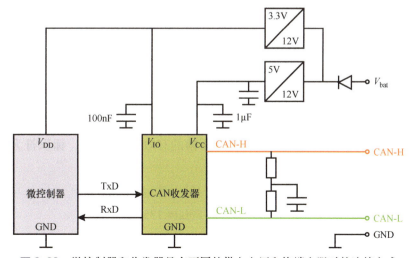

图 8.32　微控制器和收发器具有不同的供电电压和终端电阻时的连接方式

的连接方式。通过对 V_{IO} 输入进行调整，不需要为 TxD 和 RxD 线路设计电平适应电路。

8.6 传统 CAN 总线负载计算

总线负载的计算和公式推导已在 4.6 节中完成。这里仅提供扩展标识符的补充内容。

帧被分为两部分：

- 从 SOF 到 CRC 结束之间插入 Stuff 位 [34bit（标准帧格式）或 54bit（扩展帧格式）+有效载荷位]。
- 从 CRC Delimiter 到 IFS 之间不插入 Stuff 位（13bit）。

因此，可以得到最大帧时长：

$$t_{\text{Frame\_11}} = (55+10s)\tau_{\text{bit}} \quad (11\text{bit 标识符}) \tag{8.7}$$

$$t_{\text{Frame\_29}} = (80+10s)\tau_{\text{bit}} \quad (29\text{bit 标识符}) \tag{8.8}$$

式中，s 为有效载荷字节数；τ_{bit} 为比特时间。如果已知发送帧所需的时间，则可以按照式（4.5）计算总线的负载情况。

示例 1

在一个以 500kbit/s 的比特率运行的 CAN 群组中，每秒发送 1200 帧。所有帧都使用扩展标识符。有效载荷为 8B。总线的负载率有多大？

假设：假设没有发生错误，因此没有重传。

$$\text{帧长} = 80\text{bit} + 10\text{bit/B} \cdot 8\text{B}$$
$$= 80\text{bit} + 80\text{bit}$$
$$= 160\text{bit}$$

$$\text{总线负载率} = \frac{\text{帧长度} \cdot A_{\text{帧}}}{\text{比特率}}$$

$$= \frac{160\text{bit/帧} \cdot 1200 \text{ 帧/s}}{500000\text{bit/s}}$$

$$= 0.384 = 38.4\%$$

CAN 总线的负载率为 38.4%。

示例 2

在一个以 1000kbit/s 运行的群组中，每秒发送 500 帧，其中每帧的有效载荷为 8B，标识符为 11bit；同时每秒还发送 800 帧，其中每帧的有效载荷为 7B，标识符为 29bit。那么 CAN 总线的负载率有多大？

$$\text{帧长}_{11} = 55\text{bit} + 10\text{bit/B} \cdot 8\text{B}$$
$$= 55\text{bit} + 80\text{bit} = 135\text{bit}$$

$$\text{帧长}_{29} = 80\text{bit} + 10\text{bit/B} \cdot 7\text{B}$$
$$= 80\text{bit} + 70\text{bit} = 150\text{bit}$$

第 8 章 CAN 总线开发与应用

$$总线负载率 = \frac{135\text{bit}/帧 \cdot 500\ 帧/\text{s} + 150\text{bit}/帧 \cdot 800\ 帧/\text{s}}{1000000\text{bit}/\text{s}} = 0.1875 = 18.75\%$$

CAN 总线的负载率为 18.75%。

8.7 练习

任务 1

在一个以 500kbit/s 的比特率运行的 CAN 总线上,每秒发送 1800 帧,每帧的有效载荷为 6B,所有帧都使用扩展标识符。求总线的负载率。

$$帧长度 = 80\text{bit} + 10\text{bit}/\text{B} \cdot 6\text{B} = 80\text{bit} + 60\text{bit} = 140\text{bit}$$

$$总线负载率 = \frac{140\text{bit}/帧 \cdot 1800\ 帧/\text{s}}{500000\text{bit}/\text{s}} = 0.504 = 50.4\%$$

CAN 总线的负载率为 50.4%。

任务 2

求一个以 250kbit/s 比特率运行的 CAN 总线的负载率。每秒发送 300 帧,其中每帧的有效载荷为 7B,标识符为 11bit;同时还发送每秒 800 帧,其中每帧的有效载荷为 4B,标识符为 29bit。

$$帧长度_{11} = 55\text{bit} + 10\text{bit}/\text{B} \cdot 7\text{B} = 125\text{bit}$$

$$帧长度_{29} = 80\text{bit} + 10\text{bit}/\text{B} \cdot 4\text{B} = 120\text{bit}$$

$$总线负载率 = \frac{125\text{bit}/帧 \cdot 300\ 帧 + 120\text{bit}/帧 \cdot 800\ 帧}{250000\text{bit}/\text{s}} = 0.534 = 53.4\%$$

CAN 总线的负载率为 53.4%。

任务 3

一个控制器需要通过 CAN 总线进行新固件的刷写。二进制文件的大小为 8KB。总线速度为 500kbit/s。

如果使用扩展标识符和第一个数据字节来传输连续编号的信息,需要多少帧,传输过程需要多长时间?

$$8\text{KB} = 8 \times 1024\text{B} = 8192\text{B}$$

$$A_{\text{Frames}} = \frac{8192\text{B}}{7\text{B}/帧} = 1170.3\ 帧$$

传输需要约 1171 帧。

$$t_{\text{Frame\_Max}} = (80\text{bit} + 10\text{bit}/\text{B} \cdot 8\text{B}) \cdot 2\mu\text{s} = 320\mu\text{s}$$

$$t_{\text{Frame\_Gesamt}} = t_{\text{Frame\_Max}} \cdot A_{\text{Frames}} = 320\mu\text{s} \cdot 1171 = 374720\mu\text{s} = 374.72\text{ms}$$

传输过程需要大约 375ms。

第 9 章 FlexRay 开发与应用

在第 5 章中详细介绍了 FlexRay 的基本结构和工作原理。本章将讨论一些对 FlexRay 的功能和特性至关重要但对于理解其基本工作原理并非必需的机制。这些机制将深入探讨技术，但不会详尽地讨论相关主题。

本章将介绍 FlexRay 群组的唤醒和启动过程。此外，还将介绍总线监护的概念，并讨论一些特殊的机制和效果。需要具备第 5 章的知识基础以便于理解。

■ 9.1 协议状态

FlexRay 群组由多个节点组成。每个节点可以处于 8 个状态之一。而在 CAN 中，主要区分低功耗模式和正常模式两个状态，而 FlexRay 有 8 个状态，这些状态不仅涉及通信，还包括配置阶段和错误状态。

图 9.1 显示了 FlexRay 节点的协议状态机。箭头表示各个状态之间的转换。表 9.1 列出

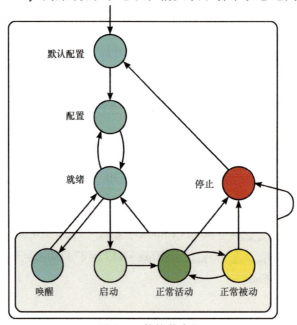

图 9.1　协议状态机

了节点在各个状态下的活动。

表 9.1　节点的状态和相应的活动

状态	节点的活动
默认配置	节点等待主机命令以进入配置状态
配置	在这个状态下配置寄存器是可写的
就绪	节点已经配置完毕，等待主机命令
唤醒	节点唤醒其他节点
启动	执行启动过程
正常活动	正常通信
正常被动	仅接收，无法发送
停止	无法进行通信，节点等待重新配置和启动

在 FlexRay 节点的供电打开后，它进入默认配置状态（Default Config）。只有当节点收到来自微控制器的特殊命令时，才会从该状态转入配置状态（Config）。

在配置状态下，配置寄存器是可写的。这是 FlexRay 的一个安全特性，以防止在通信阶段期间意外或故意更改配置。微控制器将配置写入配置寄存器，以便了解周期长度、静态时间槽长度、迷你时间槽长度等。总体而言，配置包含大约 50 个参数。

在写入配置后，FlexRay 节点等待来自微控制器的特定命令，以进入准备就绪状态（Ready）。此时，节点已准备好进行通信，并在准备就绪状态下等待微控制器的下一个命令。

在唤醒状态下，节点通过总线线路唤醒其他节点。第 9.2 节将详细描述如何实现这一过程。唤醒其他节点后，节点会自动返回到准备就绪状态。在该状态下，节点等待来自微控制器的指令。

在启动状态下，节点会执行启动过程，该过程在第 9.3 节中进行描述。如果启动成功，则节点会自动进入正常活动状态。在这个状态下，节点与群组中的其他节点进行通信。

当在通信过程中发生特定错误时，节点会进入正常被动状态。在这种状态下，节点仍然可以接收帧，但不能发送帧。如果仍然可以接收帧并且特定值（例如时钟校正值）处于特定范围内，节点也可以返回到正常活动状态。

在正常活动状态或正常被动状态下发生严重错误时，节点会立即进入停止状态。直接返回到正常活动状态或正常被动状态是不可能的。只有通过微控制器的指令，节点才能从该状态转入默认配置状态。

节点可以通过微控制器的指令随时从唤醒、启动、正常活动和正常被动状态转入准备就绪状态。

从任何状态都可以转换到停止状态。当 FlexRay 节点检测到内部错误时，会发生此转换。例如，可能发现配置数据中的存储错误。导致进入停止状态的内部错误是与具体实现相关的，FlexRay 标准未进行规定。

所描述的状态涉及单个节点。在 FlexRay 群组中，每个节点可以处于这 8 种状态之一。在总线上，节点仅在唤醒、启动和正常活动状态下发送数据，因此只有这些状态需要考虑。在第 9.2 节和第 9.3 节中会详细介绍这些内容。

■ 9.2 唤醒

本节将介绍 FlexRay 节点如何通过总线线路唤醒群组中的其他节点。为此，FlexRay 标准定义了特殊的唤醒模式。

9.2.1 群组唤醒

群组的唤醒是在多个节点处于低功耗模式下进行的。这意味着收发器处于低功耗模式，FlexRay 控制器处于非活动状态，而微控制器也处于低功耗模式。图 9.2 显示了由三个节点组成的 FlexRay 群组，所有节点都处于低功耗模式。

通过外部事件①，节点 1 的微控制器被唤醒。随后，微控制器将执行其初始化例程②。如果微控制器确定需要在后续通信中使用 FlexRay，它将配置 FlexRay 控制器③。同时，收发器必须设置为正常模式④。此时，节点 1 处于准备就绪状态，可以唤醒其他节点或启动过程。

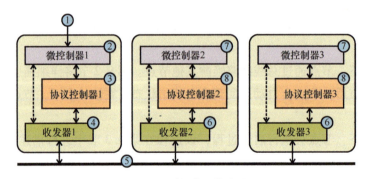

图 9.2　群组唤醒的流程

如果可能存在其他节点仍处于低功耗模式下的情况，则必须先唤醒这些节点。通过微控制器向 FlexRay 控制器发送指令，控制器将切换到唤醒状态。在该状态下，节点将通过总线发送唤醒模式⑤，并由其他节点的收发器（处于低功耗模式）检测到⑥。收发器将通过接收唤醒模式通知其微控制器，随后微控制器将离开低功耗模式并执行其初始化例程⑦。

在初始化例程结束时，微控制器将配置其 FlexRay 控制器并将其置于准备就绪状态⑧。此时，所有节点都准备好进入启动状态并执行启动过程（参见第 9.3 节）。

9.2.2 唤醒模式

如前所述，节点通过发送唤醒模式来唤醒其他节点。唤醒模式至少由两个唤醒符号组成，每个唤醒符号包括：
- 一个低相位（显性）
- 一个空闲相位（隐性）

在低阶段，发送方驱动总线，因此该信号为显性。类似于发送 0 位，但持续时间更长。在空闲阶段，发送方不驱动总线，因此该阶段为隐性。两个或多个唤醒符号构成一个唤醒模式，如图 9.3 所示。当引脚 TxEN 为低时，发送会被激活。引脚 TxD 确定发送低电平信号（0）还是高电平信号（1）。在唤醒信号中，只发送低电平信号。

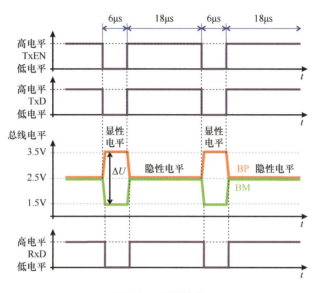

图 9.3　唤醒模式

唤醒信号的各个阶段必须满足表 9.2 中所指定的时间。对于发送方而言，各个阶段明显比接收方要长。由于各种效应，例如在第 9.5.2 节中描述的空闲阶段之后信号的缩短，这是必要的，以确保接收方能够可靠地识别唤醒模式。

表 9.2　唤醒信号的时间　　　　　　　　　　　　　　　　　　　　　　　　　（单位：μs）

阶段	发送方	接收方	
		FlexRay 控制器	收发器
低相位	6	>4.6	>4
空闲相位	18	>5.9	>4

唤醒模式由 FlexRay 控制器生成，因此可以非常好地控制时间。在接收方，当 FlexRay 控制器处于低功耗模式或尚未配置时，收发器将识别到唤醒符号。一旦 FlexRay 控制器被配置并处于准备就绪或唤醒状态，它将检测到唤醒符号。接收到的 FlexRay 控制器的时间设置得足够满足任何允许的拓扑结构。在制定收发器的时间时考虑到了实现的可能性。

通常情况下，一个节点唤醒其他节点，因此在总线线路上将会看到图 9.3 中显示的唤醒模式。但也可能出现多个节点同时唤醒群组的情况。在 CAN 中，通过仲裁机制确保只有一个节点发送。而 FlexRay 没有这样的机制。通过 FlexRay 中的时间控制，可以确保只有一个节点发送。但在唤醒时，时间控制尚未激活。因此，可能会出现两个节点同时尝试唤醒群组的情况。因此，唤醒模式可能部分或完全重叠。这在唤醒定义中得到了考虑。第 9.2.3～9.2.5 节将介绍三种涉及两个唤醒节点的唤醒场景。

在讨论这些场景之前，我们将描述一个节点进入唤醒状态时会发生什么。通过微控制器的命令，FlexRay 节点从准备就绪状态转换为唤醒状态。首先，启动一个持续两个通信周期的定时器。在定时器运行期间，节点观察总线线路。如果在此期间总线线路上没有活动，节点将发送唤醒模式。该模式由至少 2 个、最多 31 个唤醒符号组成。唤醒模式的具体符号数量由配置确定。

如果在定时器运行期间发现总线线路上有活动，定时器将被重新启动。节点必须再次等待两个通信周期的时间，然后才能开始发送唤醒模式。该机制旨在确保不会干扰已经进展较远的唤醒过程，并且还可以检测到正在进行的通信。

9.2.3　具有重叠低相位的唤醒场景

在开始发送唤醒模式之前，必须等待两个通信周期，这在大多数情况下可以避免两个节点同时唤醒群组。但是，仍然可能出现两个节点同时启动它们的计时器，这样这些计时器也会同时到期。如果两个节点在计时器到期之前没有接收到任何东西，它们将开始发送唤醒模式。图 9.4 展示了这种场景。

图 9.4 中上面的两条曲线显示了 TxD 引脚上的电压变化。未画出与 TxD 引脚相同的 TxEN 引脚的电压变化曲线。底部的电压变化是 FlexRay 控制器在 RxD 引脚处看到的变化，这对于 FlexRay 控制器和收发器来说都是唤醒模式的识别关键。

在发送低相位时，两个发送器将 BP 线推到 3.5V，将 BM 线推到 1.5V，从而在总线上形成一个定义好的电平。在唤醒符号的空闲相位中，不推动线路，线路状态为隐性。

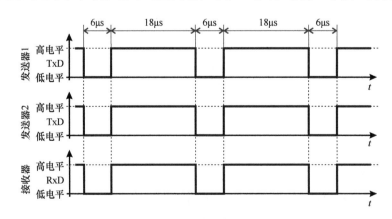

图 9.4　具有重叠低相位的唤醒场景

在这种情况下，总线上也将形成一个定义好的电平。因此，接收器将接收到有效的唤醒模式。

9.2.4 具有部分重叠低相位的唤醒场景

两个节点同时开始唤醒的可能性非常小。更有可能发生的情况是，两个节点的计时器在不同的时间启动，并且以不同的时间结束。发送低信号到总线上需要一定的时间，直到经过收发器后，总线上的电压才会发生变化。同样，低信号需要一定的时间才能到达远程节点。这些延迟时间可能为几微秒。如果第一个唤醒模式的低相位在某个节点的唤醒计时器到期之前未到达该节点，那么该节点也会被唤醒，但是会有一点延迟。图9.5展示了这种情况。

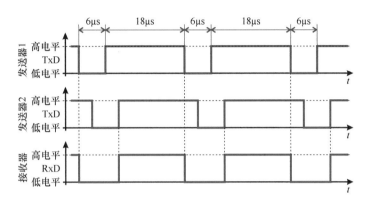

图9.5 具有部分重叠低相位的唤醒场景

发送器1开始发送低相位，稍后发送器2开始发送低相位。与第一种场景一样，多个节点同时发送低相位会产生一个有效的信号。但是，如果一个节点发送空闲信号，而另一个节点发送低信号，会发生什么呢？空闲信号是隐性的，可以随时被一个有效信号覆盖。低信号是有效的，并覆盖了空闲信号。在总线上，也就是在RxD引脚上，将看到一个延长的低相位和一个缩短的空闲相位。这对于一个有效的唤醒模式来说是正确的，因为从收发器的角度来看，低相位必须大于4μs，空闲相位也必须大于4μs。唤醒符号的低相位部分重叠会导致一个有效的唤醒模式，因此在这种情况下也能确保群组中节点的唤醒。

9.2.5 不重叠低相位唤醒场景

当群组中的一个节点出现故障时，才会出现上述情景。起点是两个节点都想要唤醒群组，并启动它们的唤醒定时器。第一个发送器的定时器结束后，节点将发送其唤醒模式。然而，由于故障，第二个发送器无法接收到该唤醒模式。因此，当第二个发送器的定时器结束后，它将开始发送自己的唤醒模式。此时，唤醒模式的低相位可以像前两个情景中所示的那样重叠。但也可能出现第二个发送器的低相位与第一个发送器的空闲相位重叠的情况。这种情景在图9.6中显示出来。

两个发送器的低相位位于对方的空闲相位中。

由于显性的低相位会覆盖附属的空闲相位，因此总线电平将变为有效电平。之前的一个空闲相位现在变为两个较短的空闲相位。如果一个发送器的低相位位于另一个发送器的空闲相位的中间，则会有两个大约 6μs 的空闲相位。根据表 9.2 中给出的时间，这足够作为唤醒模式的空闲相位被识别。如果一个发送器的低相位不在另一个发送器的空闲相位的中间，一个空闲相位将会太短而无法被识别为唤醒模式的空闲相位。但是另一个空闲相位将满足该条件。总体而言，接收器将会看到一个低相位，尽管不是紧随其后，但也会看到一个空闲相位。由于唤醒模式由多个唤醒符号组成，且低相位之间的偏移量不变，接收器还将会看到两个低相位之间有一个空闲相位。

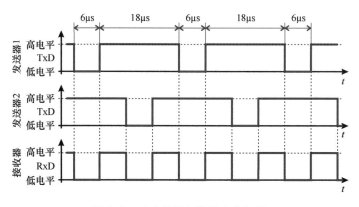

图 9.6　不重叠低相位的唤醒场景

通过将唤醒符号定义为显性的低相位和附属的空闲相位，可以确保当两个节点同时唤醒时，接收器将收到一个有效的唤醒模式。

9.3　启动

只有在配置中指定的选定节点才能启动群组。这些节点被称为冷启动节点或冷启动器。所有其他节点都是非冷启动器。最终哪个冷启动节点启动群组取决于节点的可用性。首先开始发送并启动群组的节点被称为领先的冷启动器。所有其他的冷启动器则被称为后续的冷启动器。在一个群组中，至少要配置两个节点作为冷启动器才能启动该群组。

9.3.1　两个冷启动器的启动

要启动群组，需要两个冷启动器。领先的冷启动器开始发送启动帧。后续的冷启动器与领先的冷启动器进行同步。当两个节点完成彼此之间的同步并且帧符合所要求的公差时，这两个节点的启动过程就完成了。这一过程中经历的各个步骤如图 9.7 所示。

当一个冷启动器收到命令从准备状态转换到启动状态时，它必须先等待两个通信周期。因此会启动一个启动定时器。如果在定时器结束之前总线上有活动，计时器将会被重新启动。

定时器结束后，该节点将成为领先的冷启动器。该节点发送一个避免冲突符号（CAS），它是一个长度为 30 个位时间的低相位。

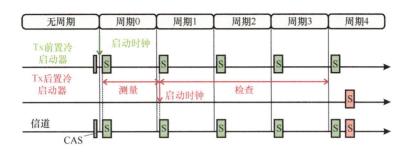

图 9.7 两个冷启动节点的启动过程(第 1 部分)

这是用来表示一个节点开始启动的。其他正在运行启动定时器的节点会重新启动他们的定时器。这确保在群组中只有一个领先的冷启动器。

在发送 CAS 之后,领先的冷启动器开始计时。在周期 0 和周期 1 中,根据其配置,节点发送其启动帧。因此,启动帧在领先的冷启动器按照时间表发送的时隙中发送。

如果在此时还有另一个处于启动状态的冷启动器,则该节点在接收到第一个启动帧时启动一个定时器,并成为后续的冷启动器。定时器测量从第一个启动帧开始到第二个启动帧开始的时间。测得的时间正好对应于领先冷启动器的一个周期时间。接收到第二个启动帧后,后续的冷启动器开始计时。在接下来的两个周期(周期 2 和周期 3)中,后续的冷启动器检查领先冷启动器的启动帧是否适应其时间表,即它们是否在相应的静态时隙内接收到。此外,还应检查是否超过了钟表校准的最大值。如果一切正常,则后续的冷启动器完成其启动阶段,并从周期 4 开始发送其启动帧。

图 9.8 显示了启动过程的延续。当第一个后续的冷启动器发送(周期 4 和周期 5),领先的冷启动器接收到启动帧并执行其自身的时钟同步算法。如果计算出的校正值在配置的边界内,领先的冷启动器也完成了其启动阶段。为了使领先的冷启动器完成其启动过程,他需要一个后续的冷启动器的启动帧。如果第二个冷启动器没有回应,则将在 9.3.3 节中描述启动的情况。

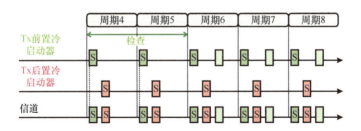

图 9.8 两个冷启动节点的启动过程(第 2 部分)

在完成其启动阶段后,每个节点除了发送启动帧之外,还可以根据时隙表发送所有其他帧。在图 9.8 中,领先的冷启动器仍然发送另一个帧。一旦这两个冷启动器完成其启动阶段,其他节点,包括非冷启动器,就可以加入运行中的群组中。

9.3.2 非冷启动节点的启动过程

非冷启动节点不能启动群组，它只能加入一个正在运行的群组中。前提是两个冷启动器完成了它们的启动过程并进行了互相的同步。图 9.9 展示了两个冷启动器如何进行同步，并且每个节点在每个周期发送一个启动帧。

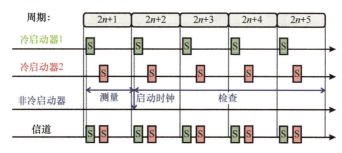

图 9.9　非冷启动节点的启动过程（第 1 部分）

当一个非冷启动节点转变为启动状态时，首先等待一个奇数周期，用 $2n+1$ 来表示。在这个周期内，节点等待接收启动帧。当第一个启动帧被接收到后，非冷启动节点启动一个定时器，就像后续的冷启动器在接收到领先冷启动器的启动帧时所做的一样。

在一个周期之后，即第二个启动帧（在这里是周期 $2n+2$）被同一个冷启动器接收后，节点便开始启动自己的时钟。从启动到周期 $2n+5$ 期间，非冷启动节点检查所有的启动帧。这些启动帧必须符合时间表，并且计算得到的时钟校正值必须在允许的容差范围内。与后续的冷启动器相比，一个非冷启动节点的主要区别在于，它不仅需要看到一个冷启动器，而是需要看到两个冷启动器。如果只有一个冷启动器存在，非冷启动节点将不能加入群组。

当满足所有条件时，非冷启动节点将在周期 $2n+6$ 进入正常活动状态。在这种状态下，节点可以发送消息，如图 9.10 所示。因此，非冷启动节点的启动过程至少需要 5 个周期，然后在第 6 个周期才能自己发送消息。在图 9.9 和图 9.10 的示例中，非冷启动节点首先与冷启动器 1 进行同步。它也可以选择与冷启动器 2 进行同步。

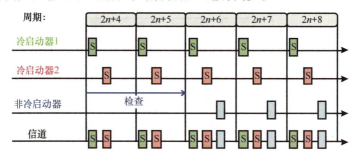

图 9.10　非冷启动节点的启动过程（第 2 部分）

9.3.3 只有一个冷启动器的启动过程

在启动 FlexRay 群组时，很少会出现两个冷启动器同时进入启动状态的情况。更常见的情况是一个冷启动器进入启动状态并开始发送启动帧，但没有其他节点回应。如果缺少对第二个冷启动器的响应，启动过程会如何进行呢？图 9.11 显示了这种情况的场景。图中仅绘制了节点的 Tx 线路行为。由于只有一个节点发送消息，因此总线上的信号传输是相同的。

图 9.11　仅有一个冷启动节点的启动过程

冷启动器在等待两个通信周期后发送 CAS 帧，并启动其时钟。在前 4 个周期（周期 0~3）中，节点发送其启动帧，与第 9.3.1 节中描述的过程相同。在第 4 个周期中，冷启动器也发送其启动帧。在此周期中，冷启动器期望另一个冷启动器发送其启动帧。由于没有第 2 个冷启动器处于启动状态，因此也没有响应。然后，在第 6 个周期，冷启动器不发送启动帧，但时钟继续运行。

在第 6~10 个周期内，冷启动器再次发送启动帧。在第 11 个周期，仅当冷启动器在第 10 个周期收到另一个冷启动器的启动帧时，它才发送一个启动帧。如果未收到启动帧，则在第 11 个周期不发送任何帧（图 9.12）。在第 12~16 个周期内，冷启动器再次发送启动帧。是否在第 17 个周期发送启动帧取决于它在第 16 个周期是否收到来自其他冷启动器的启动帧。

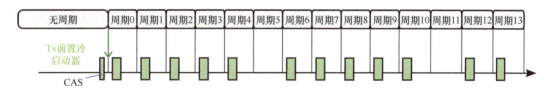

图 9.12　仅有一个冷启动节点的启动过程的其他周期

连续 5 个周期内发送 5 个启动帧的过程称为冷启动尝试（FlexRay 规范中称为冷启动尝试）。尝试的次数可配置为 2~31 次。如果在所有尝试中都没有其他冷启动器回应，节点将停止发送启动帧并停止其时钟。此时，节点会等待另一个冷启动器启动群组。在这种情况下，它立即作为后续的冷启动器可用。

9.4　总线监控器

9.4.1　特性

总线监控器（BG）是一种用于控制一个或多个节点对通信介质访问的设备。BG 可以阻止节点发送消息，但本身不能发送消息。它可以用于提高群组的安全性。对于建立 FlexRay

群组来说，总线监控器是可选的组件，因此不是必需的。

9.4.2 工作原理

使用总线监控器构建的节点如图 9.13 所示。总线监控器可以中断 FlexRay 控制器与收发器之间的发送路径。当总线监控器中断发送路径时，发送操作将不会出现在通信通道上。总线监控器对节点的接收路径没有影响。

为了使总线监控器能够通过关闭开关来允许发送操作，它需要知道节点可以在哪些时隙中发送。因此，总线监控器需要通过微控制器进行配置。此外，它还需要一个同步的时钟。由于总线监控器需要独立于 FlexRay

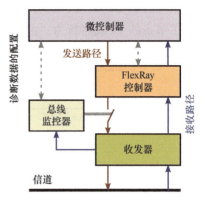

图 9.13 带有总线监控器的节点结构

控制器以进行检查，它需要有自己的同步时钟。为此，它需要自行接收帧并根据测量到的帧到达时间计算时钟校正值。

图 9.13 展示了总线监控器对节点发送过程的影响。上半部分展示了 FlexRay 控制器的通信情况。当 FlexRay 控制器发送时，可以通过 TxEN 线路观察到。FlexRay 控制器在 Slot1、2 和 4 进行发送。总线监控器被配置为允许在 Slot1 和 4 进行发送（开关为关闭状态）。在其他所有的 Slot 中，它会打开发送路径上的开关，这样 FlexRay 控制器就无法访问收发器，也就无法访问通信通道（开关为打开状态）。因此，FlexRay 控制器在 Slot2 发送的帧不会出现在通信通道上。为了使整个系统正常工作，静态 Slot 的配置必须比没有总线监控器的节点更大，因为需要考虑总线监控器时钟的容差。

总线监控器的工作原理如图 9.14 所示：当发现 FlexRay 控制器发生故障时，总线监控器会通知微控制器。在应用程序中，必须确定节点的行为方式。通常认为第一次出现故障是暂时性错误。微控制器将重新配置 FlexRay 控制器，节点将重新加入群组中。如果错误再次发生，微控制器将节点从通信中断开，以免干扰其他节点。可能的原因包括 FlexRay 控制器或总线监控器的硬件故障，或者配置错误。

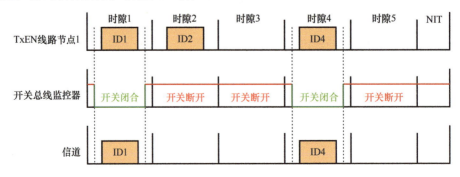

图 9.14 总线监控器的工作原理

9.4.3 实现

从概念上讲，有两种类型的总线监控器。第一种是本地总线监控器，每个节点和通道都需要一个总线监控器。节点的构建相对简单，与图 9.13 相符。通信中的更改相对容易实现。

第二种类型是集中式总线监控器。它被集成在星形分配器中，监控其分支上的通信。如果有多个节点连接到一个分支上，这些节点将共同受到监控。每个通道只需要一个总线监控器。然而，与本地总线监控器相比，集中式总线监控器要复杂得多。集中式总线监控器必须了解静态段中的所有通信。通信的更改需要更改节点和集中式总线监控器的配置。因此，必须同时处理这两个组件。

所介绍的总线监控器是一个概念，没有完整的规范，只有一个设计。因此，没有总线监控器的实现，这主要有两个原因。

首先，总线监控器的实现相对复杂。它需要具备一个具有同步机制的时钟、完整的接收路径和必要的配置数据。与 FlexRay 控制器相比，它主要节省了缓冲存储器。但是，总线监控器还带来了额外的成本，例如独立的外壳、引脚和电源。因此，总线监控器主要增加了额外的成本。

第二个原因是，总线监控器可以防止某些错误，但不能防止所有错误。如果使用两个彼此独立的 FlexRay 群组进行通信，并交换相同的信息，将实现真正的冗余。一个群组发生故障，无论是什么类型的故障，都不会影响第二个群组。通过这种方法，即使没有总线监控器，也比带有总线监控器的群组实现了更高的安全性。

9.5 机制和效果

9.5.1 空帧

在 FlexRay 通信中，特定情况下会发送空帧。空帧的特点是：
- 帧头中的空帧指示器被设置
- 负载中只包含无效数据的零值，不对接收方构成有效数据

否则，该帧的结构与任何其他帧相同。启动帧和同步帧也可以是空帧。CRC 的计算方式与其他帧相同，即在帧头和有效负载段上计算。图 9.15 显示了一个空帧及其特征。

图 9.15 空帧及其特征

那么，空帧的作用是什么呢？为了回答这个问题，让我们来看一下微控制器与FlexRay控制器之间的数据交换。FlexRay控制器由协议引擎和缓冲区组成，帧被存储在其中（图9.16）。微控制器与FlexRay控制器之间的数据交换通过控制器主机接口（CHI）进行，这是一个定义好的接口。通过该接口，微控制器可以将要发送的帧写入FlexRay控制器的缓冲区，并读取接收到的帧。

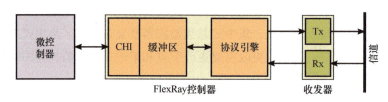

图9.16 微控制器与FlexRay控制器之间的数据交换

若要更新要发送的帧，需要经过以下几个步骤：
1）微控制器检查缓冲区是否已锁定。
2）如果缓冲区未锁定，则微控制器将锁定缓冲区。
3）微控制器对缓冲区进行写入或读取操作。
4）微控制器解锁缓冲区。

协议引擎也是同样的做法。首先检查缓冲区是否已锁定。如果未锁定，则锁定缓冲区，然后可以进行读取或写入操作。这确保了缓冲区中的数据保持一致，并且在写入过程中不会被另一个实例读取。

然而，当协议引擎按照调度表需要发送一个帧时，却发现存储该帧的缓冲区被微控制器锁定，这就导致了一个问题。在FlexRay中，静态段中的每个节点必须在每个周期中的分配时间槽内发送一个帧。对于普通帧而言，不发送的话后果是可以预见的，但同步和启动帧的缺失可能会危及群组的同步，因此引入了空帧。当一个节点需要发送一个帧，但无法访问缓冲区时，该节点发送一个空帧。此外，在Leading Coldstarter的启动过程中也会发送空帧。如果一个节点发送同步帧而没有配置缓冲区，也会发送空帧。

在动态段中，不发送空帧。如果无法访问动态段中要发送的帧的发送缓冲区，则该帧将在下一个周期发送。

9.5.2 传输启动序列的缩短

在第5.4.4节中，我们讨论了帧的编码，指出在帧之前需要添加一个传输启动序列（TSS）。为什么需要这样做将在本节中进行说明。

在每个帧之前，还会发送一个位序列，即传输启动序列。TSS由至少3位和最多15位低位组成，数量可配置。帧编码如图9.17所示。

发送帧之前发送TSS的原因是，前几位无法到达接收器。在传输过程中，它们会被截断。图9.18显示了从发送器的FlexRay控制器经过发射器（收发器的发送部分）再经过星形耦合器到接收器（收发器的接收部分）直到接收器的FlexRay控制器的信号路径。图中右侧显示了在相应位置上在信号路径上可能测量到的内容。每个组件都会截取 TSS 的一部分。造成这种情况的原因是组件中的驱动级需要时间来激活。收发器或星形耦合器需要多长时间来激活，这在数据手册中有说明。所显示的效果仅发生在发送操作的开始阶段。驱动级一旦被激活，每个位都将按原样传输。图 9.18 省略了额外的延迟。信号路径没有发生变化，只是延迟了。将 TSS 放在帧的前面是为了不对实际帧进行任何截取。

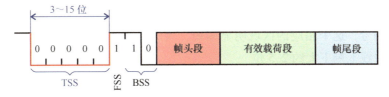

图 9.17 帧编码

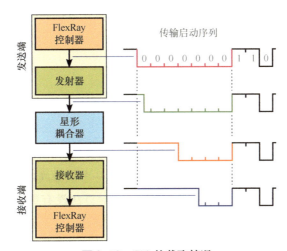

图 9.18 TSS 的截取情况

图 9.19 使用示波器记录了上述效果。红色曲线是在发送端的 FlexRay 控制器和发送方

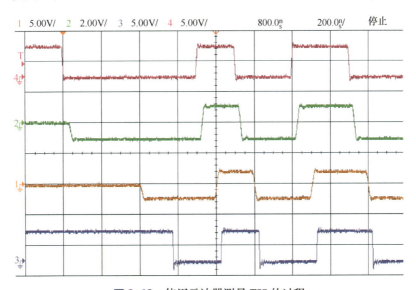

图 9.19 使用示波器测量 TSS 的过程

之间的 Tx 线上测量得到的。绿色曲线是通过差分探头在发送方输出端捕获的。黄色曲线是在星形耦合器之后直接在接收方输入端通过差分探头测量得到的。蓝色曲线是在接收端的接收方和 FlexRay 控制器之间捕获的。

在这四条曲线的曲线图中，可以看到传输延迟在第一个上升或第二个下降沿处。TSS 是第一个下降沿和第一个上升沿之间的区域，可以看出 TSS 的缩短。在红色曲线上，TSS 为 700ns，相当于 7 位。在绿色曲线上，该区域略微缩短，约为 6.5 位。黄色曲线显示了星形耦合器之后的信号，这个相应的区域明显缩短，大约只有 4 位。接收器还会截取其中的一位，所以蓝色曲线上剩下大约 2.5 位。

9.5.3 时钟同步

时钟同步是 FlexRay 中的核心机制之一。它确保所有节点的时钟保持同步。每个节点都运行由以下三个部分组成的算法：

- 测量值的捕获
- 校正值的计算
- 校正值的应用

1. 时钟同步的流程

图 9.20 显示了这些部分在通信周期内的时间分配。图像的上半部分显示了周期。偶数周期后总是跟随一个奇数周期，奇数周期后总是跟随一个偶数周期。一个周期总是由一个静态段（static）和 NIT 组成。可选的动态段（dyn.）对算法没有影响。图像的中间部分将测量阶段和校正值计算与静态段和 NIT 的时间相关联。在整个静态段期间，测量阶段是活动的。在每个周期中进行测量。校正值的计算始终在奇数周期的 NIT 中进行。只使用奇数周期的值来计算偏移校正值。用于计算速率校正值的值是奇数周期和前一个偶数周期的值。图像

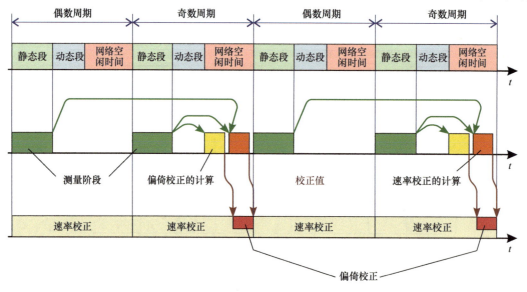

图 9.20 时钟同步流程

的下半部分显示了校正值的应用。速率校正值始终在整个周期中应用。由于新的速率校正值计算仅在奇数周期的 NIT 中进行，因此计算出的校正值适用于两个周期。偏移校正值在 NIT 中应用。计算和应用始终在奇数周期中进行。必须对 NIT 进行适当的配置，以确保节点有足够的时间来计算校正值和应用偏移校正值。

2. 测量值的捕获

帧的到达时间只在同步帧中被记录。作为测量的参考点，静态时隙中的动作点被使用。这是一个节点开始发送静态帧的时间点。如果发送器和接收器的时钟没有偏差，那么帧在接收器也应该从动作点开始[⊖]。

帧准确到达预期的时间点时，测量值等于零；早于预期时，测量值为负；晚于预期时，测量值为正（图 9.21）。

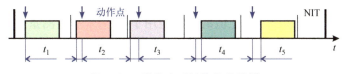

图 9.21　群集中时钟偏差的示例

在一个群集中，每个周期至少有 2 个同步帧，最多有 15 个同步帧。这需要在配置中确保。同步帧是设置同步帧指示器的帧。每个节点存储其在一个周期内无故障接收到的所有同步帧的测量值。

3. 偏移校正值的计算

仅使用奇数周期的测量值来计算偏移校正值，计算过程如下：

1）根据大小对测量值进行排序。
2）从列表中删除最大值和最小值。
3）对删除后的最大值和最小值进行求和，并除以 2。

图 9.22 说明了通过表 9.3 中的排序测量值计算偏移校正值的过程。

表 9.3　微刻度下的测量值示例

测量值	偶数周期	奇数周期	差异
t_1	0	1	1
t_2	5	12	7
t_3	7	10	3
t_4	−2	−10	−8
t_5	−8	−4	4

4. 速率校正值的计算

用于计算速率校正值的是奇数周期和前一个偶数周期的测量值，计算过程如下：

⊖ 这里忽略了发送器和接收器之间始终存在的延迟时间，具有测量误差。

1) 确定奇数周期和偶数周期的测量值之间的差异。
2) 对计算出的差值进行排序。
3) 从列表中删除最大值和最小值。
4) 对删除后的最大值和最小值进行求和，并除以 2。

图 9.23 说明了通过表 9.3 中计算出的差异的排序列表来计算速率校正值的过程。

图 9.22　偏移校正值的计算　　　　图 9.23　速率校正值的计算

对于计算偏移校正值和速率校正值的算法适用于 3~7 个有效测量值。如果测量值或差异少于 3 个，则不会删除任何值。如果有超过 7 个测量值或差异，则将删除 2 个最大值和 2 个最小值。

用于计算校正值的算法具有两个优点。首先，具有较大差异的节点不会影响整个群集，因为不会计算所有测量值的平均值。第二个优点是除以 2。这可以通过简单的位移操作实现，在硬件上非常容易实现。在进行平均值计算时，需要除以使用的测量值的数量，这将需要一个除法单元。

5. 应用校正值

偏移校正值应用于奇数周期的 NIT 中。根据校正值的大小，周期会被缩短或延长。每个节点都使用自己计算得出的偏移校正值进行校正。

速率校正值将应用于接下来的两个周期。为此，将速率校正值添加到当前周期的微滴数长度上，总和就是新周期的长度。因此，周期的微滴数可以变短或变长。微滴数的数量均匀分配给配置的宏滴数。宏滴数的数量不变，但宏滴数的长度可以变化一个微滴。结果是通过校正所增加或减少的微滴均匀地分布在整个周期中。

9.5.4　位解码

收发器中的接收器捕获两个总线线路之间的差分电压，并将其转换为具有值 0 和 1 的二进制信号。这是通过在收发器中实现阈值来实现的。因此，收发器的输出是一个离散值和连续时间的信号。FlexRay 控制器需要将其转换为离散时间信号，以便生成位。图 9.24 显示了涉及的多个功能。首先对 RxD 引脚上的输入信号进行采样，然后使用 5 出 3 滤波器进行滤波。过滤后信号的单个值确定了相应位的值。通过使用根据字节起始序列的下降沿进行的边沿检测来确定第一个位开始的样本。在那里，初始化样本计数器。

将离散数值时域信号转换成位的各个步骤如图 9.25 所示。最上面的信号波形表示二进制输入信号，显示了 BSS 的高位，接着是 BSS 的低位和前两个数据位。这个信号以位速率的 8 倍频率进行抽样，在一个 10Mbit/s 的群组中，频率为 80MHz。时域连续信号被转换成时域离散信号。获得的值被称为样本。每个位由 8 个样本来表示。

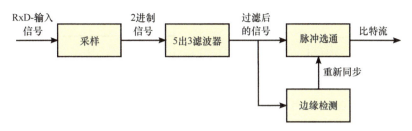

图 9.24 位解码的构建

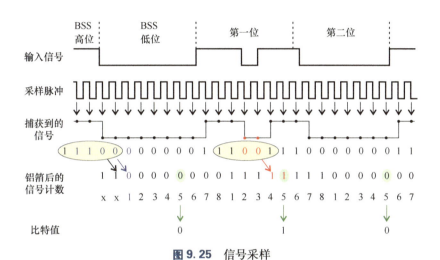

图 9.25 信号采样

然后，样本通过一个 5 出 3 滤波器进行滤波。滤波器内有 5 个样本。滤波器输出值等于滤波器内样本的大多数。如果滤波器内有 3 个 1 样本和 2 个 0 样本，则输出为 1 样本。采样下一个样本时，最旧的样本将从滤波器中移除，新样本进入滤波器。这个过程会随着每个新样本的到来而继续。通过 5 出 3 滤波，输入信号会延迟 2 个样本。在 10Mbit/s 的位速率下，这相当于 25ns。5 出 3 滤波器能够去除 1 个或 2 个样本长度的毛刺。

每个位仍由 8 个样本组成。在最后一步，由 8 个样本决定一个位的值。这个过程被称为脉冲选通。在脉冲选通过程中，每个位的值取第 5 个样本。计数从 BSS 的高/低位之间的下降沿开始，并延续到 BSS 的下一个下降沿。

9.5.5 不对称性

本节介绍了导致位不对称的一些原因，并探讨了位不对称对通信的影响。

1. 位不对称的定义

在一个位序列中，比如 010，位的电平会交替变化。如果位的长度为 100ns，则 0 位会导致 100ns 的低电平，然后是 100ns 的高电平，再然后是 100ns 的低电平（图 9.26）。这将是总线上的理想电压变化情况。

但实际上，在高电平和低电平之间存在不对称性，导致低位缩短，高位延长，如图 9.27 所示。也可能出现高位缩短，低位延长的情况。

图 9.26　理想的信号波形　　　　图 9.27　带有不对称性的信号波形

图 9.27 显示了带有不对称性的信号变化情况。不是每个位都会缩短或延长，只有在电平发生变化的位会受到影响。在连续相同位的情况下，比如高位，只有该序列的第一个或最后一个位会受到影响。

如果以位序列中的下降沿作为参考，则位不对称只会影响上升沿。下降沿总是在位时间的整数倍出现[⊖]。

2. 位不对称的影响

只要位正确地接收，位不对称就没有影响。在 FlexRay 中，每个位被采样 8 次，第 5 个样本决定了位的值。如果由于位不对称的原因，一个位在第 5 个样本之后改变了其值，它仍然能够正确识别。因此，可以容忍多达 3 个样本的不对称性，相当于 37.5ns。

对于单个组件的位不对称，时间通常在两位数纳秒范围内。然而，随着越来越多的组件参与系统中，这些时间会相加。

在传输比特的系统中，位不对称是普遍存在的。但只有当比特率显著高于 1Mbit/s 时，才会引起问题。

3. 协议控制器和收发器中的驱动级别

导致位不对称的原因有很多，其中最重要的是：芯片本身、外部连接、接地误差和线路布线、时钟生成和分配以及电磁兼容性。

半导体电路主要由晶体管组成。这些晶体管通过其特性如增益、开关阈值和触发敏感性来决定输出的切换时间和信号波形。在制造过程中，这些晶体管会有一定的波动，因此切换时间和信号波形会有一定的公差。在半导体设计和制造过程中，尽管会努力平衡切换时间和信号波形使信号对称，但特别是在互补型晶体管中，这种平衡只能在有限的范围内实现，因为需要考虑到整个电路的温度变化范围。

图 9.28 显示了协议控制器的简化输出级和收发器中的简化输出电路。这两者各由两个晶体管组成，其中一个始终是截止态，另一个是导通状态。在收发器中甚至有两对这样的晶体管，以产生正负差分电压。一个输出级中的两个晶体管意味着它们的电气参数可能不同。这可能导致其中一个晶体管比另一个更快或更早地切换。下面将讨论导致位不对称的三个晶体管特性。

⊖ 对位不对称的描述基本上适用于静态位不对称。此外，随机位不对称也会影响上升沿和下降沿。这里不考虑这些问题。

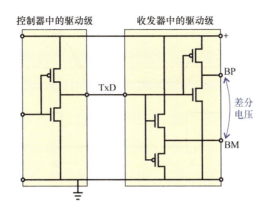

图 9.28　发送路径中驱动器输出级的示意结构

4. 通过阈值偏移引起的位不对称性

二进制信号通过在一个阈值（例如 0）和另一个阈值（1）之间切换来被组件检测到。通常，在切换阈值时会添加滞后，以防止围绕切换阈值的电压水平频繁切换。

假设当信号水平低于 30% 时识别为 0bit，并且当信号水平高于 70% 时识别为 1bit。图 9.29 显示了从 1bit 到 0bit 再到 1bit 的电平变化。切换时的边沿具有一定的斜率。切换发生的切换阈值用蓝色标注。图 9.29 显示了通过阈值偏移引起的位不对称性。

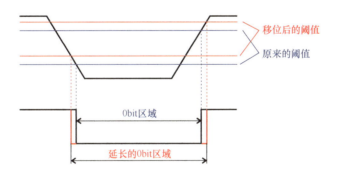

图 9.29　通过阈值偏移实现位不对称性

假设一个或两个切换阈值发生微小偏移，偏移的切换阈值在图 9.29 中以红色标注。这些阈值现在可能分别为 31% 和 71%。对 0bit 长度的影响在电平变化图下方标注。通过切换阈值的偏移，0bit 的长度会延长。

5. 通过改变边沿斜率引起的位不对称性

前面已经讨论过，切换时 1bit 和 0bit 之间的边沿具有特定的斜率。如果下降边沿的斜率与上升边沿的斜率大小相等，那么 1bit 和 0bit 的长度将相等。

图 9.30 显示了一个陡峭的下降边沿和一个较平缓的上升边沿，并显示了由此产生的 0bit 信号。可以看出，0bit 的长度增加了。下降边沿和上升边沿之间的斜率差异可能会导致低位和高位的延长或缩短。

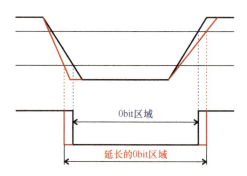

图 9.30 通过不同的边沿斜率实现位不对称性

6. 通过延迟时间差异引起的位不对称性

位不对称性的发生也受到晶体管开关时间的影响。开关时间由延迟时间和上升时间组成。上升时间已经在前面的边沿斜率中讨论过。图 9.31 显示了延迟时间。晶体管不会立即从断开状态切换到导通状态，而会有一个延迟。同样，当控制电压发生变化时，晶体管也不会立即断开。蓝色标注代表了一个情况，即从 1bit 到 0bit 和从 0bit 到 1bit 切换的延迟时间相等。红色标注表示从 1 到 0 的切换具有较短的延迟时间，从 0 到 1 的切换具有较长的延迟时间。可以看到，0bit 的长度增加了。

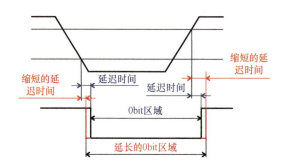

图 9.31 通过延迟时间差异实现位不对称性

这些例子展示了位不对称性的产生方式。每个单独的因素可能只对位不对称性做出小小的影响。然而，在系统设计中需要考虑最不利的情况。最不利的情况是，所有影响都朝一个方向发挥作用且彼此不互相抵消。

9.6 应用

9.6.1 FlexRay 在宝马 X5 上的应用

通信协议的开发和实现是重要的步骤。将其应用于量产汽车同样重要，以证明在实际使用中的适用性。2006 年,宝马首次在其量产汽车宝马 X5 中采用 FlexRay。

FlexRay 的应用是适应性悬架系统中,该系统可以在舒适和运动之间无级调节车辆的悬架特性。基于车速、转向角度、纵向和横向加速度以及高度水平,通过电磁阀调节减振器的阻尼。此外,通过摇摆电机调整稳定杆的倾斜度。

这样可以根据情况将车辆的悬架调整为外侧硬、内侧软,从而减少车辆的晃动。另一个改变驾驶特性的例子是在制动时减少车辆的俯仰。在宝马中,该功能被称为"动态减振控制(DDC)",减振器被称为"电子减振控制卫星(EDCS)"。BMW X5(E70 型号)的第一个 FlexRay 群组由五个 FlexRay 节点组成,建造时间从 2006—2013 年。四个节点安装在减振器中,包括 Freescale(现在是 NXP)的 16 位微控制器 S12、独立的 FlexRay 控制器 MFR4200A 以及 NXP 的 FlexRay 收发器 TJA1080(图 9.32,表 9.4)。这些节点的任务是驱动减振器中的执行器。第五个节点用于进行计算,以确定每种情况下的最佳驾驶特性。该管理单元由 Freescale 的 MPC563 微控制器、FlexRay 控制器 MFR4200A 以及两个 NXP 的 FlexRay 收发器 TJA1080 组成。通过在管理单元中使用两个收发器,形成了一个星形连接器,使得群组以星形拓扑结构实现,每个分支上有两个节点。管理单元中的微控制器直接与其中一个收发器连接。

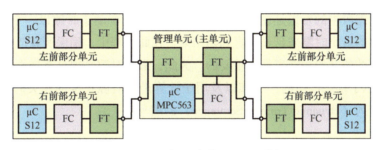

图 9.32　宝马 X5 中的 FlexRay 群组

表 9.4　对图 9.32 组成部分的说明

缩写	组件	类型
μC	微控制器	S12,MPC563
FC	FlexRay 控制器	MFR4200A
FT	FlexRay 收发器	TJA1080 N1D4

9.6.2　FlexRay 在宝马 7 系上的应用

在成功引入之后,FlexRay 也被应用于 2008—2015 年生产的 7 系宝马车(F01 和 F02 系列)。来自 X5 的 FlexRay 群组被扩展了更多节点(图 9.33)。星形拓扑网络得以保留,但包括了六个分支,每个分支最多有四个节点。图 9.33 中还标示了以 R 表示的终端电阻。

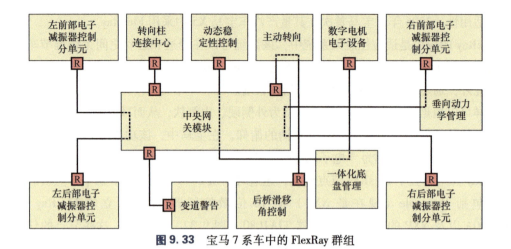

图 9.33 宝马 7 系车中的 FlexRay 群组

9.7 最小时隙长度的计算

最小时隙长度的计算类似于静态时隙长度的计算（见 5.6.3 节）。但在这里，帧的长度并不重要。在动态段中的发送是在动态时隙中进行的。一个动态时隙以一个最小时隙开始，并通过添加更多的最小时隙来延长，直到帧结束。在此过程中，确保所有节点在各自相同的最小时隙中看到帧的开始和结束是很重要的。为此，最小时隙必须具有最小长度，其计算如下。图 9.34 显示了动态段中的一个帧以及用于计算最小时隙长度的相关时间。其中，DTS 是动态段尾部序列（Dynamic Trailing Sequence）的缩写。

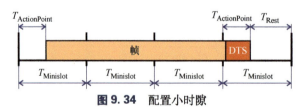

图 9.34 配置小时隙

在动态段中发送帧始于一个动作点（Action Point）。动作点的计算方式与静态时隙相同，根据式（9.1）确定[⊖]。这样可以确保即使各个节点的时钟存在差异，帧也能在所有接收节点的最小时隙中开始，即发送节点开始发送的那个最小时隙中。式（9.1）确定了最小时隙的第一部分的长度，见式（9.2）。

$$T_{\text{ActionPoint}} \geqslant \left[t_{\text{Precision}} \right]^{\text{MT}} \quad (9.1)$$

$$T_{\text{Minislot}} = T_{\text{ActionPoint}} + T_{\text{Rest}} \quad (9.2)$$

最小时隙的第二部分的长度，用 T_{Rest} 表示，在于确保每个节点能够在发送节点完成传输的同一最小时隙中看到帧的结束。为了实现这一点，发送节点使用 DTS 来延长其帧。DTS

⊖ 最小时隙操作点不必与静态插槽中的操作点配置完全相同。

无须计算或配置。发送节点在帧结束后持续发送 0 信号,直到根据其时钟达到下一个动作点。如果帧结束在动作点之前,则 DTS 也在同一最小时隙中结束。如果帧结束在动作点之后,则 DTS 在下一个最小时隙的动作点结束。

$$T_{\text{Rest}} \geq [t_{\text{IdleDelimiter}} + t_{\text{Delay}} + t_{\text{Precision}}]^{\text{MT}} \quad (9.3)$$

$$t_{\text{IdleDelimiter}} = B_{\text{IdleDelimiter}} t_{\text{Bit}} \quad (9.4)$$

如果每个帧在动态段中都恰好在动作点结束,那么在考虑所有影响因素的情况下,T_{Rest} 部分必须足够长,以便接收节点能够在最小时隙期间识别帧的结束。根据式(9.3),在考虑空闲检测时间 $t_{\text{IdleDelimiter}}$、信号传播时间 t_{Delay} 和最大时钟偏差 $t_{\text{Precision}}$ 的情况下计算 T_{Rest}。通过 NRZ 编码与起始位和停止位,需要节点条件性地进行检测总线上的空闲状态。

$$B_{\text{IdleDelimiter}} = 11 \text{Bit}$$

因此,可以计算出所需的最小时隙长度。这里展示的计算是简化的。更优化且考虑到所有方面的计算在 Rausch 的书籍[Rausch]的第 6.6 节中进行了详细说明。

示例计算最小时隙长度

对于一个以 10Mbit/s 工作的群组,信号传播时间为 1μs,精度为 1.85μs。宏节拍(Macrotick)的长度为 1μs。我们要求计算所需的最小时隙长度。

首先根据式(9.1)计算 $T_{\text{ActionPoint}}$:

$$T_{\text{ActionPoint}} = [t_{\text{Precision}}]^{\text{MT}}$$
$$= [1.85\mu s]^{\text{MT}}$$
$$= 2\text{MT}$$

T_{Rest} 的计算如下:

$$T_{\text{Rest}} = [t_{\text{IdleDelimiter}} + t_{\text{Delay}} + t_{\text{Precision}}]^{\text{MT}}$$
$$= [1.1\mu s + 1\mu s + 1.85\mu s]^{\text{MT}}$$
$$= [3.95\mu s]^{\text{MT}}$$
$$= 4\text{MT}$$

这样就得到了一个最小时隙的长度,如下所示:

$$T_{\text{Minislot}} = [T_{\text{ActionPoint}} + T_{\text{Rest}}]^{\text{MT}}$$
$$= 2\text{MT} + 4\text{MT}$$
$$= 6\text{MT}$$

$$t_{\text{Minislot}} = 6\mu s$$

一个最小时隙的长度应为 6μs,即 6 个 Macrotick。

9.8 练习

任务 1

当信号传播时间为 1μs,最大负载长度为 96B,精度为 2.2μs,并且 Macrotick 长度为 1.1μs 时,请计算 Minislot 的长度。

$$T_{\text{Rest}} = \lceil t_{\text{IdleDelimiter}} + t_{\text{Delay}} + t_{\text{Precision}} \rceil^{\text{MT}}$$
$$= \lceil 1.1\mu s + 1.0\mu s + 2.2\mu s \rceil^{\text{MT}}$$
$$= \lceil 4.3\mu s \rceil^{\text{MT}}$$
$$= 4\text{MT}$$
$$T_{\text{ActionPoint}} = \lceil t_{\text{Precision}} \rceil^{\text{MT}}$$
$$= \lceil 2.2\mu s \rceil = 2\text{MT}$$
$$T_{\text{Minislot}} = T_{\text{ActionPoint}} + T_{\text{Rest}}$$
$$= 2\text{MT} + 4\text{MT}$$
$$= 6\text{MT}$$
$$t_{\text{Minislot}} = 6.6\mu s$$

由于 Macrotick 为 $1.1\mu s$，并向上取整到最近的 $1.1\mu s$ 的倍数，因此 T_{Rest} 会四舍五入为 $4.4\mu s$，相当于 4 个 Macroticks。

任务 2

当信号传播时间为 $0.7\mu s$，最大负载长度为 56B，精度为 $2\mu s$ 时，请计算 Minislot 的长度。

Macrotick 的长度未给出，需要先确定它的长度，然后根据式（9.1）~式（9.4）进行计算。

$$t_{\text{Macrotick}} = 1\mu s$$
$$T_{\text{Rest}} = \lceil t_{\text{IdleDelimiter}} + t_{\text{Delay}} + t_{\text{Precision}} \rceil^{\text{MT}}$$
$$= \lceil 1.1\mu s + 0.7\mu s + 2.0\mu s \rceil^{\text{MT}}$$
$$= \lceil 3.8\mu s \rceil^{\text{MT}} = 4\text{MT}$$
$$T_{\text{ActionPoint}} = \lceil t_{\text{Precision}} \rceil^{\text{MT}}$$
$$= \lceil 2.0\mu s \rceil^{\text{MT}} = 4\text{MT}$$
$$T_{\text{Minislot}} = T_{\text{ActionPoint}} + T_{\text{Rest}}$$
$$= 2\text{MT} + 4\text{MT} = 6\text{MT}$$
$$t_{\text{Minislot}} = 6\mu s$$

对于这个示例，最小时隙的长度为 $6\mu s$。

任务 3

一个节点从节点 $K_1 \sim K_5$ 接收到了同步帧，并测量了与自己的时钟相比在连续两个周期中到达时间的偏差，单位为 Microtick（最小时间节拍）。测量结果见表 9.5。

请计算偏移值和速率校正值。

表 9.5 任务 3 同步帧到达时间的最小时间节拍测量值

节点	偶数周期	奇数周期
K_1	-1	-6
K_2	11	4
K_3	7	15
K_4	-5	2
K_5	-1	5

为了计算偏移校正值，需要使用奇数周期五个有效测量值中的第二小和第二大测量值。这些值分别是 5 和 2。

因此，校正值的计算如下所示：

$$K_{\text{Offset}} = \frac{5+2}{2} = 3$$

对于速率校正值的计算，使用每个节点的奇偶周期中测量值之间的差异。这些差异分别是 -5、-7、8、7 和 6。在五个值中再次选择第二小和第二大值，因此得到：

$$K_{\text{Rate}} = \frac{-5+7}{2} = 1$$

偏移校正值为 $3\mu T$，速率校正值为 $1\mu T$。

如果除以 2 后没有像 K_{Offset} 计算那样得到整数结果，即有余数存在，那么结果将向零舍入。因此，正数值将向下舍入，负数值将向上舍入。

任务 4

一个节点接收到来自节点 $K_1 \sim K_4$ 的同步帧，并测量了与自己时钟相比在连续两个周期中到达时间的偏差（以最小时间节拍为单位）。然而，并不是所有帧都是有效的，因此并不是所有测量值都可供计算使用。

$$K_{\text{Offset}} = 7$$

测量值见表 9.6。

表 9.6　任务 4 同步帧到达时间的最小时间节拍测量值

节点	偶数周期	奇数周期
K_1	-1	-10
K_2	无效不合法	7
K_3	7	13
K_4	-5	无效不合法

请计算偏移和速率校正值。

对于偏移校正值的计算，使用奇数周期的测量值。由于只有三个有效的测量值，最大和最小值被排除，剩下的值即为偏移校正值。偏移校正值为 $7\mu T$。

速率校正值的计算基于奇数和偶数周期的测量值之间的差异。只有当奇数和偶数周期中都有测量值时，才能确定差异。这仅在 K_1 和 K_3 节点处才成立。差异分别为 -9 和 6。这两个差异在计算中被使用：

$$K_{\text{Rate}} = \frac{-9+6}{2} = -1$$

偏移校正值为 $7\mu T$，速率校正值为 $-1\mu T$。

第10章 车载以太网

以太网已诞生约40年。它不断被改进,但对于汽车来说价格太高,且抗干扰能力不够。2007年,博通公司开始开发一种以太网版本,以满足汽车领域的要求。车载以太网的特性,尤其是高传输速度,带来了新的应用可能性,同时也让汽车开发人员重新思考了车载网络架构。这不仅影响车载网络本身,还影响整个汽车的开发过程。

本章在简要回顾车载以太网的发展历史和解释其主要版本之间的差异后,将介绍车载以太网的工作原理。由于差异主要体现在OSI参考模型的第一层,本章将重点介绍该部分。

■ 10.1 概述

10.1.1 车载以太网的版本

与标准以太网版本不同,车载以太网通过双绞线(Single Twisted Pair,STP)在全双工模式下进行传输。在10Mbit/s和100Mbit/s版本中,双绞线为非屏蔽线,并缩写为UTP(Unshielded Twisted Pair),而在1000BASE-T1中,线缆需要屏蔽。表10.1概述了车载以太网的不同标准及其状态。过时的标准是对新以太网版本的补充,将在下一次例行修订时纳入通用规范 IEEE 802.3—2022 中。

表10.1 车载以太网的版本(截至2022年5月)

描述	数据传输速率	标准	状态
—	1~400Gbit/s	IEEE 802.3—2022	现行的
10BASE-T1S	10Mbit/s	IEEE 802.3cg—2019	过时的
100BASE-T1	100Mbit/s	IEEE 802.3bw—2015	过时的
1000BASE-T1	1Gbit/s	IEEE 802.3bp—2016	过时的
—	2.5Gbit/s、5Gbit/s、10Gbit/s	IEEE 802.3ch—2020	过时的
1000Base-RH	1Gbit/s	IEEE 802.3bv—2017	过时的

10.1.2 (车载)以太网的发展历史

表10.2列出了从以太网发展到车载以太网最重要的里程碑,这些信息可以在许多来源

中找到。随着标准的制定和车载以太网在批量生产车辆中的初步应用经验,汽车制造商、供应商以及半导体和组件制造商对这项技术的兴趣也越来越大。

表 10.2 从以太网发展到车载以太网最重要的里程碑

年份	描述
1976	Metcalfe 和 David Boggs 的文章题为:*Distributed Packet-Switching For Local Computer Networks*,3Mbit/s 的第一个版本
1980	IEEE(电气和电子工程师协会)在 802 工作组中进一步开发以太网版本1。有三种不同的技术:CSMA/CD(802.3)、令牌总线(802.4)和令牌环(802.5)
1985	以太网标准作为国际标准 ISO/DIS 8802/3 发布
1991	标准 10BASE-T(双绞线以太网)
1992	标准 10BASE-F(光纤)
1995	100Mbit/s 以太网标准(IEEE 802.3),大致同时使用无线局域网(IEEE 802.11)
1999	发布标准 1000BASE-T,千兆以太网
2007	博通开发了单双绞线物理层 BroadR-Reach
2011	OPEN Alliance 成立(Broadcom、NXP、BMW 等)
2014	100BASE-T1 工作组(标准化)成立
2013	宝马 X5 开始生产 BroadR-Reach/100BASE-T1 环绕视野系统
2015	宝马、大众和捷豹宣布推出 100BASE-T1
2015	发布 100BASE-T1 标准(车载以太网 100Mbit/s)
2016	发布 1000BASE-T1 标准(车载以太网 1000Mbit/s)
2019	发布 10BASE-T1S 标准(车载以太网 10Mbit/s)

10.2 架构

10.2.1 以太网节点的构建

一个以太网节点由一个带有集成以太网控制器的微处理器或微控制器以及一个收发器组成(图 10.1)。应用程序在微处理器或微控制器上运行。此外,还实现了 OSI 参考模型的第 3~7 层。

收发器主要实现了 OSI 参考模型的第 1 层,并建立与物理介质的连接。它也经常被简称为 PHY。

以太网控制器实现了第 2 层,由两个子层,即逻辑链路控制(LLC)和媒体访问控制(MAC)组成。

以太网控制器与收发器之间的连接通过媒体独立接口(MII)进行。顾名思义,该接口与通信所使用的介质无关,可以使用有线以太网版本之一,

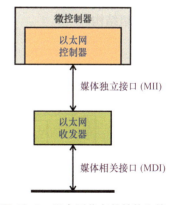

图 10.1 以太网节点的结构和接口

也可以使用无线版本之一。通过使用不同的收发器，可以在遵循其他以太网标准的群组中无须进行大量更改地使用节点。

媒体相关接口（MDI）通过传输介质建立与收发器的连接。

10.2.2 拓扑

车载以太网仅支持点对点连接（点对点），因此只能直接连接两个节点（图10.2）。为了建立具有多个节点的群组，需要使用交换机。

交换机是带有多个端口的主动设备。每个端口都可以连接一个以太网节点或另一个以太网交换机（图10.3）。交换机读取传入消息的目标地址，并仅将该消息发送到目标地址可达的端口。为此，交换机必须能够解码和缓存消息。对于具有实时要求的网络，两个节点之间的交换机数量是有限制的。

图10.2 两个以太网节点的点对点连接

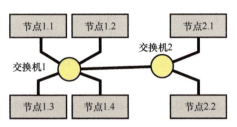

图10.3 使用交换机连接多个以太网节点

10.2.3 接口

以太网节点有两个接口：
- 媒体独立接口（MII）是以太网控制器和物理层之间的接口
- 媒体相关接口（MDI）是节点对外的接口，它确定了介质（铜缆、光纤或无线）

这两个接口将在以下章节中进行详细描述。图10.4详细显示了由两个节点和各个接口构成的群组结构。

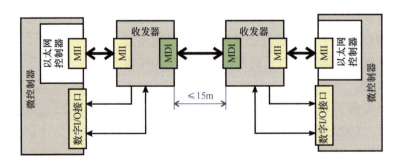

图10.4 两个以太网节点的接口

以太网控制器与收发器之间的连接通常在一个电路板上，长度只有几厘米。通过MDI

连接两个收发器的距离最远可以达到 15m，采用了双绞线传输。

10.2.4 媒体相关接口

媒体相关接口是用于传输线路的接口，可以是双绞线或光纤。下面将仅对双绞线接口进行详细说明。

图 10.5 展示了收发器与双绞线连接之间的布线。黄色部分是可选的，不是必需的，而绿色部分是必需的。表 10.3 列出了一些可能的元件参数值，这些值在一些参考设计中被提议使用。

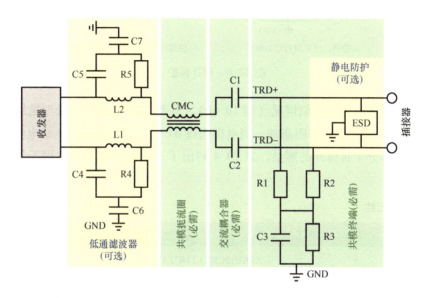

图 10.5 收发器和双绞线连接之间的布线

表 10.3 关于收发器元件的参数描述

缩写	数值	描述
R1，R2	1kΩ	共模终端
R3	100kΩ	ESD 电阻
R4，R5	27Ω	—
C1，C2	100nF	DC 阻隔
C3	4.7nF	MDI 耦合
CMC	200μH	共模扼流圈
C4，C5	22pF	—
C6，C7	47pF	—
L1，L2	120nH	—

1. 静电放电保护

用于静电放电保护的集成元件可以由二极管或压敏电阻构成。图 10.6 展示了两种变体的结构。二极管的导通电压与 Z 型二极管的击穿电压之和（图 10.6a）设置在 $-5 \sim 5V$ 的电压范围内。在这个范围之外，二极管会变为导通状态，并将干扰脉冲短路或引导到地线上。

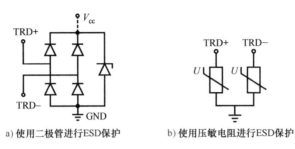

a) 使用二极管进行ESD保护　　b) 使用压敏电阻进行ESD保护

图 10.6　ESD 保护

基于压敏电阻的芯片有类似情况（图 10.6b）。只要 TRD+、TRD-或与地线之间的电压在 $-5 \sim 5V$ 范围内，芯片就是高阻态的。当电压超过 6V 时，电阻减小，压敏电阻上将产生电流，这将导出大部分干扰脉冲的能量。表 10.4 列出了一些供应商提供的用于静电放电保护的元件。

表 10.4　ESD 保护元件

制造商	电子元器件名称	工作原理
TDK	AVRH10C101KT4R7FA8	压敏电阻
Nexpedia	PESD2ETH	二极管
On Semi	ESD7205	二极管
ST	MIF02-02OABRY	二极管

2. 共模终端

双绞线的终端化与其他总线系统的终端化类似。在示例中，使用两个 $2k\Omega$ 电阻对线缆进行终端化。

3. 交流耦合

车载以太网通过两个电容进行纯电容耦合的方式连接双绞线。100Mbit/s 的以太网版本 IEEE 100BASE-TX 使用电感器进行电感耦合，也可以在线缆和收发器之间实现电气隔离。与车载以太网中使用的电容器相比，这些电感器不但体积大，且成本昂贵。

4. 共模电感

共模电感（Common Mode Choke，CMC）用于消除共模干扰，在其他总线系统中也经常使用，但是共模电感是可选的。在车载以太网中，共模电感被认为是必需的。

5. 低通滤波器

低通滤波器是可选的，用于滤除高频干扰。

10.2.5 媒体独立接口

媒体独立接口（Media Independent Interface，MII）是以太网控制器与以太网收发器之间的接口。目前已经建立了四种接口：

- MII：媒体独立接口
- RMII：精简媒体独立接口
- RGMII：精简千兆位媒体独立接口
- SGMII：串行千兆位媒体独立接口

特殊的是，第一种执行形式的名称和缩写与该接口组的统称相同。为了能够区分二者，在下文中将使用"MII"来表示具体的执行形式，使用完整的术语表示接口的一般概念。

这些接口在所需导线数量和传输速率上有所区别。导线分为以下几组：

- 发送（transmit）
- 接收（receive）
- 管理（M），用于配置收发器

1. MII

MII 由 18 根导线组成。数据通过 4 根 25MHz 并行线路传输和接收，从而达到 100Mbit/s 的传输速率。图 10.7 展示了这个接口。

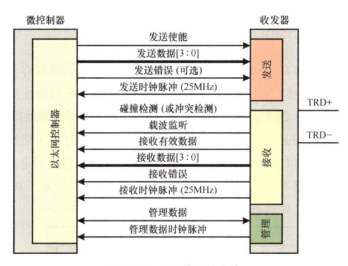

图 10.7　MII 接口的连接

2. RMII

RMII 减少了导线数量，仅需要 10 根导线（图 10.8）。除了省略了一些可选导线外，用于数据发送和接收的导线，减少到每个方向两根，但频率提高到了 50MHz。

3. RGMII 和 SGMII

另外两种接口 RGMII（25 根导线）和 SGMII（14 根导线）是为千兆位以太网设计的，但也可以用于 100Mbit/s 的以太网。

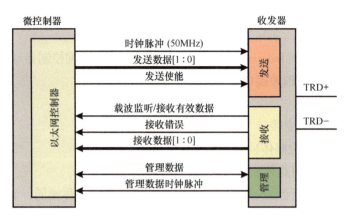

图 10.8 RMII 接口的连接

10.3 以太网版本

车载以太网并非全新开发的技术，而是在现有以太网版本的基础上进一步发展。各个以太网版本之间的差异仅存在于第 1 层或收发器上。以太网控制器（第 2 层）不受影响。

10.3.1 以太网 IEEE 100BASE-TX

基于 IEEE 100BASE-TX 标准的以太网是普通办公室以太网，已经存在超过 20 年，所有计算机都配备了有线网络接口。通过两个物理隔离的通道（两根双绞线），可提供两个速率为 100Mbit/s 的单向连接。因此，若使用四芯电缆，两个节点可以同时以 100Mbit/s 进行发送和接收，发送器的 Tx 端必须分别连接到接收器的 Rx 端。最初，Tx 端与 Rx 端之间的连接使用交叉线缆进行。现代以太网端口可以自动检测到与 Tx 端口连接的是另一个节点的 Rx 端口还是 Tx 端口。如果连接不匹配，它们可以自动切换。图 10.9 展示了基于 IEEE 100BASE-TX 标准的以太网的基本结构和布线。

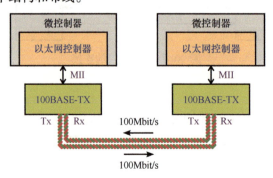

图 10.9 根据 IEEE 100BASE-TX 标准连接两个以太网节点的布线

10.3.2 以太网 IEEE 1000BASE-T

以太网 IEEE 100BASE-TX 的进一步发展促使了 IEEE 1000BASE-T 的出现。其传输速度增加了 10 倍，即同时提供双向 1000Mbit/s 传输速度。这是通过四个物理分离的通道（四对双绞线）实现的。每个通道实现一个 250Mbit/s 的全双工连接（图 10.10）。为了在双线路上实现全双工连接，两个节点必须进行同步。其中一个收发器作为主设备，另一个作为从设备。

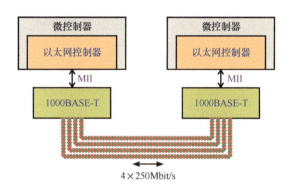

图 10.10　根据 IEEE 1000BASE-T 标准连接两个以太网节点的布线

该系统采用三电平调制（PAM-3）技术，使用三个电压水平进行工作。这样可以在一条线缆中传输两个比特位，因此每对双绞线的步进速度达到 125MBaud，通过叠加两个节点的电压水平，可以得到五个电压水平。此外，该种以太网还采用了追踪编码和扰码技术。

10.3.3 以太网 IEEE 100BASE-T1

车载以太网称为 IEEE 100BASE-T1，并借鉴了以太网 IEEE 1000BASE-T 的许多机制。出于成本考虑，它只使用一对双绞线，通过该线对实现 100Mbit/s 的全双工连接（图 10.11）。与 1000BASE-T 相比，100BASE-T1 的一个重要区别是，可实现速度为 100Mbit/s 的无屏蔽传输。这种以太网的形式也使用了五个电压水平和扰码技术，其中一个收发器作为主设备，另一个作为从属设备。

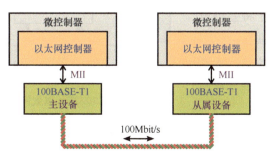

图 10.11　根据 IEEE 100BASE-T1 标准连接两个以太网节点的布线

10.3.4 车载以太网的版本

车载以太网 IEEE 100BASE-T1 不是为汽车领域开发并应用的唯一版本。除了 100Mbit/s 版本外,还有一个 1000Mbit/s 版本和一个正在开发中的 10Mbit/s 版本。表 10.5 列出了三个版本的主要技术指标。

表 10.5 不同版本汽车以太网的特性

名称	10BASE-T1S	100BASE-T1	1000BASE-T1
标准	IEEE 802.3cg	IEEE 802.3bw	IEEE 802.3bp
数据传输速率	10Mbit/s	100Mbit/s	1000Mbit/s
传输长度	25m	15m	10~40m
编码方案	4B5B	4B3B, 3B2T	80B/81B
调制方法	DME	PAM3	PAM3
符号传输速率	—	66.7 MSymbole/s	750 MSymbole/s
频带宽度范围	20MHz	66.7MHz	600MHz

其中车载以太网的 100Mbit/s 版本为 100BASE-T1,在 IEEE 802.3bw 标准中描述。最初由 Broadcom 公司以 BroadR-Reach 的名称开发。本书只详细介绍了该种车载以太网。

10.4 物理层

LIN、CAN 和 FlexRay 的发送器主要由一个位序列生成两个离散值序列,接收器由模拟电压电平生成,与此不同,车载以太网的收发器在位序列上进行了广泛的转换。下面将描述这些转换。

10.4.1 收发器的结构

图 10.12 展示了收发器的结构。MII 逻辑用于在以太网控制器之间建立接口。混合电路用于将差模电抗器、耦合电容器和终端连接到双绞线上。图 10.12 中的 PCS 代表物理编码子层,PMA 代表物理介质附加层。

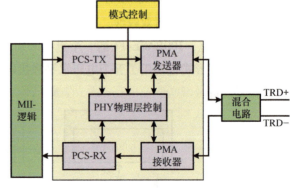

图 10.12 以太网收发器的结构

1. 物理编码子层发送路径中的比特操作

在物理编码子层的发送路径(PCS-TX)中,进行了广泛的比特操作,以避免连续相同值的较长位序列,并为接收节点提供足够的边沿以恢复时钟。图 10.13 所示为该模块的框

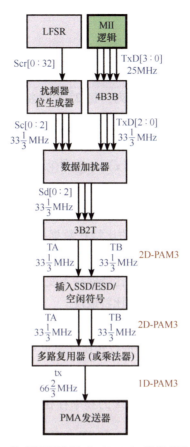

图 10.13 物理编码子层（PCS-TX）发送部分的数据流

图，图 10.14 给出了比特操作的示例。表 10.6 解释了图 10.13 中使用的缩写。

表 10.6 图 10.13~图 10.16 中缩写的含义

缩写	含义
MII	独立介质接口
LFSR	线性反馈移位寄存器
4B3B	将 4 位组（4-bit groups）转换为 3 位组（3-bit groups）
3B2T	将 3 位二进制数据转换为两个三态信号（TA、TB）
3B4B	将 3 位组（3-bit groups）转换为 4 位组（4-bit groups）
2T3B	将两个三态信号（TA、TB）转换为 3 位二进制数据
PMA	物理介质附加层
PAM3	具有三个级别的脉冲幅度调制

通过 MII 接口，MII 逻辑接收到要发送的比特位来自以太网控制器。MII 接口有四条并行线路，每次传输四个比特位，频率为 25MHz。这些比特位在"4B3B"模块中重新排序为

每组三个比特位。为了实现 100Mbit/s 的传输速率，必须进一步处理这些三元组，使其频率达到 $33\frac{1}{3}$MHz。

线性反馈移位寄存器（LFSR）是一个由 33 个触发器构成的带有反馈的移位寄存器。通过反馈，生成了一系列伪随机比特位序列，每 2^{33} 个比特位重复一次，即约 8.6×10^9 个比特位。

LFSR 可用式（10.1）和式（10.2）描述，其中主设备和从设备具有不同的反馈。

$$g_{\text{Master}}(x) = 1 \oplus x^{13} \oplus x^{33} \quad (10.1)$$

$$g_{\text{Slave}}(x) = 1 \oplus x^{20} \oplus x^{33} \quad (10.2)$$

扰频器位生成器（Scrambler Bitgen.）使用线性反馈移位寄存器输出的比特序列来形成每个三位比特组。这些比特组与要发送的比特在数据扰频器中进行异或（XOR）运算。这导致：

- 如果比特序列中有 0，则要发送的比特保持不变。
- 如果比特序列中有 1，则要发送的比特取反。

使用扰频器可以最小化发送信号中的直流成分。扰频器的输出信号具有比输入信号更连续的频谱。接收方会再次对取反的比特进行转换（参见本书第 10.4.1 节中的第 2 部分）。为此，发送方和接收方的伪随机比特序列必须同步，在启动阶段完成。

在数据扰频器的输出端，以 $33\frac{1}{3}$MHz 的频率存在着三位比特组。在"3B2T"模块中，将三位比特组重新编码为两个三态信号 TA 和 TB。三位比特总共可以有八种组合（2^3）。一个三态信号可以采用三种状态，因此两个三态信号可以表示九种状态（3^2）。在进行这种重新编码后，向比特流中插入起始流定界符（SSD）、结束流定界符（ESD）和空闲符号，用于标识帧的开始、结束以及线路上的空闲。有关编码的详细信息请参见本书 10.4.2 节。

两个信号 TA 和 TB 的并行比特流在多路复用器中合并，并通过物理媒体适配层进行三幅脉冲幅度调制（Puls-Amplituden-Modulation，PAM3），数值为 -1V、0V 和 1V。然后，这些信号的频率提高到 $66\frac{2}{3}$MHz，也是信号通过双绞线传输的频率。

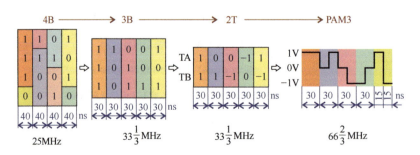

图 10.14　发送时的位重排序和编码处理

图 10.14 说明了发送时的位重排序和编码处理过程。首先将四位比特组（"4B"）重新

排列为三位比特组（"3B"），从而使频率从 25MHz 增加到 $33\frac{1}{3}$MHz。然后对两个三态信号（"2T"）进行编码，最后以 $66\frac{2}{3}$MHz 的频率通过三幅脉冲幅度调制（"PAM3"）进行发送。图中所示的比特着色有助于跟踪各个重新编码步骤中的比特。

2. 物理编码子层接收路径中的比特操作

接收端的比特操作几乎与发送端相同，只是方向和顺序相反（图 10.15）。在将接收到的和自己发送的电压值分离、将输入电压量化为三个值并进行时间离散化之后，另一节点发送的信号序列以 $66\frac{2}{3}$MHz 的符号速率存在。该符号序列在多路复用器中被分成两条 $33\frac{1}{3}$MHz 频率的 RA 和 RB 序列。然后，删除表示帧开始和结束的 SSD 和 ESD 符号以及空闲符号。接下来，将两个三态信号转换为比特。在数据扰频器中，将发送时的编码比特重新转换回原始比特。这个过程是可行的，因为主节点和从节点在线性反馈移位寄存器中使用了不同的反馈。在将三位比特组重新排序为四位比特组之后，通过 MII 逻辑，这些比特组可以提供给以太网控制器使用。

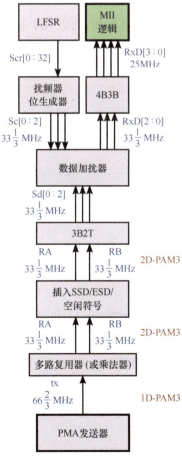

图 10.15 物理编码子层（PCS-RX）接收部分的数据流

图 10.16 以示例形式再次展示了接收端的转换过程。颜色标记有助于进行对应。

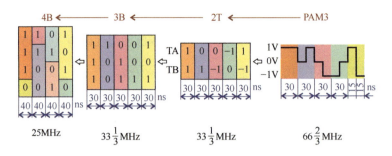

图 10.16 接收时的位重排序和编码处理

10.4.2 编码方式

第 10.4.1 节详细介绍了收发器发送和接收过程中的数据处理，并通过示例进行了解释。本节将更详细地解释所使用的编码方式。

1. 电压值

车载以太网中的收发器使用三个电压级别：1V、0V 和 -1V。由于双向发送的叠加作用，在线路上会出现五个电压级别（表 10.7）。实际测得的值可能与此有所偏差（请参阅第 10.4.2 节中的第 4 部分）。

表 10.7 收发器和传输线的电压水平 （单位：V）

Tx 网络设备节点 1	Tx 网络设备节点 2	线路上的电压
0	0	0
-1	1	0
1	0	1
-1	0	-1
1	1	2
-1	-1	-2

2. 映射和编码方式

发送和接收时的比特编码示例分别如图 10.14 和图 10.16 所示。比特编码按照以下步骤进行：

1）将比特分成三位组（也称为 4B3B）。

2）每个三位组由两个三态信号（+、0、-）表示。

3）对每个三态信号进行 PAM3 调制，即使用三个电压级别（0V、+1V 或 -1V）之一表示。

与扰频器一起使用时，该编码具有以下特点：

■ 编码会产生许多边缘，从而方便接收器识别比特。

- 编码具有较低的直流成分。
- 可减少带宽,因为只需传输两个三态信号以表示三位比特(100Mbit/s→$66\frac{2}{3}$MHz)。
- 该方法仅适用于点对点连接。
- 一个节点是主节点,在通信开始时启动训练阶段,而另一个节点则是从节点,并对主节点做出响应。
- 两个节点都会不断发送信号以保持同步。

表10.8展示了在100BASE-T1正常发送过程中,三位比特组的电压级别编码。根据这些三位比特组,它们被映射到两个三态信号TA和TB上。TA和TB可以取1、0和-1这三个值。然后,发射器根据TA和TB的值设置其输出端的电压级别。如果TA或TB等于1,则为1V;如果TA或TB等于0,则为0V;如果TA或TB等于-1,则为-1V。首先传输TA的电压值,然后传输TB的电压值。

表10.8 在100BASE-T1正常发送时的比特编码

3-Bit 数据	000	001	010	011	100	101	110	111
TA	-1	-1	-1	0	0	1	1	1
TB	-1	0	1	-1	1	-1	0	1
PAM3								

图10.17展示了一个示例,说明了整个重新排序和编码过程。通过MII接口,半字节(4B)通过四条数据线进行传输。在划分为三位比特组(3B)之后,这些比特组通过两个三态信号编码(2T),然后映射到三个电压值(PAM3),并通过MDI接口发送到双绞线上。在接收端,该过程按相反的顺序执行。

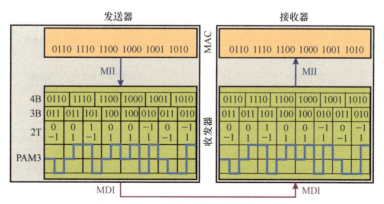

图10.17 发送器到接收器编码的示例

3. 信号处理

由于双向传输通过双绞线进行,两个节点的发送端发送的电压信号会相互叠加(图10.18)。为了能够接收和解码对方节点的信号,必须将这些叠加的电压信号分离。这是通过混合器（Hybrid）完成的。混合器的结构和工作原理将在下面进行说明。

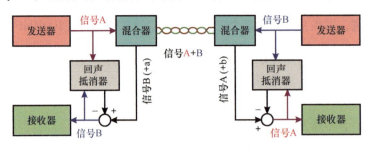

图 10.18 发送器和接收器中的信号处理

由于混合器存在容差和其他影响，无法完全将发送信号与接收信号分离，因此需要通过回声抵消器（Echo Canceller）进行进一步的信号处理。回声抵消器会从混合器提供的接收信号中减去可能仍存在的发送信号成分。为此，回声抵消器在训练阶段进行调节。经过回声抵消器的信号适应处理后，来自对方节点的信号中将不再包含自己节点的发送部分。

混合器主要由桥接电路组成，如图 10.19 所示。节点使用其发送器发送信号 A，并使用接收器接收其他节点发送的信号 B。在与电容器耦合的双绞线上，信号 A 和 B 重叠。

接收器连接在桥接电路的对角线上。如果满足 R1＝R2 和 R3＝R4，那么接收器对信号 A 不敏感，因为两个电压分压器 R1+R3 和 R2+R4 会导致相同大小的电流通过两个电压分压器，从而产生相同大小的电压降。

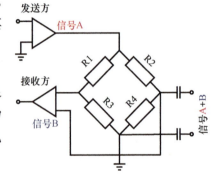

图 10.19 混合器的结构

4. 示波器测量

图 10.20 显示了双绞线上的电压波形，即一个节点的 MDI 和另一个节点的 MDI 之间的线路。可以清楚地看到通过两个 PAM3 编码信号叠加形成的五个电压级别。测量连续两个符号之间的时间得出 15ns，相当于 $66\frac{2}{3}$ MHz 的频率。

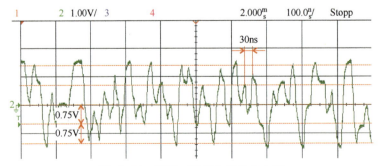

图 10.20 测量双绞线上的差分电压

图 10.21 显示了主控端 MDI 接口上获取的眼图。此时未连接从设备节点，因此只测量了主控端发送的信号。图中可见三个电压级别，本次测量为 0V、1.5V 和 -1.5V。同时还测

量到每个符号的长度为 15ns。

图 10.21 眼图

10.4.3 启动

1. 收发器模式和启动序列

为了使两个节点之间进行通信，首先需要进行节点的同步，即启动过程。一个节点必须被配置为主节点，另一个节点被配置为从节点。配置是由以太网控制器确定的，以太网控制器对收发器进行配置。在车载以太网中，主从节点的配置是静态的，即在配置中定义并且不会改变。而在 IEEE 1000BASE-T 中，这不是固定的，而是在启动过程中由节点之间协商确定的。

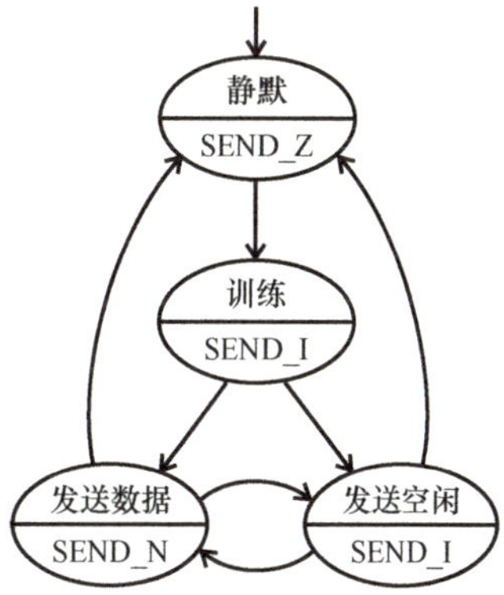

收发器处于四种状态之一。这些状态以及它们之间的可能转换如图 10.22 所示。除了静默状态外，主节点和从节点都发送输出信号（表 10.9）。SEND_Z 表示收发器发送无信

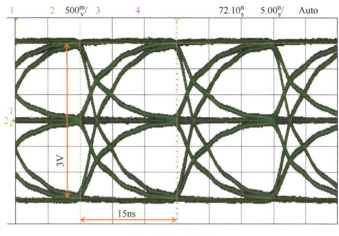

图 10.22 启动期间收发器的状态

号，即 0V。SEND_I 表示在训练模式和发送空闲模式下发送的信号序列。在这些模式中，比特或符号的编码与发送数据模式下的编码不同，并用 SEND_N 表示。这些不同的编码将在第 10.4.3 节的第 2 部分和第 3 部分详细介绍。

当两个节点之间没有通信时，节点的收发器处于静默模式。进入训练模式的前提是通过以太网控制器进行有效的配置。

表 10.9 收发器的输出信号

标识	描述
SEND_Z	发送方发送 0V
SEND_I	发送方发送空闲序列
SEND_N	发送方阿松数据序列

进入训练模式后,主节点的收发器发送空闲序列(SEND_I)。从节点的收发器继续发送 SEND_Z,即 0V。从节点利用主节点的空闲序列来调整其滤波器 1 和放大器 2。主节点同时设置其回声抵消器。在训练模式下的下一个步骤中,两个节点都发送 SEND_I。主节点调整其滤波器和放大器,而从节点调整其回声抵消器。然后,两个节点进一步优化其设置,然后进入发送数据模式并交换帧。这样就完成了启动阶段。表 10.10 再次列出了启动序列的各个步骤。

表 10.10 启动序列的各个步骤

状态	主节点		从节点	
静默	SEND_Z	—	SEND_Z	—
训练	SEND_I	回声抵消器的调整	SEND_Z	滤波器和放大器的调节
	SEND_I	滤波器和放大器的调整	SEND_I	回声抵消器的调整
	SEND_I	精细调整设置	SEND_I	精细调节设置
发送数据	SEND_N	发送数据	SEND_N	发送数据

如果不再交换帧,但通信没有结束,主节点和从节点将进入发送空闲模式。在此模式下,节点再次发送空闲信号(SEND_I)以保持同步。随时可以切换回发送数据模式。通过保持同步的能力,不需要重新运行训练阶段,这是一个巨大的时间优势。

2. 训练阶段中的 3B2T 线路码

在训练阶段中,将位编码为电压级别,每次传输三个位,并使用两个电压级别 TA 和 TB 进行映射。表 10.11 给出了在训练和空闲阶段发送的信号 SEND_I 的编码。对于 TA 和 TB 的九种可能组合,只有六种用于编码三位比特组合。

表 10.11 训练和空闲阶段中的符号映射

$Sd_n[2:0]$	TA	TB
000	-1	0
001	0	1
010	-1	1
011	0	1
100	1	0
101	0	-1
110	1	-1
111	0	-1

未使用的 TA 和 TB 组合(0,0)、(1,1)和(-1,-1)用于编码起始流分隔符(SSD)和结束流分隔符(ESD)。SSD 和 ESD 在 SEND_I 和 SEND_N 之间切换。SSD 和 ESD 的编码如下:

序列(0,0)、(0,0)、(0,0)= SSD

序列（0,0）、(0,0)、(1,1)= ESD

序列（0,0）、(0,0)、(-1,-1)= 带有发送错误的 ESD

3. 发送阶段中的 3B2T 线路码

在发送阶段中，当节点进入 SEND_N 模式时，与训练和空闲阶段相比，三位比特组合的编码方式不同。表 10.12 给出了这种编码方式。对于八个位组合，使用八个不同的 TA 和 TB 组合。SSD 和 ESD 的编码与训练和空闲阶段中的编码相同。这必须如此，因为这样可以告知另一个节点，节点正在更改其发送模式和编码方式。

当节点处于 SEND_Z 模式时，TA=0 且 TB=0。这意味着输出为 0V，并且节点处于非活动状态。

表 10.12 发送阶段中的符号映射

Sd_n [2:0]	TA	TB
000	-1	-1
001	-1	0
010	-1	1
011	0	-1
100	0	1
101	1	-1
110	1	0
111	1	1

4. 诊断功能

在像 LIN、CAN 和 FlexRay 这样的总线系统中，只有在出现错误帧时才意识到两个节点之间的连接变差，而在车载以太网中则实现了诊断节点本身以及线缆的机制。在收发器本身内部有一系列的自检（BIST）和不同的回环测试方式。但在这里我们只关注对线缆的诊断功能。

通过时域反射测量法，可以判断出线缆、插头和终端的质量，除了断开和短路之外。为此，收发器向线缆发送一个测试脉冲，并评估在所有非完美位置产生的反射信号。

在与其他节点通信的过程中，连接会被持续监测。在信号质量指示寄存器（SQI Register）中，有一个数字表示连接的质量。OPEN Alliance 定义了不同的 SQI 级别，从 0x0（无或差连接）到 0x7（优秀连接），这些值反映了信噪比（SNR），见表 10.13。

表 10.13 线路质量诊断

SQI-寄存器值	SQI-等级	SNR
0x0	0（最差）	SNR<18dB
0x1	1	18dB≤SNR<19dB
0x2	2	19dB≤SNR<20dB

(续)

SQI-寄存器值	SQI-等级	SNR
0x3	3	20dB≤SNR<21dB
0x4	4	21dB≤SNR<22dB
0x5	5	22dB≤SNR<23dB
0x6	6	23dB≤SNR<24dB
0x7	7（最好）	24dB≤SNR

■ 10.5 数据链路层

10.5.1 以太网控制器

以太网控制器实现了第二层，可以分为两个子层（图10.23）。逻辑链路控制子层（LLC）提供了三种服务，见表10.14。

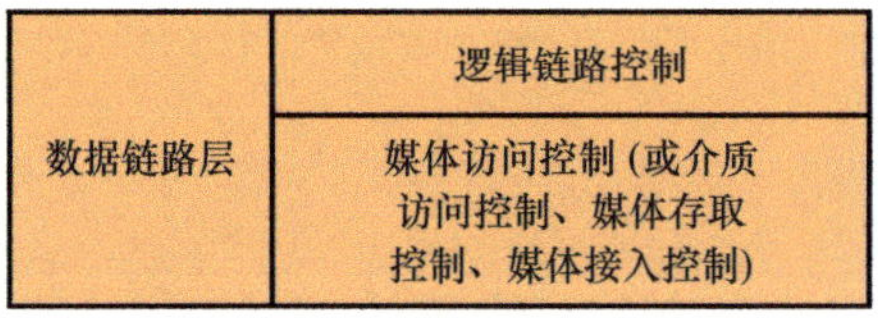

数据链路层	逻辑链路控制
	媒体访问控制(或介质访问控制、媒体存取控制、媒体接入控制)

图 10.23　数据链路层的构建

表 10.14　逻辑链路控制子层的服务

第一种	以无连接模式运行的网络服务，不提供成功交付数据包的确认
第二种	连接模式服务
第三种	在无连接模式下发送数据包，并在接收方确认接收的情况下进行传输

介质访问控制子层（MAC）是第二层的第二个子层，实现了访问控制。访问方法是CSMA/CD，其工作原理如下：

- 在节点开始发送之前，首先监听介质。
- 如果介质空闲，节点可以发送。在发送过程中，节点会监测介质以检测碰撞。
- 如果信道被占用，将等待直到信道空闲。
- 如果检测到碰撞，节点会发送一个冲突信号并停止发送。
- 经过一段随机时间后，如果介质空闲，节点将重新开始发送。

这种访问方法已经在每个以太网控制器中实现，但在今天几乎不起作用，因为现在只有点对点连接，不会发生碰撞。

以太网控制器发送以太网帧。以太网帧的格式在10.5.2节中解释。

10.5.2 以太网帧格式

OSI 模型将通信分为多个层次，每个层次实现特定的功能。由此带来的是，在每个层次上，要传输的消息与其他信息相关联以实现传输。类似于信封和信件的关系，信件首先放入信封（对应实际的消息），然后邮件根据地址分类并打包成邮袋（例如，所有目的地在邮政编码区域 3xxxx 范围内的信件）。在下一个分配中心，所有带有目的地在邮政编码区域 3xxxx 的邮袋都放入一个容器。在每个级别上，信件都会获得一个附加外壳（信封、邮袋、容器等），然后这些外壳逐渐在接收器附近逐步移除。

通过以太网发送的消息也是如此。由于本书重点在第 1 层和第 2 层，图 10.24 展示了下面三个层次。第 3 层显示了 IP 数据包，它由控制位、发送端 IP 地址、接收端 IP 地址和有效数据组成。有效数据就是第 4 层提供的数据包。

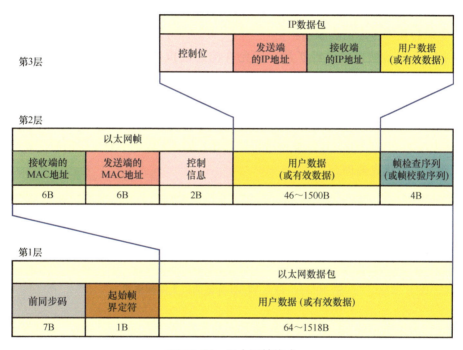

图 10.24 以太网帧格式

完整的 IP 数据包对第 2 层来说是一个整体，由该层作为有效数据处理。它也可以是其他类型的数据包，而不仅仅是 IP 数据包。第 2 层的有效数据将补充其他信息，包括接收方的 MAC 地址、发送方的 MAC 地址、其他控制信息以及接收时数据的检查机制（帧检验序列）。所有这些部分结合在一起被称为以太网帧。

控制信息分为两种类型。在最初的以太网 Ⅱ 中，两个字节的字段传输了以太类型（Ethertype），而在以太网 IEEE 802.3 中则是以太网帧的长度。通过内容来区分是类型还是长度。小于 1536 的值（十进制）或 0x0600（十六进制）都表示长度，大于或等于它们的值则表示以太类型。以太类型描述了在网络层（第 3 层）中使用的协议。

有效数据由第 3 层提供。这些有效数据的最小长度为 46B，最大长度为 1500B。以太网帧末尾有一个 4B 的校验序列，称为帧检验序列。从接收者的 MAC 地址开始，该 32 位的 CRC 计算整个帧，接收器可以用此 CRC 来检查传输是否无误。

完成第 2 层的以太网帧被传递给第 1 层，并在此补充更多的信息。第 1 层在以太网帧前面附加了 7B 的前导码和 1B 的起始帧定界符。前导码由 56 个交替的位（7B）组成，形成位序列"101010…1010"。起始帧定界符由位序列"10101011"组成。它与前导码中的位不同之处仅在于结尾处连续的两个 1 位。

通过添加前导码和起始帧定界符的以太网帧称为以太网数据包。以太网帧的最小长度为 64B，这是为了使以太网的碰撞检测正常工作。以太网帧的最大长度为 1518B。一个以太网数据包的最大长度等于以太网帧长度加上 8B，即 1526B。

前导码和起始帧定界符在早期的以太网版本中引入，用于指示接收器帧的开始并同步接收器与发送器。由于车用以太网的发送器和接收器在启动后保持同步，实际上不再需要前导码，但出于兼容性的考虑仍然添加。

图 10.24 所示的帧格式已经扩展，以允许构建虚拟网络。虚拟网络使用虚拟局域网（VLAN）一词来表示。由于虚拟网络在汽车中也起作用，因此这个扩展在图 10.25 中显示出来。原始以太网帧格式通过 4B 长的 VLAN 标签进行扩展，在发送器的 MAC 地址之后和长度字段之前插入。它由一个标签协议标识符和一个标签控制字段组成，每个字段都有 2B 长。VLAN 标记在 IEEE 802.1Q 标准中进行了描述。VLAN 标记中有三位用于优先级排序帧，从而可以对帧进行优先处理。

以太网帧					
接收器的 MAC 地址	发送器的 MAC 地址	802.1Q 虚拟局域网标记	以太网类型或以太网帧的长度	用户数据（或有效数据）	帧检查序列（或帧校验序列）
6B	6B	4B	2B	1500B	4B

图 10.25 带有 VLAN 标记的以太网帧格式

通过将帧头扩展 4B，以太网帧中负载数据的最小字节数减少至 42B，因为保证了最小长度为 64B。由于 VLAN 标签，以太网帧的最大长度增加到 1522B。

10.5.3 寻址

在第 2.2.2 节中引入了单播、多播和广播的概念。在 LIN、CAN 和 FlexRay 协议中，它们并不重要，因为所有帧都被发送为广播消息，并且每个节点在本地决定是否存储该帧。相比之下，在以太网中，在寻址中指定了使用哪种寻址方式。这个过程将在接下来的几节中进行说明。

1. 单播

在单播传输中，帧从源节点（K1）仅发送到目标节点（K2）。在 IP 传输中，IP 数据包中指定了源节点和目标节点的 IP 地址。对于这些地址，在第 2 层确定 MAC 地址，并用

MAC 地址补充以太网帧。目标 MAC 地址被指定为目标节点的 MAC 地址。图 10.26 和图 10.27 说明了这一点。

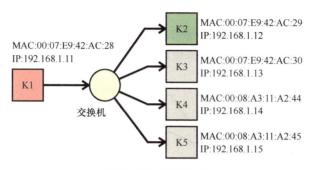

图 10.26　单播传输

图 10.27　单播地址寻址

2. 广播

在广播传输中，帧由源节点（K1）发送到网络或网络段中的所有节点。在 IP 传输中，与单播相同，指定了源节点的 IP 地址。网络地址被指定为目标节点。对于主机地址，指定为 255 或 0xFF。在第 2 层确定 IP 地址的 MAC 地址。对于源地址，与单播类似。在广播传输中，使用 MAC 目标地址 FF:FF:FF:FF:FF:FF。图 10.28 和图 10.29 说明了这种情况。

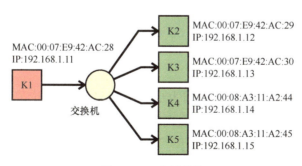

图 10.28　广播传输

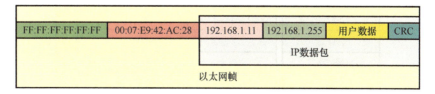

图 10.29　广播地址寻址

3. 多播

在多播传输中，帧从源节点（K1）发送到网络中的一组节点（K2、K3），如图 10.30 所示。在网络层寻址中，地址范围从 224.0.0.0～239.255.255.255 用于多播。在数据链路层，以太网帧通过 MAC 地址进行扩展。多播 MAC 地址的范围是 01：00：5E：00：00：00～01：00：5E：7F：FF：FF。多播地址寻址格式如图 10.31 所示。

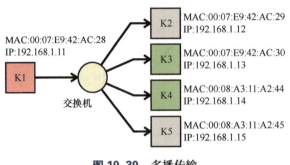

图 10.30　多播传输

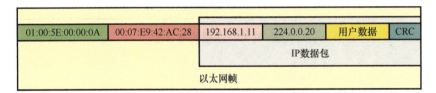

图 10.31　多播地址寻址格式

10.6　以太网的其他方面

10.6.1　高级协议

OSI 参考模型由七个层组成。到目前为止，我们已经详细讨论了第 1 层（物理层），并对第 2 层（数据链路层）进行了概述。在汽车中使用的其他层协议在图 10.32 中列出。

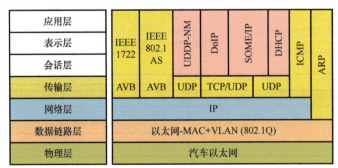

图 10.32　OSI 参考模型

第 10 章 车载以太网

下面简要介绍这些协议，并提供进一步研究该主题的起点。这些列出的协议并不全面。

（1）可扩展面向服务的 IP 中间件（SOME/IP）

SOME/IP 是一种通信中间件，也在 AUTOSAR 中使用。

（2）IP 上的诊断（DoIP）

DoIP 用作统一诊断服务（UDS）的传输协议。UDS 位于第 7 层，使用 TCP/UDP 作为传输协议。

（3）音视频桥接（AVB）

AVB 是指多个标准，包括 IEEE 802.1 AS 和 IEEE 1722，它们描述了音频和视频数据通过基于以太网的网络传输。

（4）时间敏感网络（TSN）

TSN 是指 IEEE 802.1 的多个标准，描述了实时性数据的传输。它扩展了 AVB 标准，特别关注非常低的传输延迟和高可用性。应用领域是具有实时需求的控制数据。

（5）网际协议（IP）

IP 描述了一种网络协议。它是与硬件无关的第一个层，通过 IP 地址将网络分组为逻辑单元。IP 地址除了用于节点寻址外，还用于路由。

（6）广义精确时间协议（gPTP）

gPTP 是一种用于时钟同步的网络协议。它专为本地网络的高精度设计。在硬件支持下，可以达到纳秒级的准确度。在纯软件实现下，可以达到微秒级的准确度。标准 IEEE 1588 和 IEC 61588 描述了该协议。

（7）动态主机配置协议（DHCP）

DHCP 是一种通信协议，用于为网络中的客户端分配网络配置。

（8）网际控制报文协议（ICMP）

ICMP 是一种用于在互联网协议上交换信息和错误消息的协议。

（9）地址解析协议（ARP）

ARP 是一种网络协议，它将网络层的物理地址（MAC 地址）确定为互联网层的网络地址（IP 地址）。

（10）传输控制协议（TCP）

TCP 是一种面向连接的分组交换传输协议。

（11）用户数据报协议（UDP）

UDP 是一种最小化的无连接网络协议，与 TCP 一起作为传输协议使用。

10.6.2 测量的耦合元件

使用示波器在 LIN、CAN 和 FlexRay 总线上进行测量相对简单，即使示波器不支持帧解码。这是因为始终只有一个节点发送，并且电压级别明确地反映了比特值。虽然车载以太网只有点对点连接，但是两个节点同时发送（双向）。因此，示波器测量的电压值始终是两个节点同时发送的比特序列的叠加，因为节点不断发送帧或空闲比特序列。耦合元件可以解决这个问题，它可以将这两个叠加的电压分开。图 10.33 显示了专为车载以太网开发的 Rohde&Schwarz 公司的耦合元件 RT-ZF7。

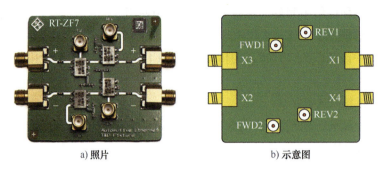

a) 照片　　　　　　　　　　　b) 示意图

图 10.33　耦合元件 RT-ZF7

元件左侧的插接器 X3 和 X2 连接到其中一个节点的两条线，元件右侧的插接器 X1 和 X4 连接到另一个节点的线。带有"REV1"标记的插接器可以测量从 X1 到 X3 的正信号，带有"REV2"标记的插接器可以测量从 X4 到 X2 的负信号。带有"FWD1"标记的插接器可以测量从 X3 到 X1 的正信号，带有"FWD2"标记的插接器可以测量从 X2 到 X4 的负信号。

图 10.34 显示了使用 RT-ZF7 耦合元件记录的信号波形。上面的两个电压波形（橙色和蓝色）表示一个节点发送的信号，下面的电压波形（红色和绿色）表示另一个节点的信号。

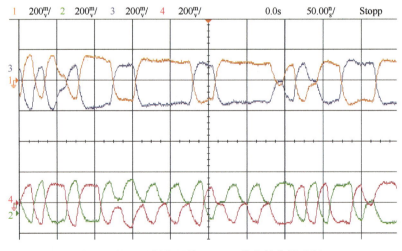

图 10.34　用耦合元件 RT-ZF7 分离的信号路径

在这两个波形中都可以看到三个电压值（-1、0、+1）。此外，只有很少的区域在多个步骤（一步相当于 15ns）中未更改电压信号。

10.6.3　100BASE-T1 的实现

表 10.15 提供了市场上可用的 100BASE-T1 收发器的概述。所列出的电路仅供进一步调

查使用，不具备完整性要求。

表 10.15　在其产品系列中提供 100BASE-T1 收发器的公司（截至 2022 年 2 月）

公司	收发器的名称
NXP	TJA1100，TJA1101，TJA1102
Broadcom	BCM89610，BCM89611，BCM89810，BCM89811，BMC89880，BMC89881，BMC89882，BCM89883
TI	DP83TC811，DP83TC812，DP83TC814
Marvell Microchip	88Q222xM，88Q211x，88Q111x，88Q1010 LAN8770

10.6.4　OPEN Alliance

OPEN Alliance（One-Pair EtherNet Alliance）是一个非营利组织，拥有 340 多家公司成员。OPEN Alliance 特别兴趣小组（SIG）支持车载以太网的标准化和发展，并通过 16 个技术委员会（TC）展开工作（表 10.16）。其目标包括：

- 开发用于 IEEE 10BASE-T1S、100BASE-T1、1000BASE-T1 和 1000BASE-RH 物理层规范的符合性和互操作性测试规范
  - 创建生态系统
  - 支持新物理层解决方案的开发
  - 识别和消除实现中的缺陷

表 10.16　OPEN Alliance 中的技术委员会

TC 编号	工作重点
TC1	对 100BASE-T1 PHY 设备的互操作性和合规性测试
TC2	100BASE-T1 以太网通道和组件
TC3	1000BASE-T1 的 CMC 需求
TC4	工具
TC5	间隙识别
TC6	公用 xMII 接口定义
TC7	在塑料光纤上使用 1000BASE-RH 千兆位以太网（GEPOF）
TC8	车载以太网 ECU 测试规范
TC9	车载以太网通道和组件
TC10	车载以太网的休眠/唤醒机制
TC11	以太网交换机的需求和资格要求
TC12	IEEE 1000BASE-T1 合规性测试的测试规范
TC13	新测试实验室的资格要求
TC14	对 10BASE-T1S PHY 设备的互操作性和合规性测试
TC15	多吉比特互操作性和合规性测试
TC16	EEE 互操作性和合规性

参 考 文 献

[CiA]　　　　　CAN in Automation. *https://www.can-cia.org/*

[Etschberger]　Etschberger, K.: Controller-Area-Network: Grundlagen, Protokolle, Bausteine, Anwendungen. Fachbuchverlag, 3. Auflage, Leipzig 2002

[Grzemba]　　Grzemba, A.; von der Wense, H.-Ch.: LIN-Bus: Systeme, Protokolle, Tests von LIN-Systemen, Tools, Hardware, Applikationen. Franzis-Verlag, 1. Auflage, Leipzig 2005

[ISO]　　　　　International Organization for Standardization. *https://www.iso.org/*

[Lawrenz]　　Lawrenz, W.; Obermöller, N.: CAN Controller Area Network: Grundlagen, Design, Anwendungen, Testtechnik. VDE Verlag, 5. Auflage, 2011

[LINspec]　　LIN Consortium: LIN Specification Package. Revision 2.2A, 31.12.2010 Verfügbar bei: *https://www.lin-cia.org/fileadmin/microsites/lin-cia.org/resources/documents/LIN_2.2A.pdf*

[Matheus]　　Matheus, K.; Königseder, T.: Automotive Ethernet. Cambridge University Press, 2. Auflage, 2017

[Navet]　　　Navet, N.; Simonot-Lion, F.: Automotive Embedded Systems Handbook. CRC Press, Taylor & Francis Group, 2009

[OPENAlliance]　OPEN Alliance. *https://www.opensig.org/*

[Paret07]　　Paret, D.: Multiplexed Networks for Embedded Systems: CAN, LIN, FlexRay, Safe-by-Wire. Verlag Wiley & Sons, 2007

[Paret12]　　Paret, D.: FlexRay and its Applications. Real Time Multiplexed Network. John Wiley & Sons, Ltd, Chichester (GB) 2012

[Rausch]　　Rausch, M.: FlexRay: Grundlagen, Funktionsweise, Anwendung. Carl Hanser Verlag, 1. Auflage, München, Wien 2007

[Riggert]　　Riggert, W.; Lübben, R.: Rechnernetze: Ein einführendes Lehrbuch. Carl Hanser Verlag, 6. Auflage, München 2020

[SAE]　　　　SAE International. *https://www.sae.org/*

[Steinbach]　Steinbach, T.: Ethernet-basierte Fahrzeugnetzwerkarchitekturen für zukünftige Echtzeitsysteme im Automobil. Springer-Verlag, 1. Auflage, 2018

[VectorAE]　Vector Informatik: Automotive Ethernet. E-Learning-Modul, *https://elearning.vector.com/mod/page/view.php?id=122*

[VectorCAN]　Vector Informatik: CAN. E-Learning-Modul, *https://elearning.vector.com/mod/page/view.php?id=111*

[VectorFlexRay]　Vector Informatik: FlexRay. E-Learning-Modul, *https://elearning.vector.com/mod/page/view.php?id=224*

[VectorLIN]　Vector Informatik: LIN. E-Learning-Modul, *https://elearning.vector.com/mod/page/view.php?id=199*

[Zimmermann]　Zimmermann, W.; Schmidgall, R.: Bussysteme in der Fahrzeugtechnik: Protokolle und Standards. Praxis/ATZ/MTZ-Fachbuch, Springer Vieweg, 5. Auflage, Wiesbaden 2014